GAOXIAO JIAOSHI
JIAOXUE FAZHAN GAILUN

陈时见 / 主编

高校教师教学发展概论

西南师范大学出版社
国家一级出版社 全国百佳图书出版单位

图书在版编目(CIP)数据

高校教师教学发展概论 / 陈时见主编. -- 重庆 : 西南师范大学出版社, 2018.8
ISBN 978-7-5621-9285-5

Ⅰ. ①高… Ⅱ. ①陈… Ⅲ. ①高等学校 - 教学研究 Ⅳ. ①G642.0

中国版本图书馆CIP数据核字(2018)第188525号

高校教师教学发展概论

GAOXIAO JIAOSHI JIAOXUE FAZHAN GAILUN

陈时见　主编

责任编辑：雷兮
装帧设计：元明·设计 DESIGN STUDIO QQ:369626376
排　　版：重庆大雅数码印刷有限公司·瞿勤
出版发行：西南师范大学出版社
地址：重庆市北碚区天生路2号
邮编：400715
印　　刷：重庆共创印务有限公司
幅面尺寸：170mm×240mm
印　　张：18.25
字　　数：320千字
版　　次：2018年8月 第1版
印　　次：2018年8月 第1次
书　　号：ISBN 978-7-5621-9285-5

定　　价：68.00元

PREFACE 前言

《高校教师教学发展概论》是我们专门针对高校教师教学发展这一高等教育时代主题而开展的基础性研究的初步成果，是基于近些年来我国高校教师教学发展的探索创新而进行分析总结的结晶。因此，这一成果既是对高校教师教学发展基本问题的理论探索，又是高校教师教学发展创新实践的理论总结。

随着高等教育规模的快速发展，高等教育质量受到越来越广泛的关注。虽然影响高等教育质量的因素是多种多样的，但人们越来越认识到，就高等学校内部质量保障而言，教师教学发展无疑是最基础和最关键的要素。因此，从20世纪中后期以来，世界各国高等学校纷纷建立教师教学发展的相关机构，探索高校教师教学发展的体制机制，企望通过加强教师教学发展这一核心要素以促进高校教育质量的稳步提升。特别是21世纪以来，高校教师教学发展有了显著而深刻的变化，不仅规模迅速扩大，而且质量也不断提升，关于高校教师教学发展的研究成果也日益增多。

我们对高校教师教学发展的关注，缘于西南大学本科教学改革和发展的需要。为了促进教育教学质量提升，学校坚持把教师教学发展作为突破口，着力解决教师的教学理念和教学能力与学校教学改革发展不相适应的突出问题。学校教师教学发展中心围绕教师教学发展这一提高教育教学质量的关键要素，强化教学理念变革和教学能力提升两个核心，整体推进教学研究、教学培训、教学交流、教学咨询、教学评价等五大载体，形成了比较成熟的高校教师教学发展模式。经过近十年的系统探索和创新实践，有效提升了教师的教学理念和执教能力，促进了学校人才培养的质量提升，产生了良好的示范效应。

《高校教师教学发展概论》就是在有效推进西南大学教师教学发展中心建设

过程中所进行理论探索的产物。全书由陈时见负责整体设计，由研究组成员共同完成。其中，周虹和陈时见撰写了第一章，覃丽君撰写了第二章，王国明撰写了第三章，顾静撰写了第四章，谢欧撰写了第五章，田晓伟撰写了第六章。在撰写过程中，我们参考了国内外大量已有的研究成果。但由于能力与水平有限，书中还存在一些遗漏或不足，敬请读者给予批评指正。我们相信，随着高等教育的转型和快速发展，高校教师教学发展一定会在备受重视的过程中走向全面和深入，高校教师教学发展的理论研究成果一定会越来越丰硕，高校教师教学发展一定会对高校教师的成长和高校人才培养的质量发挥越来越重要的作用。

目录

CONTENTS

CHAPTER 1 第一章

高校教师教学发展的内涵特征

教学是高校教师的首要任务和基本职责，教师教学水平的高低对高校教育质量有直接影响。伴随高等教育的发展，教学发展作为影响高等教育质量的关键因素受到越来越多的关注。高校教师教学发展从20世纪60年代萌芽以来，特别是经过20世纪末和21世纪初的快速发展，现已成为高等教育改革发展的重要内容，在高等学校人才培养质量保障体系中发挥着越来越重要的作用。

一 高校教师教学发展的概念界定

高校教师教学发展不仅是影响高等教育质量的关键因素，同时也是高校教师发展的重要内容，对高校教师教学发展的概念界定应建立在对“高校教学”“教师发展”“教学发展”等相关概念的梳理以及逻辑关系的理解上。

（一）高校教学的内涵

在我国，早在殷商时期的甲骨文中就已出现了“教”与“学”二字，这两个字连接为一体，成为“教学”，最早出现于《书·商书·说命》：“斅学半”（斅，xiào，同“敩”，教导之义）。《学记》中说：“学然后知不足，教然后知困。知不足然后能自反也，知困然后能自强也。故曰：教学相长也。”意思是教和学两方面互相影响和促进。到现代，教学概念作为教育学的基本概念之一，也受到学者们的高度关注，并在很多的教学论著中得到了具体阐释。比如，“所谓教学，乃是教师教、学生学的统一活动，在这个活动中，学生掌握一定的知识和技能，同时，身心获得一定的发展，形成一定的思想品德。”[1]“教学就是教的人指导学的人进行学习的活动。进一步说，指的是教和学结合或相统一的活动。”[2]“教学是教师与学生以课堂为主渠道的交往过程，是教师的教与学生的学相统一的活动。通过这个交往过程和活动，学生掌握一定的知识技能，形成一定的能力态度，人格获得一定的发展”[3]。国内不同学者对教学的诠释虽然在语言表述上有所不同，但基本含义是相近的，说明国内学界对“教学”一词的认识已取得了相当的共识，对其界定主要着重两个方面的内容。一方面，教师和学生共同构成教学过程的两大主体；另一方面，教学是教的行为和学的行为的统一。西方学者采用不同的方式对教学进行了阐释，但鲜有普遍性概念的提出，这可能与英文中“教学”与“教育”之间的概

[1]王策三. 教学论稿[M]. 北京：人民教育出版社，1985：88-89.

[2]李秉德. 教学论[M]. 北京：人民教育出版社，1991：2.

[3]张华. 课程与教学论[M]. 上海：上海教育出版社，2000：73.

念界限模糊有关。英文中常用“teaching”或“instruction”表示教学，而“teaching”“instruction”与“education”在意义上非常接近，在一定程度上是可以混用的。因此，在西方很多学者看来，教学应是一个自明的概念，讨论教育问题就是讨论教学问题。[1]根据上述分析，我们认为：教学是在学校教育中通过教师的教和学生的学实现双方共同发展的学习活动。

高等教育的根本目的是要培养社会所需要并能服务社会的专门人才，教学是实现这一目的的基本途径。根据以上对“教学”内涵的理解，我们认为，高校教学就是高等学校教师和学生为实现教育目的而进行的互动性科学探索和实践活动。这一定义主要包含四个方面的内容：第一，高校教学是教师和学生在大学制度下以知识为中介的互动行为的总称；第二，高校教学是建立在中等教育基础上的以培养高级专门人才为目的的活动；第三，高校教学是一种制度化和规范化的教学活动；第四，高校教学要将高深学问的传递和科学知识的实践紧密结合起来。

（二）高校教学的特征

高校教学是高校实现教育目的和培养目标的重要途径，除了具有一般教学活动的共同特点和必须遵循的共同规律外，还由于其培养对象和培养目标的不同，具有不同于一般教学活动的特点。潘懋元将高校教学过程的特点概括为四点：明确的专业目的性，或称为职业倾向性；对大学生学习的独立性与创造性有更高的要求；把科学研究引入教学过程；社会实践的多样性。[2]别敦荣、王根顺将高校教学的特点归纳为：专业性、探究性、实践性和创造性。[3]可以看出，由于研究者选取的维度和切入点不同，他们在措辞与表述上有所区别，但基本内容是相似的。在此，我们将高校教学的特征归纳为以下五个方面。

1.高校教学的教学对象是处于成人初期的青年

通常意义上的高校学生是指在高校学习的大学生和研究生，其入学年龄一般在18岁左右，在高校学习期间正是他们从青春中后期向成人过渡的人生阶段，不仅知识储备、智力发展等日趋成熟，也是其身体发育、心理成长的重要时期，在生理、心理等各个方面都与处于童年和少年时期的中小学生有极大的差

[1]从立新.教学概念的形成及意义[J].北京师范大学学报（社会科学版），2007（5）：5-12.

[2]潘懋元.新编高等教育学[M].北京：北京师范大学出版社，1996：302-306.

[3]别敦荣，王根顺.高等学校教学论[M].北京：高等教育出版社，2008：44-46.

别。一方面,高校学生在生理上处于身体机能和神经系统发育成熟的最佳时期,精力旺盛、思维活跃,较中小学生更具有独立学习的能力;另一方面,高校学生正在经历社会角色从家庭、学校进入社会的转变,心理状态从“非成人化”向“成人化”转变,他们在学习过程中既具有活跃的思辨能力和自主意识,又具有一定的深刻性和批判精神。

2.高校教学的教学目的是要完成学生的准职业化

根据各国现有的教育体系和教育制度,对于一个接受普通中小学教育后再进入高等学校学习的人来说,高等教育是要为他以后进入社会成为职业人做准备。高校教学要完成学生的准职业化,就是通过高校教学,让学生具备成为一个独立工作者的能力,在知识、技能、态度、心理等方面达到从事某项职业所要求的规范和标准,为进入社会从事专门职业做准备。通过教学这一最基本的途径,高校培养的专业人才与社会职业相对应,满足了社会对各类人才的需求;高校学生通过接受高等教育,在毕业后进入社会从事各种专门职业,发挥了高校服务社会的职能。随着经济、文化的不断发展,高等教育逐渐成为社会各行业对求职者的基本要求,高校是培养各类专业人才的主要基地。

3.高校教学的教学内容具有专业性和前沿性

高等教育在本质上是一种专业教育,以培养具有专业知识技能的高素质人才为目标,这就决定了高校教学具有专业性的特点。高校教学主要根据不同学科分专业进行组织,在教学内容上,随着学生学习阶段的发展,专业知识和专业技能所占的比重越来越大,程度越来越深。当然,高校教学在教学内容上突出专业性的前提是对基础课程教学、通识课程教学的重视,以适应现代科学技术呈现出的既高度分化又高度综合的趋势,培养出综合素养全面、专业能力突出的高素质人才。高校教学在内容上的前沿性体现在高校的教学不仅要向学生传授已有的学科知识和研究成果,还要向学生介绍最新的学术动向、科研成果、学术流派、学术观点,以及各学科需要进一步研究、探讨的问题和未能解决的问题,启发学生思考,培养学生的创新和探索精神。

4.高校教学的教学过程伴随科学研究和实践活动

高校通过学术影响、科研成果转化直接影响和服务于社会,高校培养的学生绝大多数毕业后直接进入社会，因此，与中小学相比，高校与社会生产和生活的联系更为紧密。一方面，高等教育不仅要传授系统知识、技能，更重要的是培养学生应用知识的能力，培养学生从事实践活动的意识、态度与方法，体现在教学中，就是要通过加强实践性环节的教学、通过有计划的实践活动，使学生在实践中获得知识，提高能力；另一方面，科研是高校的基本职能之一，高校教师既是教育者又是研究者，"学术自由""教学与科研相统一"是高等教育的基本理念，也是高校的办学思想，高校教师不但要传授已有的各学科专业知识，还要引导学生对未知知识领域的探究活动。

5.高校教学的师生关系具有相对独立性

这种独立性体现为学生在教师的引导下，通过独立思考和研究进行探索知识、发现知识、实践知识的过程。与中小学生相比，高校学生对教师的依赖已大大减少。首先是由于身心的日臻成熟，自我意识和反省水平逐渐增强，自我管理和自控能力也不断提高，在学习过程中既能不盲从地独立思考，又能不松懈地主动进步；其次是高校教师注重在教学中给予学生自主学习的空间，促进其学习自主性的发展，鼓励学生通过自学和独立思考，发现问题、分析问题、解决问题；最后，大多数国家将18岁作为法律上的成年标准，高校学生已成为具有完全行为能力的社会公民，因此，与教师的关系也就更多地表现为一种社会的人际关系，师生关系相对比较独立。

（三）教师发展与教学发展的关系

在"教师发展"与"教学发展"中，"发展"是这两个概念的最终指向。何谓"发展"？汉语中，"发展"一词主要有三种含义：一是事物由小到大、由简单到复杂、由低级到高级的变化；二是组织规模等扩大；三是为扩大组织而吸收新的成员。[1]在这里，无论是"教师发展"还是"教学发展"，都应取第一种含义。在哲学意义上，唯物辩证法也将"发展"作为"事物的一种自我否定、自我生成的运动，是事物由低级到高级的前进运动"[2]。这与"体现事物由低级到高级的变化"这一含义是一致的。对"发展"一词在教育语境中意义的确定有助于我们理解"教师

[1]中国社会科学院语言研究所词典编辑室.现代汉语词典(第7版)[M].北京：商务印书馆，2016：352.

[2]竭长光，张澍军.唯物辩证法：事物发展的逻辑[J].教学与研究，2009(4)：77-82.

发展”和“教学发展”的含义并厘清二者的关系，从而帮助我们更好地理解“高校教师教学发展”的本质内涵。

“教师发展”自20世纪80年代以来，在全球教育领域受到了越来越多的关注，对其概念的讨论大多集中在三个方面：一是教师发展是过程还是结果？二是教师是教师发展的主体还是客体？三是教师发展有哪些要素？通过对有关教师发展文献的梳理，我们得出如下倾向性的认识：教师发展是一种过程；教师既可进行自我内化发展，也可在外部机构的作用下进行发展，所以教师在教师发展中兼具了主客体性；教师发展包括个人发展、专业发展和社会性发展。在此基础上，可对“教师发展”做出如下理解：教师发展是教师在职业生涯中，通过自我主体推动或外部环境的作用，实现个人发展、专业发展以及社会性发展的过程。

“教学发展”指的是教师的教学发展，发展主体仍然是教师，目的是提升教学的质量和效果，实现师生的共同进步。对教师教学效果的研究表明，教学效果会受到多方面因素的影响，如教师的教学信念、师生交往、学生学习动机等，在各项因素中，教师教学能力是最直接、最明显、最具效力的因素。教学发展就是要通过对影响教师教学的各个因素的控制或干预，引导教师教学向更好的方向发展。结合前文对“教学”以及“教师发展”的理解，我们可对教学发展做出如下的界定：教学发展是在教师发展过程中，以教师为主体，以提高教师教学能力为核心，以提高教学效果、促进师生共同发展为目的的一系列发展行为。

教学工作是教师的核心工作，也是教师职业专业化的具体体现。《中华人民共和国教师法》第三条就明确规定：教师是履行教育教学职责的专业人员。因此，也有研究将教师教学能力等同于教师专业能力，将教师教学发展等同于教师专业发展。无论是从概念内涵的分析还是从具体实践出发，教学发展都应当包含在教师发展中，是教师发展的重要组成部分，高校教师发展与高校教师教学发展的关系也是如此。《国际教育百科全书》对“高校教师发展”进行了界定：广义上指发生在大学教师身上的总体变化，这些变化源于学校环境中各种因素的影响。狭义上指为改进大学教师的教学或科研成效而设计的一些发展项目，它包含四个层次：一是教学发展，即改进课程的设计，改进教学技能和对学生学习的评价；二是专业发展，即提高专门技能和学科研究；三是组织发展，即提高管理职能方面的绩效；四是个人发展，即改变大学教师对自身的理解和认识，改善他们的社会和组织环境，改变他们对自己工作的态度。[1]可见，高校教师发展是一个整体，关系到教师整体能力与综合素质的提高；教学发展是教师发展的基础，是教师发展中的重要组成部分。

（四）高校教师教学发展的意义

高校教师教学发展是为了提高高校教学质量，组织或个人通过各种途径，为高校教师提供一系列的持续支持和服务，促进其在教学态度、教学能力、教学学术等方面的发展。这一概念包含下面几层含义：(1)实施的主体是组织或个人，既包括高校为教师教学发展成立的专门机构，也包括高校以外的独立组织；既包括第三方人员，也包括高校教师本人；(2)发展的对象是高校教师，并且一定是承担了高校教学工作的教师；(3)发展的内容是高校教师的教学态度、教学知识与能力、教学学术；(4)直接目的是丰富高校教师教学知识，提高其教学能力和学术能力，根本目的是提高高校教学质量，实现师生共同发展；(5)高校教师教学发展是一个长期的过程，需要持续、稳定的支持，而不仅仅是一个个单独的项目。由此可见，高校教师教学发展对于高校的质量提升和内涵发展具有十分重要的意义。

1.高校教师教学发展是实现教师个体价值的需要

高校教师的教学工作具有社会价值和自我价值，前者体现为通过传道、授业、解惑实现人类文化的传承和人才的培养，满足社会发展的需求；后者体现为通过教育教学实现个人生存价值和职业理想，追求自我价值的实现，二者是相辅相成的。从本质上说，教学之于教师已经不仅仅是职业责任，而且已经是其生命组成和生活世界的一部分，教学工作带来的成就感是其自我价值感的一部分。推进高校教师的教学发展，帮助其解决教学工作中存在的难题，可以促使他们以更积极的态度投入教学，体会教学工作带来的满足感和幸福感。高校教师在实现自我价值的同时也会给学生带来正面的影响，如关爱、尊重学生，帮助学生解决学习中的问题，与学生合作，帮助学生正确评价自我等，在实现个体价值、人生价值的同时，教学发展也成为其主动的追求。

---

[1][瑞典]托斯顿·胡森，[德]纳维尔·波斯特尔斯威特.国际教育百科全书(第四卷)[M].《国际教育百科全书》编辑委员会，编译.贵阳:贵州教育出版社，1990:420-421.

2. 高校教师教学发展是实现教师个人发展的需要

教育是对人的教育，是直面人的生命并以提升人的生命质量为目的的社会活动。高校教师作为个体的存在，同样需要在教育活动中发展自我，实现个人成长。教学不是传统简单的知识传递，也不是经验层面上的操作活动，而是一个内涵丰富、有无限探究可能的学术活动。[1]教学发展的过程就是不断丰富教学知识、经历教学实践、反思教学经验、研究教学理论，最后生成教学成果的过程，这是科学探索的过程，也是教师拓展知识、提升自我的过程。“学会教学——正如教学本身一样——是一种过程……在此期间，一个人做了什么，他就能够学到什么。”[2]可见，教学发展使教师在教学学术发展的同时也促进了其专业发展。因此，教学发展是高校教师专业发展的重要推动力，也是其实现个人发展的必经过程。

3. 高校教师教学发展是提高人才培养质量的重要前提

随着社会的发展，虽然人们对高校在学术科研以及直接服务并促进社会发展方面的期望值在不断提高，但是培养人才才是高校的根本任务这一观点得到了人们的普遍认可。人才培养是高校所有工作的最终着力点，也决定了高校发展的前途和命运，高校教育质量的高低取决于教师质量的高低，教师质量的竞争最终是教学质量的竞争。培养怎样的人？怎样培养人？人才培养过程中的根本性问题需要通过教师教学来解答，只有教师教学水平不断提高，才能保证高校教育水平的提高；只有给予教师教学发展更多的空间，才能保证教师给予学生更广阔的发展空间，实现以教师的发展带动学生的发展，以教学的提升促进教育质量的提升，从根本上改进高校人才培养工作，提高人才培养质量。

4. 高校教师教学发展是完善现代大学制度的基本保障

现代大学制度是现代大学本质和特征的体现，主要包括两个方面的内容：一是宏观方面或者高等教育体制方面，主要涉及大学与政府的关系、大学与社会的关系、大学与大学的关系；二是微观方面或者说大学自身层面，主要涉及大学的

[1]焦燕灵. 高校教师教学发展的内涵、意义与路径指要[J]. 教育探索，2013(4)：89-91.
[2][美]约翰·麦金太尔，玛丽·约翰·奥黑尔. 教师角色[M]. 丁怡，马玲，等译. 北京：中国轻工业出版社，2002：1.

内部治理结构，其核心是大学内部的学术权力与行政权力的关系。[1]这里我们主要讨论微观层面的现代大学制度。

首先是高校的行政化管理，这一现象在亚洲各国高校相对体现得更为明显。以我国为例，高校的行政部门、职能部门沿袭了政府管理的模式，将教师和学生作为管理的对象，这在一定程度上扼杀了教师工作的积极性。高校教师教学发展就是要促使管理重心下移，将为教师教学发展服务作为高校管理部门的职责和义务之一，强化职能部门的服务意识，体现现代大学制度。其次是当前高校学术立校的问题仍然凸显，无论是在我国还是西方国家，绝大部分高校仍然将教师评价的重心放在科研工作上，教学发展被湮没在各种外在的评价指标中，地位被边缘化，偏离了学术自由、学术自治的大学制度。博耶在其演讲中提出："教学支撑着学术。没有教学的支撑，学术的发展将难以为继。"[2]高校教师教学发展就是将教学纳入学术的范畴，将教学能力和科研能力共同作为教师进入机制和考评机制的核心指标。因此，高校教师教学发展一方面有利于高校重建学术概念，另一方面也是完善现代大学制度的基本保障。

[1]张应强，蒋华林．关于中国特色现代大学制度的理论认识[J]．教育研究，2013(11)：35-43.

[2][美]欧内斯特·L．博耶．关于美国教育改革的演讲[M]．涂艳国，方彤，译．北京：教育科学出版社，2002：65.

二　高校教师教学发展的历史演变

高校教师教学发展并非伴随着高等教育的产生而产生，而是高等教育发展到一定阶段的产物。19世纪初期，哈佛学院首创大学教授带薪休假制度，此后，“学术休假”成为高校教师发展的主要形式。一直到“二战”后的十多年间，随着研究型大学的不断崛起，科研领域逐渐细化，高校教师的“学者”身份得以强调，学术发展成为高校教师发展的主要内容，教师的教学发展并未引起关注。自20世纪60年代起，随着各国高等教育规模的扩大以及随之而来的对高等教育教学质量的关注，高校教师教学发展开始成为高校教师发展的核心内容。综合各国高校教师教学发展的整体状态，可将其历史进程划分为三个时期：萌芽及探索时期（20世纪60年代早期—80年代末期）、初步发展时期（20世纪90年代早期—21世纪初）、整体优化时期（21世纪初至今）。

（一）高校教师教学发展的萌芽与探索

20世纪60年代，欧美各国逐渐认识到科技、教育在国家战略发展中的重要地位，加上战后十多年的经济复苏，高等教育得到了迅速发展，办学规模不断扩大，高校教师和学生数量迅猛扩张，高等教育教学质量逐渐受到公众关注，处于自发与放任状态的高校教师教学发展已不能满足公众对提高高等教育质量的期望和高校教师实现自我发展的需要。在此背景下，各国高等院校开始以设置专门机构、短期项目驱动、外部基金支持等多种形式进行教师教学发展的尝试。

1. 发展概况

1962年，美国密歇根大学成立学习与教学研究中心（Center for Research on Learning and Teaching，CRLT），成为美国历史上第一所高校教师教学发展机构，其主要任务是进行高校教学方面的研究，出版与教学相关的简报，被认为是现代高校教师教学发展的起点。随后，英国、加拿大等国也开始了对这一实践的尝试。1965年,伦敦大学设立了英国最早的教师教学发展中心;1969年,麦吉尔大学成立了加拿大第一个教师发展中心;[1]昆士兰大学1969年建立高等教育中心(Tertiary Education Center),1973年在此基础上建立教学与教育研究中心(Teaching and Educational Development Institute),成为澳大利亚最早的高校教学发展机构之一;德国汉堡大学于1972年设立独立的高等教育跨学科中心(Interdisciplinary Center for Higher Education),致力于为高校教师教学发展提供培训机会,提升高校教师教学水平。[2]这些最早的教学发展机构是现代高校教师教学发展的萌芽。

伴随实践展开的是对高校教师教学发展的理论探索。1973年,拉尔夫(Norbert Ralph)在《高校教师发展的阶段》一文中首次使用“Faculty Development”一词,但并未对其概念做明确界定。[3]1974年,奥斯汀(Alexander W.Astin)在《财政紧缩时期的大学教师发展》一书中指出:大学教师发展,尤其是教学发展不仅对大学教师有利,而且对院校发展和学生发展同样有利。为了有效地促进大学教师发展,应该:(1)发掘教师教与学活动中的自我意识;(2)促使教学公开,接受同行评议;(3)设立全校范围内的项目或机构,满足大学教师增长教学知识、提升教学技能的需要;(4)对教师进行教学培训;(5)提供教学资助,鼓励大学教师提高教学质量;(6)基于教师教学发展而不是专业发展的需要建立兴趣小组;(7)为教师的学术职业流动提供便利。[4]

理论研究推动了高校在探索教师教学发展道路上的继续深入。1976年,美国第一个全国性大学教师发展组织——高等教育专业与组织发展网络联盟成立,通过印制刊物、召开年会、组织活动等形式直接参与并促进以教学发展为核心的高校教师发展实践。1977年,全美大学教师、项目与组织发展委员会成立;1978年,该组织加入美国社区学院与初级学院协会(现在的美国社区学院协会),通过召开年会、出版《时事通讯》、举办培训班和研讨会等形式致力于社区学院的教师教学发展实践。1981年,加拿大高等教育教学和学术委员会成立,倡

[1]陈时见,刘义兵,李英.高校教师教学发展机构研究——基于七国21所大学的个案[M].重庆:重庆出版集团,2012:249.

[2]陈时见,刘义兵,李英.高校教师教学发展机构研究——基于七国21所大学的个案[M].重庆:重庆出版集团,2012:112.

[3]陈时见,周虹.高校教师教学发展的内涵特征与实践路径[J].高等教育研究,2016(8):35-39.

[4]王立.美国大学教师发展研究:历史的视角[D].华东师范大学博士学位论文,2012:63.

导教学的发展，同时资助全国性的教和学的学术研究年度会议；另外，来自加拿大魁百克省、比利时、瑞士和法国的一些讲法语的学者成立了国际大学教学协会，在加拿大和欧洲法语大学的教学和学术发展中具有一定影响力。[1]1989年，英国成立全国性组织——高校教师培训发展中心。该中心通过组织培训、发行出版物等方式促进教师发展与职业生涯发展的联系，高校教师教学发展是其核心发展内容。日本是亚洲国家中较早关注高校教师教学发展的国家，20世纪80年代，为了适应日本第三次教育改革发展的需要，学术界开始有目的地翻译和出版西方的教育书籍，开展了对高校教师发展问题的研究。日本研究界普遍将高校教师发展称作"FD"，由英语"faculty development"简化而来。在文部省1996年颁布的教育白皮书中，明确将FD定义为"教师为改进教学内容和方法所进行的有组织的举措"。

20世纪七八十年代，我国高校也在教师教学发展领域不断探索前行，这一时期的高校教师教学发展主要通过教师培训的方式进行。1978—1983年是高等学校教师培训工作的"全面恢复时期"，通过举办各种专题的进修班、讨论班、读书班和暑假讲习班等，帮助教师解决由十年动乱造成的业务荒疏、知识陈旧、新教材内容生疏等问题。1984—1986年，我国把高等学校教师培训工作的重点转移到培养青年教师和骨干教师上；1985年，我国建立两个国家级教师培训交流中心，负责组织协调和落实全国高校教师培训年度计划，并承担部分培训任务，主要目的仍然是提高高校教师的教学水平；1986年，成立华北、华东、东北、西北、中南、西南六大高等师范院校师资培训中心，各省、自治区、直辖市也相继建立了本省(市、区)的高校(高师)师资培训中心，逐步形成了我国高校教师培训基地及网络体系。

2.发展特征

这一时期虽然只是高校教师教学发展的探索阶段，但各国的探索为高校教师教学发展奠定了基础，同时也体现出两个方面的发展特征。

(1)形成了高校教师教学发展的理论雏形

这一时期产生了"大学教师发展"这一概念，其核心指向就是高校教师的教

[1]陈时见，刘义兵，李英.高校教师教学发展机构研究——基于七国21所大学的个案[M].重庆：重庆出版集团，2012：249.

学发展。随着各国高等教育的不断发展,大学教师发展的概念内涵和外延都在不断拓宽,但教学发展始终是其中最基本的组成部分。需要指出的是,在各国高校教师教学发展过程中,几乎没有出现专门的针对"高校(大学)教师教学发展"这一概念的界定,原因就在于在其出现之初就以"大学教师发展"(Faculty Development)的概念存在,随着大学教师发展内容的拓宽,如增加了组织发展、个人发展等方面的内容,高校教师教学发展逐渐从理论和实践上演变为"大学教师发展"中的一个部分。因此,本书在讨论高校教师教学发展的历史演变中,很多内容是基于对当时各国"大学教师发展"史料的分析,剥离出其中有关教学发展的部分进行讨论和研究。这里,高校教师教学发展的理论雏形同样是建立在"大学教师发展"理论雏形的基础之上的。1975年,伯奎斯特(William H. Bergquist)和菲利普(Steven R. Phillips)在《大学教师发展手册(第一卷)》(1975年出版)中提出了一个包含个人发展、教学发展和组织发展三个维度的大学教师发展理论模型,并在1977年出版的《大学教师发展手册(第二卷)》中对这一模型进行了修订,最终形成了一个整合个人发展、教学发展和组织发展的大学教师发展理论模型(表1-1)。[1]

表1-1 伯奎斯特和菲利普的大学教师发展理论模型[2]

	态度	过程	结构
	个人发展	教学发展	组织发展
重点	教师个人	教师个人,教学进度,课程	学术机构,系与部
目标	澄清教育哲学、价值观和态度,改善人际关系	改善教学	提高组织效能
活动	教师访谈,交际培训,个人成长和规划工作坊,治疗性的咨询服务	教学评价,微观教学,课堂观察与诊断,教学方法与技术,课程设计	团队合作,管理培训,冲突管理

1975年,盖夫(Jerry G. Gaff)在对美国大量院校的大学教师发展项目和活动进行调查、访谈的基础上,也提出了一个包含三个维度的大学教师发展理论模型(表1-2)。

[1]王立.美国大学教师发展研究:历史的视角[D].华东师范大学博士学位论文,2012:82.

[2]王立.美国大学教师发展研究:历史的视角[D].华东师范大学博士学位论文,2012:82.

表1-2　盖夫的大学教师发展理论模型[1]

	态度	过程	结构
	个人发展	教学发展	组织发展
重点	教师个人	课程,教学进度	组织
目标	促进教师成长,帮助教师获得所需的知识和技能	促进学生的学习	营造有效教学的环境
活动	研讨班,工作坊和个人评价	教学过程设计和课程设计,新教材学习,特定教学主题的工作坊,学生评价	工作坊,行动研究,组织政策修订

可见,在大学教师发展理论模型的建构中,"教学发展"是其中的重要组成部分,这些理论雏形的建立为高校教师教学发展的理论研究和实践操作提供了可借鉴的范式。

(2)从院校个体发展走向全国性发展

高校教师教学发展在萌芽初期主要是各个院校的自发行动,随着进一步的探索和发展,逐渐呈现出全国性发展的趋势,主要体现在三个方面:一是全国性组织(机构)的成立。如荷兰教育研究协会、美国高等教育专业与组织发展网络联盟、加拿大高等教育教学和学术委员会、英国高校教师培训发展中心,以及我国的高等学校师资培训交流中心等。二是全国性的基金和政府的资助。如1969年,卡耐基基金会资助美国大学教授协会和美国学院协会联合发起"提升大学教学工程";1980至1987年间,布什基金会对62个公私立院校的教学发展、科学研究等提供1300万美元的资助;1979年,英国教育与科学部提供专项研究基金进行高校教师发展调研等。三是全国性研究项目的开展。如1972年,英国伦敦大学的高校教师发展项目;1973年,加拿大安大略大学的教师教学发展项目等。

全国性组织(机构)的建立、基金的资助以及项目的开展为高校教师教学发展走向专业化、国际化具有极大的推动作用。一方面,它们通过组织年会、专题研讨会以及出版刊物的方式,为高校教师教学发展的研究者和实践者提供全国性的交流平台,有利于高校教师教学发展的理论建设和实践深入;另一方面,通

[1]王立.美国大学教师发展研究:历史的视角[D].华东师范大学博士学位论文,2012:83.

过提供培训与指导、设立奖项、资助项目等形式，实现高校教师教学发展观念在各高校的普及，推进了各高校在这一问题上的沟通、交流和合作。这一时期的探索为高校教师教学发展进入下一阶段打下了坚实的基础。

（二）高校教师教学发展的初步发展

20世纪90年代，全球高等教育加速发展，通过改革、创新以适应不断变化的时代政治、经济和社会发展。各国高等教育逐渐从精英化走向平民化，学生构成或来源也愈加多样，对高等教育的需求也在不断发生变化，这对高校教师的教学发展提出了更大的挑战。1990年，博耶(Ernest L.Boyer)提出多元学术观，明确提出学术包含四个部分，即发现的学术、综合的学术、应用的学术、教学的学术。教学学术思想的提出提高了教学在高校中的地位，并迅速产生了广泛的影响，在全球范围内形成研究与讨论教学学术的热潮，推动了高校教师教学发展。

1.发展概况

这一时期各国高校教师教学发展在已有的基础上继续推进，根据不同的实际情况和发展水平，呈现出不同的表现形式。在博耶教学学术概念的影响下，美国高校教师教学发展在这一时期表现得较为活跃。首先是大量经费的投入，传统高等教育资助机构、公私立基金会等投入大量资金支持高校教师的教学发展；高校自身也增大了对教师发展的校内预算。其次是机构和联盟的增多，1994年，赖特(Alan Wright)对美国近200所研究型大学的教师发展情况进行调查，发现六成以上的院校设立了正式的大学教师发展机构，四成左右的院校成立了大学教师发展委员会(有些院校同时设立大学教师发展机构和委员会，但比例不高)。不同的机构和组织根据学校类型和区域形成联盟或共同体，共同推进区域内的教师教学发展。1994年，包括南得克萨斯大学、亚特兰大大都会学院、陶格鲁学院在内的一些历史上传统的黑人大学和学院联合起来，成立了黑人大学和学院大学教师发展联盟，共同致力于对以黑人教师为主的多族裔大学教师发展和多元文化教学事务。1996年，芝加哥地区的哥伦比亚学院教学卓越中心、西北大学塞勒教学卓越中心、奥克墩社区学院专业发展中心等近20所不同类型院校的大学教师发展机构联合成立了芝加哥地区大学教师发展网络联盟，以促进本地区的大学教师发展和大学教学。[1]英国则以评审制度的建立作为高校教师

[1]王立.美国大学教师发展研究：历史的视角[D].华东师范大学博士学位论文，2012:128-129.

教学发展的突破口，1992年，高等教育拨款委员会成立教学发展基金；1996年，英国成立高等教育教学与学习支持专业发展机构，该机构提出创新理念改善教学，制订和修订教师专业标准。加拿大则对高校教师发展工作实行分权管理，以学校为基础开展教师发展的项目和活动，20世纪90年代初期开始，要求所有新聘请的教授必须接受教学培训，由各高校教师发展机构的教学顾问负责监督。澳大利亚在这一时期的高校教师教学发展主要表现在两个方面：一方面，澳大利亚政府开始对各高校的教学、科研和全面工作进行三方面的评估，以此来保证高等教育质量[1]；另一方面，高校内部也建立专门机构以促进教师教学发展，大部分学校在人力资源部门的组织下陆续开展了形式多样的高校教师发展项目，教学发展是其中的核心内容。

亚洲等国高校的教师教学发展则表现为不一样的形式。在日本，1991 年修订的《大学设置基准》第 14 条明确规定："大学教师必须具备能够担当大学教育的能力。"[2]1998 年，大学审议会报告《关于21 世纪的大学形象以及今后的改革方案》也建议："为使每个教师能够改善教育内容和方法，整个大学，整个系、学科都要努力在本大学理念、目标以及授课内容、方法等方面对教师实施有组织的研究、研修（大学教师发展），这一点必须写到大学的设置基准之中。"[3]1999 年 9 月，大学设置基准在"以教育内容改善为目的的有组织的研修"一项中明确指出："为了改善各大学的授课内容以及方法，各大学要尽量实施有组织的研究以及研修。"[4]在其指导下，大学、短期大学、研究生院等陆续开始了大学教师发展的制度化建设。

我国内地在高校教师教学发展领域也有新的尝试。1990年以来，我国陆续出台《教师法》《教育法》《高等教育法》等教育法律；国务院颁布《中国教育改革和发展纲要》《教师资格条例》等行政规章，教育部也先后颁布《关于高等学校教师职责及考核的暂行规定》《高等学校教师工作量试行办法》等文件，尤其是1996年教育部颁布的《高等学校教师培训工作规程》，对高校教师培训工作的指导思

---

[1]孙金玉.澳大利亚高等教育质量保证体系阐述及启示[J].黑龙江教育（高教研究与评估），2007(5)：87-89.

[2]施晓光，夏目達也. 日本"大学教师发展"的经验及对中国的启示：基于名古屋大学的个案[J].清华大学教育研究，2011(4)：79-85，112.

[3]施晓光，夏目達也.日本"大学教师发展"的经验及对中国的启示：基于名古屋大学的个案[J].清华大学教育研究，2011(4)：79-85，112.

[4]李文英，陈君.日本大学教师发展制度化探析[J]. 保定学院学报，2010(1)：103-106.

想和原则，培训的组织与职责、主要形式、考核与管理以及培训的保障与有关待遇等做出了明确的规定，使高校教师培训逐渐进入制度化发展的阶段。

2.发展特征

这一时期高校教师教学发展积极而快速，不仅发展范围不断扩大，而且发展内涵逐步深入，同时也体现了一些新的发展特征。

(1)出现了高校和国家间的联盟发展

20世纪90年代以来，随着国际形势趋于缓和，和平与发展成为时代主题，经济、文化、教育等领域的全球化趋势加速发展，各个领域的国际化交流与合作也逐渐增强。在这样的背景下，高校教师教学发展也呈现出高校之间、国家之间的合作和结盟，其中最具有代表性的是国际教育发展联盟(ICED)成立。

ICED成立于1993年，成立之初的宗旨是促进世界范围内高等教育教学、学术和教师的发展，为各国高等教育的发展提供一个国际性的交流平台。该联盟在1995年、1996年分别举行了第二次、第三次委员会议，成员国家也从欧洲、北美洲等国逐渐扩展至大洋洲、亚洲和非洲等多个国家。作为一个国际性的组织，ICED的组织者设立了具体的奋斗目标，其中第一、第二个目标均直接指向高校教学：第一，改进高等教育教学。通过资助高等教育教学研究和专业实践活动改善高等教育教学。第二，推动教育、教学知识的传播。通过组织培训和印刷出版物等形式，在高等教育发展者之间传播教学和学习的经验，以及开展各种教学实践活动，促进教育、教学知识的交流与传播。1996年，ICED举行第一次国际性大会，主题为“培养大学教师”；1997年，举行国际专题研讨会，主题是“教学档案袋在教育发展中的应用”。同时，该联盟还主办期刊《学术发展国际期刊》，收集了ICED各次会议中的优秀文章，主要包括各种促进高等教育教学和教师发展的文章。这一组织的建立为高等教育教学研究提供了一个国际性的交流平台，极大地推动了高校教师教学发展的国际化进程。

随着高校教师发展实践的深入，20世纪90年代以来，除了像ICED这样大型的国际教育联盟的成立以外，越来越多的院校也意识到高校间的结盟有利于资源共享、共同提高和发展，因此，各国内部各高校间，各个国家之间也根据不同的标准建立起区域性的教师发展联盟，除前面提到的几个联盟外，这一时期成立的联盟还有美国中西部大平原地区教学发展联合体、(美国)南部地区大学教师和教学发展联合体、新泽西州大学教师发展网络联盟、澳大利亚科技大学联盟等地区性的高校教师发展联盟。

(2)发展策略呈现出多样化和特色化

基于各国高等教育发展程度各不相同,各国高校教师教学发展在这一时期开始呈现出不同的发展侧重点,体现出国别间的差异和特色。美国是最早进行高校教师教学发展的国家之一,从20世纪60年代初期开始至20世纪90年代,组织化是其最鲜明的特色,表现为校内常设机构的设立、校外基金会的资助以及国内高校联盟、国际教育联盟的成立,使得其教师教学发展的各类活动、项目的开展有组织依托,进而成为一种长期的实践活动。

英国在这一时期的特点则体现在将监管、评估作为高校教师教学发展的一种实施方式上。在这一时期,英国全国从小学教育到高等教育都采取不同程度的外部评审制度,各层次的质量标准机构应运而生,如教育标准办公室、继续教育拨款委员会质量司、高等教育质量保证署等;同时,高校内部还成立高等教育质量委员会,对自身进行教育质量监管和审核。外部及内部的质量监管和评估机制使英国的高等教育质量保障体系进一步完善,在其高校教师教学发展的各类实践活动中,监管和评估也渗透其中的各个环节,成为其中的一部分。

亚洲国家的高校教师教学发展在这一时期主要呈现出制度化的特点。如日本,通过各类制度、方案的制定,提出高校教师教学标准,将"以教育内容改善为目的的有组织的研修"写入《大学设置基准》;在中国内地,则通过教育法律、行政规章、管理办法等将对高校教师的教学提高工作纳入制度化的管理和实施。

(三)高校教师教学发展的整体优化

进入21世纪后,在日益激烈的国际竞争以及不断加速的全球化进程的大背景下,信息技术、知识经济的深入发展对高等教育提出了新的要求和期待;国家间的竞争归根到底是科技和人才的竞争,这对于将科技作为第一生产力,将人才视为第一资源的高校来说,是新的机遇与挑战,各国也将高等教育改革发展作为重要战略任务之一。这一时期,高校教师教学发展在目标和实践范围上不断扩大,形式和手段上也更趋于多样化,国际合作继续深化,影响力不断增强,进入全面发展阶段。

1.发展概况

围绕建设世界一流教育体系的目标，各国纷纷提出“追求卓越”的高等教育教学改革思路。英国政府出台了《创建21世纪学校体制》《崇高志向——知识经济中大学的未来》《教学的重要性》等一系列重大教育发展战略报告；美国政府于2007年出台《为有意义地促进卓越技术、教育与科学创造机会法案》，启动了美国确保人才培养和促进国家创新与竞争力的立法程序；德国政府于2006年启动德国大学“卓越计划”，旨在创建卓越型高等教育体制；日本政府在2002年开始实施“21世纪卓越科研基地计划”；我国于2010年开始实施卓越人才培养计划，作为建设创新型国家、人才强国战略的重要措施；2013年，澳大利亚颁布的《澳大利亚教育法》推出了以“高质量教学”“高质量学习”等为核心的“全国学校改进计划”，全面提升国家教育质量；此外，印度、南非等国也纷纷出台相关计划，力求提升高等教育质量，增强国家综合竞争力。在各国“追求卓越”的高等教育发展思路下，教师教学发展呈现出更加多样化的趋势。

为培养优秀的高校师资力量，美国于20世纪90年代启动“未来教师计划”，这一项目在2000年进入推广阶段，共有108所不同类型的院校参与，为准备进入高校任职的研究生助教和在职的高校教师提供教学实践和专业的教学指导。此外，基于网络技术的飞速发展，先进的互联网技术，传统的视频教学、电话教学、广播教学等技术也被美国高校广泛用于教师教学发展实践之中。

在英国，高等教育质量在21世纪成为公众关注的焦点，政府成为这一时期高校教师教学发展的主要推动力量。从1999年到2009年，英国政府为提高高等教育教学质量，以项目的形式设立“教学质量进步奖”；2003年1月，英国教育国务大臣查尔斯·克拉克（Charles Clarke）发表题为《高等教育的未来》的白皮书，明确将教师教学发展作为高校改革的重要内容之一，提出要在教学方面加强改革，其内容主要包括：为现代化教学加大额外的拨款，为优秀的教师以及学生提供奖励；为学生的学习提供更多信息，这些信息由新的学生年度调查和主考官报告，可为学生做最佳选择提供帮助，以此提高质量；在教授资格方面建立新标准；为提高教学建立新的国家团体，即教学质量协会。[1]2003年7月，英格兰高等教育拨款委员会建立卓越教学中心，制定国家教学基金奖励计划。2004年，英国建

[1]李俐.英国高校教师发展研究[D].西南大学博士学位论文，2013：26.

立高等教育学会，负责制定国家专业标准框架，政府希望所有高校教师从2006年开始都获得该标准的认证资格。2006年，英国政府制定并颁布的《英国高校教师专业发展标准框架》被称为国家教学专业标准框架，为研究生助教、讲师和教授的教学提供了基本参考，教师个体和学校可以依据这些标准行事，并保证高校教师达到这些标准。[1]

德国在这一时期高校教师教学发展主要表现为教学联盟的增多、全国性专门组织的建立和会议的召开、宏观教育政策的制定等。2001年，巴登-符腾堡州9所高校联合组建符腾堡州高校教学中心；2003年，北莱茵-威斯特法伦州8所高校签署联合声明，组建高校教学联盟。2006年，德国政府启动德国大学"卓越计划"，2008年重新组建高校教师教学发展机构——康斯坦茨大学教师发展中心。部分州以及高校设立了教学奖励奖，提高对教师教学发展的重视程度。2011年，召开慕尼黑全国高校教学会议，讨论国内各州、各高校的教师教学发展方面的培训标准、证书互认等问题。[2]除州级、校级专门机构之外，德国与高校教师教学发展相关的各民间组织也较为发达，为高校教师教学发展提供不同于政府组织的多样化发展平台。

澳大利亚则是通过保障体系的建立、教师培训的展开以及信息手段的应用等方式推进该时期高校教师教学发展工作。澳大利亚政府在2010—2011年度财政预算案中，计划在未来4年拨款7000万澳元建立高校教育质量标准局取代以前的澳大利亚大学质量保障总署，强化国家对高等教育的质量保证和管理；大部分高校通过专门的教学发展机构对新入职教师提供入职培训，平时则开展专题项目为学校教师提供教学发展的支持和服务；部分高校还设立了"教学进步奖"，彰显了教学发展机构在高校教师教学质量提升和保障中的作用。在这一时期，现代技术设备，包括网络平台、现代声像设备、多媒体辅助设备等也被广泛地运用到澳大利亚高校教师教学发展中。

日本政府于2004年4月起正式实施国立大学法人化的人事体制改革，直接引起了日本高校对教育质量和教育效果的高度重视，各高校均采取不同措施提高大学教职员的教学能力。2007年文部科学省对《研究院设置基准》进行了修

[1]李俐.英国高校教师发展研究[D].西南大学博士学位论文，2013：29.

[2]陈时见，刘义兵，李英.高校教师教学发展机构研究——基于七国21所大学的个案[M].重庆：重庆出版集团，2012:95-100.

改，明确规定："为对研究生院的教学、研究以及指导内容和方法等进行改进，各研究生院必须有组织地实施研究和研修计划。"7月，《大学设置基准》和《短期大学设置基准》(修订版)要求大学和短期大学也必须实施"以改善授课内容以及方法为目的的有组织的研究和研修"。据相关数据显示，截至2008年，已有97.3%的日本大学开展了教师教学发展活动。[1]高校教师教学发展制度化推动日本高校在这一时期相继建立了各自的教师教学发展专门机构承担这一任务，如设置教育援助中心、教育教养院或FD机构，承担教师教学发展培训项目、开展调查研究、组织相关大型活动和会议、进行理论研究等等。此外，日本各高校还开展了对准教师的教师技能培训，京都大学、东北大学等还举办了"准教师工作坊"，通过一系列的活动和培训，为高校提供优秀的后备师资力量。这一时期，在进行各类高校教师教学发展活动中，日本高校充分利用了先进信息技术，如实施远程教育联合项目、举办虚拟大学、开发专门的教师教学发展网络系统等。

我国高校教师教学发展一直以来主要以进行教师培训的形式进行，进入21世纪后，高校规模的扩大、教师数量的上升、网络技术的发展、国际经验的介绍等带来了这一领域的新发展。2006年，在厦门大学举行了第四次高等教育质量国际学术研讨会，会议以"大学教师发展"为主题，提出我国高校教师教学要从"培训"走向"发展"的理念；2007年，为加强高校教学建设，教育部实施"高等学校本科教学质量与教学改革工程"，在其推动下，国内高校纷纷建设教师教学发展中心，将其作为本校教学质量工作中的重要组成部分，推动了我国高校的教师教学发展。香港特别行政区于2007年成立质量保证局，于2008—2011年对香港8所院校依次进行质量核证，将"学生中心""成效为本"的理念融入高校教师教学发展中。台湾地区高校教师教学发展在这一时期也有长足发展，2007年，共71所大学和75所职业院校成立了协助教师提升教学品质的负责单位，所占比例为台湾地区高等教育机构总数的90.12%。[2]

2.发展特征

这一时期高校教师教学发展得到了世界各国的高度重视，高校教师教学发

[1]陈时见，刘义兵，李英.高校教师教学发展机构研究——基于七国21所大学的个案[M].重庆：重庆出版集团，2012:154.
[2]董泽芳.台湾高等教育改革发展的特点及启示[J].高校教育管理，2011(2)：46-52，58.

展呈现出制度化、国际化、信息化等趋势，同时也体现了新的时代特征。

(1)信息技术在高校教师教学发展中得到广泛运用

20世纪末，互联网技术、通信技术的飞速发展开启了崭新的信息时代，进入21世纪后，信息技术领域的变革与发展对高等教育的影响更加全面和深入，几乎已经全面渗透各国高等教育的各个层面。这一时期，各国高校在教师教学发展过程中，无论是技术手段还是发展内容上，都体现了信息技术的广泛运用。在技术手段上，即时通讯和在线社交网络，如电子邮件、网络论坛、讨论站、聊天室等改变了以往教师教学发展中面对面交流、培训、评价的方式，打破了空间的限制；电子数据库、电子杂志等被运用于教师教学发展过程中资料的保存和理论研究的传播；电脑实验室、校园无线网络、远程图书馆以及各类视频、音频和网络教室的使用也进一步扩展了学习资料的范围和分享信息的观点和方式。同时，新信息技术的使用也是这一阶段教师教学发展的重要内容，各国高校在进行教师教学发展过程中都将教育技术纳入其中。2005年，索新丽(M.D.Sorcinelli)等人对美国大学教师发展情况进行问卷调查，发现大学教师发展实践者普遍认为教学技术指导是大学教师发展中心的重要工作，也是目前中心提供最多的服务。[1]信息技术的广泛运用为高校教师教学发展注入了新的内容和活力，拓宽了高校教师教学发展的理论范畴和实践形式，推动各国高校教师教学以更为高效的方式发展。

(2)高校教师职前职后一体化发展受到重视

在知识全球化和终身学习理论的影响下，教师职前职后一体化培养逐渐成为发展趋势，各国高校教师教学发展也在这一时期开始了职前职后的有效衔接，各国高校通过各种方式对这一发展模式进行有效尝试。美国通过未来教师计划为高校中处于不同职业阶段的教师设计不同的发展项目：帮助处于职前期的研究生助教适应教学环境，掌握教学技能的准教师发展项目；帮助处于职业生涯早期的新教师适应学术生活的新教师发展项目；帮助处于职业生涯中期的中年教师缓解学术倦怠、更新活力的中年教师发展项目；帮助处于职业生涯中、晚期的教师改善教学、提高学术生产力的终身职后教师发展项目；帮助处于职业生涯晚期的教师规划退休后生活的临退休教师发展项目等。

[1]王立.美国大学教师发展研究：历史的视角[D].华东师范大学博士学位论文，2012：146.

德国主要通过各高校成立的教学发展机构组织针对不同群体教师的培训，如学生兼职辅导员培训、教师入职培训、教师职后提升培训等，将职前职后的教师发展整合在一起。

日本也主要通过各高校设置的高等教育推进中心具体承担教师教学发展职前职后一体化的任务，主要以各类项目的方式推进，如准教师能力开发项目、教师专业性能力开发项目等。

总的来说，这一时期各国高校教师教学发展都呈现出职前职后一体化的趋势，涵盖了从研究生阶段的准教师教学发展到新入职教师的教学发展，再到入职后不同职业阶段的教学发展，高校教师教学发展观念逐渐明晰，在操作上也越发规范，逐渐从以前自发的、分散的实践上升到更加专业化、标准化的实践。

三　高校教师教学发展的核心要素

对教学发展核心要素的探讨是分析高校教师教学发展的前提性工作。教师教学发展的能力与教师个人的整体素质具有高度相关性，高校教师个体之间在学历学科背景、教育教学知识、专业能力结构等方面都存在差异，而且教学发展还往往会不自觉地受到教师生活质量、人际交往、心理状态、职业发展阶段等多种因素的影响，因此，对教师教学发展的影响要素进行条分缕析是很难的。从教师专业化的角度出发，从教学实现的必要性条件方面考虑，高校教师教学发展的核心要素主要包括教学信念与教学投入、学科知识与探究能力、教学知识与执教能力。

（一）教学信念与教学投入

教师对教学的认识以及教师教学投入水平是教师教学发展的前提性因素，也是教师教学发展的第一要素。

1.教学信念

教学信念反映的是教师对教学的综合心理状态，包括对什么是好教学的判断，对自己成为名师的期待程度以及愿为此付出多少努力等。教学信念决定教师的工作是积极的还是懈怠的，决定教学发展的走向和可能结果。

从教学信念的具体表现来看，其核心在于教师对“可能自我”的具体判断。“可能自我”是有关个体如何思考其潜力和未来形象的自我概念，由积极的希望自我和消极的恐惧自我构成。[1]可能自我是经由复杂的心理过程和实践操作而达成的教学发展状态，包括教师的发展动机、期望目标、教学学习方式、发展规划的可持续性等，教师最终通过提升教学效能感而达到可能自我的正向意义。一般来说，教师越是具备良好的发展动机、目标积极而明确、学习方式有效而多样、

[1]唐旭琳，夏云颖，甘怡群.中学教师希望自我与其工作投入和工作倦怠[J].北京大学学报（自然科学版），2013(2):329-335.

发展规划科学而持续，教师的教学效能感往往越高，因此更容易形成希望自我，其教学发展的过程更容易是积极的。反之亦然。

2.教学投入

教学投入是教师教学信念的实践反映，它不仅指教师花在教学、教学研究上的精力和时间等，更主要的是指教师对教学的全身心参与，以及视教学活动为职业发展基础的心理状态。教师教学投入又可分为教学情感投入和教学实践投入。

教学情感投入是指教师运用心理活动中的情感活动规律，借助语言、文字、面部表情、行为动作等方式向学生传递思想感情信息，实现师生相融的一种心理活动。教学情感投入反映了教师奉献于教育教学的意愿水平。教育教学是人与人之间的深入互动与相互影响的过程。教师如何认识学生与教学，是否愿意与学生结成积极的教育关系，就成为教育教学效果的保障，也是教师教学发展的基本条件。

教学实践投入关注的是具体的操作层面，考察的是教师通过教学准备、教学练习、教学研究、教学反思等各种手段持续改进教学效果的积极程度。教学实践投入反映了教师对促进自我教学发展的重视和对本职工作的专注状态。优秀教师的教学实践投入不仅表现在面向学生的具体教学上，还表现在对自我教学发展实践的投入上。

（二）学科知识与探究能力

高校教师具有很强的专业性，学科知识与探究能力无疑是影响教师教学发展的重要因素。

1.学科知识

学科知识既是教师学术性工作的重要支撑，也是教师教学发展的基础。教师的知识积累是开展教学的前提条件。教师应当具备哪些知识，不同的研究者有不同的界定，但无论哪种界定方式，学科知识都被视为教师知识的主要方面。高校教学是以专业性较强的学科专业教学为基础的。有调查指出，当前大学教师的发展需求主要集中于教学和学术能力提升两个方面。对专业知识学习有需求的教师占到被调查样本的82.2%，是占比最高的发展需求；其次是对研究方法的需求，有74%的被调查对象表达了这种需要；需要提高教学技术和外语水平的教师人数也都超过了被调查对象的60%。[1]在这项调查中，教师对专业知识的高需求反映了高校教师对教学本质的认识，即多数人意识到了学科知识对教学发展的重要性，这与高校教学的学术性要求是一致的。

一般来说，高校教师应具备一至两门学科的知识储备。教师要创造性地、成功地完成教学任务，首要条件就是他所教学科的知识必须达到较高的水平。学科知识包括：学科基础知识，即与学科有关的事实、概念、原理、理论等；学科专业主体知识，如规律性知识、学科思想方法、学科思维特点和研究方法、学科专业前沿知识等。

2.探究能力

教师是知识的传授、阐释、答疑解惑者，教师传授的内容是教师所掌握和已经深刻理解、体系化的知识。教学的有效性与教师所掌握的本体性知识呈递增关系。在这样的基础上，教师能否准确无误地将自己所学、所思、所想传递给学生，就成为教师教学的首要因素。然而，教学过程不仅是知识的搬运过程，而是主体与主体之间对话、心灵与心灵相互启迪的过程。因此，在实际的教学过程中，传递客观的知识还不够，优秀的教师往往具备知识探究和知识转化的能力。具体来说就是教师能够做到知识的脉络化和情境化。

知识的脉络化是指教师不但要讲授本堂课或本门课学生必须掌握的知识，还能够对知识产生的历史过程进行梳理，开拓学生的思维，引起学生思考的兴趣。在当今信息时代，学生学习知识的渠道多元化，在一定程度上形成了对教学的挑战。但学生通过网络、手机等方式的学习往往呈现碎片化的特点，难以对知识产生的脉络形成清晰的认识。因此，知识的脉络化呈现依旧是对教师教学的挑战。例如，有的老师在讲解西欧教育世俗化的发展历史时，往往简单地呈现现代基础教育发展的历史时期，这样学生往往不能理解、记忆。很多学生可能会想，为什么教育的世俗化会在十六七世纪的欧洲产生？如果教师结合马丁·路德的宗教改革带来的人们对识字的需要来讲解教育世俗化，学生就会产生更好的理解。

[1]刘慧珍，洪成文.高校教师发展：教师需求与政策支持——基于实证调查的政策适切性分析[J].教育学术月刊，2013(1)：63-67.

知识的情境化是指教师能将一般的概念性知识、原理性知识、理论等与现实的生活、社会情境相结合，帮助学生理解知识的现实来源、可能的用途，并帮助学生加深理解、记忆、运用。怀特海指出：教育需要解决的问题就是使学生通过树木看见森林。教育只有一个主题，那就是五彩缤纷的生活。[1]知识的情境化有助于帮助教学对象理解知识学习的意义，协助教师构建积极的师生关系，最终对教师教学工作价值的寻求与强化发挥关键作用。

(三)教学知识与执教能力

教学知识与执教能力是高校教师教学发展的关键因素。

1.教学知识

教学知识一般由教学方法知识、教学对象知识和教学环境知识构成。

(1)教学方法知识

教学方法知识涉及教师对“如何教”问题的理解。在教与学的领域中，教学过程被看作教师将其具有的学科知识转化为学生可以理解的知识的过程。在此过程中，教师使用教育学和心理学规律来思考学科知识，即对具体的学科知识做出教育学和心理学的解决，例如如何激发学生学习动机，在课堂中如何组织教学过程，如何设计和实施测验等。因此，教育学和心理学知识被有些专家称为教师成功地进行教育教学的条件性知识。其次，教学是一种创造性活动。仅仅具有广博的学科知识的教师，不一定能成为一名好教师，教师必须讲究科学性和艺术性，才能取得良好的教育效果，才能使自己的工作经验上升为理性认识，更具有自觉性，避免盲目性。

对高校教师来说，教学方法知识跟学科知识不同，教学方法知识本质上是实践性知识，它的形成及效果的大小均必须经由教学实践的过程。这种实践性知识是灵活多样的，具有鲜明的指导功能，不像理论性知识那样有严谨的逻辑。如教学中总结出的经验体会，构建的新教学模式和教学方法等。这种实践性知识适应于特定的课堂、教材、学生，体现了教师的个性特点和价值取向，不追求理论领域的普遍性。这种实践性知识是以教学水平提高与否来评价的。

---

[1] [英]怀特海.教育的目的[M].徐汝舟，译.北京：生活·读书·新知三联书店，2002：10.

(2)教学对象知识

了解教学对象是教学的前提。教育性的师生关系是教育产生的前提,也是教育最大的魅力。“教师之魅”在于教师对学生成长进行深入细致的了解并理解。了解学生并不是教学的目的,而是建立教育性的师生关系的基础。在高校教学中,由于教师和学生之间的接触往往不是很多,而且学生的知识储备、学习动机、个人性格等方面要比中小学生呈现出更多的差异,因此,教师往往无法在课前准确地予以把握,而是更多地通过课堂观察、互动来把握。这就需要教师具有一定的洞察力。优秀的教师往往会根据学生的一般信息,如性格特征、知识储备、课堂参与意愿等采取不同的行动策略和技巧。

(3)教学环境知识

教学环境是学校教学活动所必需的主客观和力量的综合,与其他环境相比,教学环境具有自身特定的环境区域(校园)、特定的环境主体(师生)和特定的环境内涵(规范性、可控性、纯化性和教育性)。[1]教学环境可划分为物质环境和心理环境,物质环境指学习场所的所有硬件条件,包括学校建筑(如图书馆、实验室、操场等)、教学空间设计(如室内采光、照明、噪音控制等)以及教学设施配置(如计算机、投影、实验仪器及用品等)。心理环境则指教学主客体间存在的各种心理关系,如师生关系、生生关系、校风班风、课堂气氛等。可见,教学环境知识更多地指向教学的现实性问题,是涉及教师思考如何利用当前的教学环境开展更优质的教学这类问题的知识。

具有教学环境知识的高校教师能敏锐地认识到教学环境中的各种物理因素对教学活动和学生学习过程的影响,能够有效利用、协调或改善相关环境因素改进教学活动,提升教学效果。对教学环境知识的把握还可以帮助教师提前规避风险或做好迎接困难的准备,在一定程度上减轻挫败感和无助感,有助于教师“希望自我”的稳定。

2. 执教能力

执教能力往往与教学技能相混淆。能力在心理学上一般认为是一种心理特征,是顺利实现某种活动的心理条件。它包含个体当下已经达到的成就水平

[1]田慧生.教学环境论[J].教育研究,1995(6):47-51,58.

(ability)和指向未来的可能性(aptitude)两个方面。[1]技能与能力相比往往更加具体化,它一般用来描述操作性的活动方式或者某种心智活动。对教师来说,由于教学是涉及诸多要素的人与人之间互动的学习活动,它跟人对物的操作(比如人们打羽毛球、建设桥梁等)是有区别的,教师在教学中会动用某些技能,如板书技能、言语表达技能,但最终呈现的是具有综合性心理特征的执教能力。执教能力包括一般的教学技能、运用现代技术的能力、教学研究的能力。

(1)一般的教学技能

一般的教学技能是指从事教师行业和开展教学活动必需的基础能力。第一,教师应当具备一定的表达技能,包括语言表达技能和行为表达技能。教师在课堂教学中,语言表达要流畅、简洁、清楚;行为表达要直观、易于理解,与学生有互动。第二,教师应当具备一定的观察技能,并能对观察结果进行及时的处理和反馈。第三,教师应当具备一定的思维启发技能,根据课堂教学实际,不失时机地启发学生思维,引发其思考,培养学生的探究能力。第四,教师应当具备一定的课堂管理技能,根据学生的具体情况,及时调整教学进度、教学方式和教学内容,并能够对学生的学习策略、课堂气氛进行调控。

(2)运用现代技术的能力

当下高校教师面临的能力方面的挑战是,如何运用现代技术改善教学方式。

教学方式的改善涉及诸多要素,是教师教学综合能力的体现。现代教育技术的发展为教学方式改革提供了动力,它促成了师生关系的深入变革,使教学材料的组织方式更加多元化,为教师提供多种教学方法。但就目前来说,在国内很多高校流行的各种教学手段或教学组织方式在一定程度上改变了传统的教学方式,但如果称之为教学方式的革命性变革,却为时尚早。常见的技术手段有以下几类(表1-3)。

表1-3 常见的教学技术手段及其影响的方面

手段或方式	改变的实质方面
微格教学	教学的目的、教学的方法
微视频	学生学习的方式、学生学习的素材

[1]彭聃龄.普通心理学(修订版)[M].北京:北京师范大学出版社,2004:404.

续表

手段或方式	改变的实质方面
微课	教学的方法、学生学习的素材
慕课	师生关系、教学的方法
翻转课堂	教学的方法

在上述技术手段的影响下，高校教学在某些方面，如教学的效率、教学材料组织的难易与丰富程度、学生学习方法的灵活性等方面起到了一定的积极性作用；但涉及教学方式本质的很多层面，都没有发生革命性的变革，如师生关系、教学方法等，很难说是朝着积极的方向发展。以慕课为例，虽然在教学组织形式、教学中的师生关系等方面具有革新意义，但它无法满足即时的互动，更无法照应课堂中的学生情绪、交流讨论、课后质疑等方面的需求。如何使信息技术成为教学方式以改进服务，就成为教师教学能力提升的重要挑战之一。

(3)教学研究的能力

教师具有教学研究的能力，是教师专业成熟的重要标志之一。对教育教学开展研究，是了解教学本质、抓住教学关键矛盾的非常有效的方法。大学生普遍自主性较强，对课堂教学的趣味性、独特性等具有较高的要求，教师研究教学可以避免照本宣科，更容易引起学生的学习兴趣。

教师提高教学研究能力的途径有以下几种：一是要具备敏锐的观察力和自我反思能力，能从对课堂教学微观角度的观察或教育教学改革的宏观策略中形成问题。二是要具备分析问题的能力。这一方面要求教师要以一定的教育理论来指导自己的教学实践，反过来又可以通过教育实践来验证和丰富教育理论。在具体实践中，要求教师能够有效地选择跟自己教学有关的课题，恰当运用教育教学理论，突破理论本身的局限性，全面地分析教育教学中遇到的实际问题。三是要具备解决问题的能力。教育问题的解决，首先需要教师掌握一定的研究方法，如观察法、访谈法、比较法、文献法、实验法、历史法等。其次，要学会搜集资料，在搜集过程中要避免先入为主的偏见，做到客观、公正。另外，要对研究的资料进行定性和定量的分析和整理。最后，教师要具备团队协作能力。虽然教师的研究情景和问题不一，但单个教师的知识、能力、技术、思维等方面都有一定的局限性，他们都是从“我”的角度来思考问题，难免带有一定的偏见。只有通过集体的讨论和合作，才能在研究问题时做到更加深入、准确、客观和科学。

四 高校教师教学发展的基本特征

高校教师教学发展最终指向教师的教学实践活动,目的是要提高高校教学质量,教学发展的途径和检验结果都必须通过实践完成。同时,高校教师教学发展的根本内容是教师教学能力的发展。教师教学能力指教师为实现教学目的、完成教学任务而必须具备的知识、技能和情感态度等方面的能力,这一能力属于主体完成特定活动的一种能力,主体的不同必然带来教学能力发展实施过程和结果的不同。因此,高校教师教学发展呈现出实践性、阶段性、差异性等主要特征。

(一)高校教师教学发展的实践性

高校教师教学发展总是以一定的活动为载体体现出来的,教学发展活动是高校教师教学发展的具体实现形式,目的在于提高高校教师的教学能力。教师的教学能力是通过教学实践得以发展和提升的,离开了具体的教学实践活动,教师教学能力就无从体现。高校教师教学发展无论在内容上还是在价值取向上都表现出实践性的特征。

1.高校教师教学发展的主要内容是实践性知识的获取

对教师实践性知识的概念学界有各种定义,基本内涵包括以下几个方面:教师实践性知识是教师个体实践的产物;教育实践中主客观不确定因素使教师实践性知识具有情境性特征;教师实践性知识大都是缄默的,具有内隐特点;教师实践性知识是对教育教学产生积极影响或解决实际问题的那部分知识;教师实践性知识还包括教师的信念、价值观等要素。[1]国内学者陈向明将教师的知识分为两类[2]:理论性知识和实践性知识。理论性知识包括学科内容、学科教学法、课程、教育学、心理学、一般文化等原理类知识,可通过阅读和听课获得;实践性知识则是指教师在教育教学实践中实际使用和(或)表现出来的知识,包括显

[1]刘东敏,田小杭. 教师实践性知识获取路径的思考与探究[J]. 教师教育研究,2008(4):16-20.

[2]陈向明. 实践性知识:教师专业发展的知识基础[J]. 北京大学教育评论,2003(1):104-112.

性的和隐性的，还包括教师对理论性知识的理解、解释和运用原则。相比于理论性知识通常停留在教师的头脑中和口头上，是教师根据某些外在标准认为“应该如此的理论”，实践性知识是教师内心真正信奉的、在日常工作中“实际使用的理论”，支配着教师的思想和行为，体现在教师的教育教学行动中。实践性知识对教师教学有重大意义，它影响着教师对理论性知识的学习和运用，支配着教师的日常教育教学行为，是教师从事教育教学工作不可或缺的重要保障。实践性知识丰富与否、结构良好与否，直接关系到教师的教育能力和教学水平的高低，从教师专业成长的角度讲，丰富的实践性知识及其差异是专家型教师优于或区别于普通教师的关键因素。

高校教师教学发展的主要内容就是帮助教师获取教学实践性知识。对高校教师个体来说，教师教学发展通过对场所、时间和机会等方面的保障为教师个体营造出获取实践性知识的氛围，通过开展各类教学发展活动激发高校教师尤其是新教师获取或增强实践性知识的主动性及促进理论性知识和实践性知识结合的自觉性；对高校教师群体来说，教师教学发展通过对教育信念、教学及情景知识的共享以及教学发展实践活动、共研项目等促进高校教师群体实践性知识的成长和构建。实践性知识是影响教师教学行为的核心要素，有效利用各类资源、通过各种途径帮助教师获取教学实践性知识是高校教师教学发展的主要内容。

2.高校教师教学发展具有实践性的价值取向

教师职业在本质上是实践的，教师的实践就是在与学生共同经历的教学交互活动中实现教育意义的过程。在教学过程中，单靠形而上学的思考，或者单靠执行预定的行为规则，是不能完成职责的。教师必像医生、律师一样，在复杂的、变动不居的情境中处理经常难以清晰预见的教学问题，在实践中通过自觉的反思和实践探究来完成自己的职责。[1]教师要完成自己的使命，不仅要掌握相应的教学策略，还必须选择并提供学生能参与的任务，清晰地呈现信息，管理学生的行为，判断情境中的两难问题并及时做出决策。教学过程就是教师在实践中掌握教学理论，在实践中形成教学技能，在实践中进行教学创造的过程。从这一意义上讲，教学本身就是实践，教学发展的过程就是对教学实践做出反思，再根据反思结果指导教学的过程。高校教师的教学发展是长期的、动态的过程，是在

[1]王少非. 教师教育课程的实践取向：何为与为何[J]. 教师教育研究，2013(5):72-75.

具体的教学情境中，通过对教学实践的观察、思考、评价与交流，借助一定的教学理论，进行教学反思和研究，产生新的教学观点或形成更有效的教学设计的过程。实践取向是高校教师教学发展的根本价值取向，主要表现为教学发展中的三个层次：一是在实践中反思，就是通过教学发展，引导教师进行自我教学审视和检查，有效弥补不足，改进自己的教学；二是在反思中实践，将反思的结果运用到教学实践中，对教学方法和技巧进行调整，进入下一轮的教学实践；三是以实践作为检验教学发展的标准，高校教师教学发展的最终结果不是以教师的科研水平提高、相关论文或课题研究成果作为依据，而是以教师教学能力、教学水平是否提高，是否有助于高校教学质量提升为衡量标准。因此，教学实践才是检验高校教师教学发展是否成功的唯一途径，实践性是高校教师教学发展的主要特征之一。

（二）高校教师教学发展的阶段性

高校教师教学发展的阶段性特征是由高校教师职业发展的阶段性以及教学专长发展的阶段性决定的。

1.高校教师职业发展具有阶段性

对教师职业生涯发展阶段的研究源于20世纪60年代，美国学者富勒（Fuller）将教师的职业生涯发展过程分为三个阶段，拉开了对教师职业生涯发展阶段研究的序幕。富勒认为教师的成长过程分为关注生存、关注情景、关注学生三个阶段。新教师一般处于关注生存阶段，关心能否被学生和同事接纳，学校是否肯定他们的工作成绩等；老教师更关注教学情景问题，如怎样上好每一节课，班级大小情况、教学准备是否充分等；当教师顺利通过前两个阶段后，就更加关注学生的个别差异，认识到不同发展水平的学生有着不同的社会和情感需要。[1]20世纪70年代，卡茨（Katz）运用访问与调查问卷法，特别针对学前教师的训练需求与专业发展目标，把教师的发展分为四个阶段：求生存时期、巩固时期、更新时期和成熟时期。20世纪70年代末80年代初，伯顿（Burden）、纽曼（Newman）、皮特森（Peterson）及弗劳拉（Flora）等人通过对处于不同教学生涯发展阶段的教师们进行访谈，提出了教师发展的三个阶段：求生存阶段、调整阶段、成熟阶段。20

[1]邢方敏. 高校教师职业生涯管理探究[D]. 广西师范大学硕士学位论文，2006：37.

世纪80年代中期，费斯勒(Fessler)通过对160位教师的访谈和对于成人发展与人类生命发展阶段等相关理论的综合文献研究，提出动态的教师生涯循环理论，在此基础上将教师的发展分为八个阶段：职前教育阶段、引导阶段、能力建立阶段、热心和成长阶段、生涯挫折阶段、稳定和停滞阶段、生涯低落阶段、生涯退出阶段。施特菲(Steffy)于1989年提出教师职业生涯的五个阶段：预备期、专家期、退缩期、更新期、退出期。这些对教师职业生涯发展阶段的研究展示了教师发展的历程与每个阶段的面貌，提供了丰富、完整的教师职业生涯理论构架，有利于教师为自己的职业生涯做规划，确定自我发展的目标与努力方向。国内学者在这些研究的基础上，提出了高校教师成长的四个阶段[1]：适应期、发展期、成熟期、退职期。以上对教师发展各个阶段的划分，虽然在划分依据、时间截点以及各阶段名称上有所不同，但对教师职业生涯呈现出明显的阶段性特征这一认识都趋于一致。

高校教师职业生涯的阶段性特征使他们在不同的阶段对教学发展的态度也有所不同。一般来说，高校教师在任职初期，即他们从事教学工作的前几年，会更希望得到领导、同事以及学生的认可与接纳，正如前文中提到的处于职业生涯的“求生存阶段”，这一阶段的高校教师会更看重自己教学能力的发展，热衷于参加各种有助于提高教学的活动或项目，该教师的教学发展处于上升的状态。随着对高校工作和环境的逐渐适应，高校教师对自己的职业发展会有新的规划，这一时期会出现分化，部分高校教师会以科研为主导，倾心于学术研究，对教学发展的热情会逐渐降低；另一部分愿意以教学为个人职业发展重心的高校教师则会继续关注、重视自己教学能力的发展，处于这一阶段的高校教师大多比较年轻，精力和时间都比较充裕，而且希望在工作上获得认可，因此在对教学发展的态度上积极主动，在实践过程中会大胆创新力求突破，这一阶段会出现教学发展的一个高峰期。度过了发展阶段和成熟阶段，进入退职阶段的高校教师，对教学发展的热情会降低，几十年的教学生涯使他们在教学方法、教学技巧等方面已形成惯性，教学发展的各类实践活动对改变这些惯性的作用不大，再加上已面临职业生涯的结束，所以这一阶段的高校教师对改善教学、参加教学发展的兴趣不大。

---

[1]付八军. 大学教师的培养与成长[M]. 北京：中国社会科学出版社，2010：129.

可见，高校教师职业发展具有明显的阶段性，高校教师在职业生涯的不同阶段对教学发展会有不同的态度和策略，高校教师教学发展也因此呈现出阶段性的特征。

2.教师的教学专长发展具有阶段性

教学专长是教师基于个体知识、专业经验、对实践的反思和在反思基础上的创新活动而形成的有效解决教育教学问题的所有个人特征的总和。[1]教学专长的获得是教师专业能力提高的最终表现，也是高校教师教学发展的目标。知识和经验的学习与积累是教学专长发展的前提和基础，教师在职业生涯的不同发展阶段，对知识的积累、经验的组织以及问题的思考、解决的方式都会有所不同，这些不同对教学专长的发展会产生重要的影响，因此教学专长的发展就呈现出阶段性的特征。谢尔（Shuell）从知识、经验和技能获得的角度，将教师的教学专长发展分为三个阶段：新手阶段、中间阶段、高水平阶段。

伯林纳（D.C.Berliner）受人工智能研究领域中“专家系统”思路的启发，在德莱弗斯（Dreyfus）职业专长发展五阶段理论的基础上提出教师教学专长发展的五个阶段：新手教师、熟练新手教师、胜任型教师、业务精干型教师和专家型教师。[2]教学专长的发展是长期的复杂过程，需要教师进行有意识的训练与反思，这一过程就是教学发展的过程。处于教学专长发展不同阶段的高校教师，在教学发展方面的需求不同，这使得高校教师教学发展呈现出阶段性的特征。比如，新手教师在发展教学专长时，更需要从教学理论的丰富入手，建构与教学领域相关的新知识与技能，这一阶段的教学发展会在内容上偏重教学理论的学习，让高校新手教师掌握与教学相关的理论知识，为将教学理论转化为教学能力做准备。到了熟练新手教师阶段，教学专长发展就比较注重教师教学实践经验与学科知识的整合，这一阶段的教学发展会注重有关教学方法和策略的知识，指导教师提高处理问题的灵活性，帮助教师积累教学经验。当教师经过胜任型教师阶段和业务精干型教师阶段，发展到了专家型教师阶段时，这一时期的教学发展又有了不同的内容：帮助教师进行教学实践和教学理论的融合，为教师个性化教学

---

[1]蔡永红，申晓月. 教师的教学专长——研究缘起、争议与整合[J]. 北京师范大学学报（社会科学版），2014(2):15-23.

[2]张学民，申继亮.国外教师教学专长及发展理论述评[J].比较教育研究，2001(3):1-5.

思想和教学理念做提炼，形成自己完整的教学体系提供指导等。

可见，教师教学专长发展的阶段性会影响高校教师教学发展的内容和策略。对处于不同教学专长发展阶段的高校教师，应当有不同的教学发展方式，会影响高校教师教学发展活动在微观层面上的操作，高校教师教学发展也因此具有了阶段性特征。

（三）高校教师教学发展的差异性

高校教师的教学发展是一个终身学习、不断解决问题的过程，同学生的成长一样，教师的发展也随着发展主体的不同而彼此间存在差异，教学发展当然也不例外。不同教师在人格、职业素养、教育教学风格、师生交往类型及专业发展等方面都存在巨大差异，这些不同彰显了教师独特的生命存在，也让高校教师的教学发展具有了差异性。

1.高校教师的教学能力存在差异性

教学能力是教师为促进学生发展，顺利开展教学实践活动所应具备的知识、技能、个人素质和身体能力等多方面特征的综合，是教学知识、教学技能和教学活动的有机统一，其中，教学技能和教学知识是教学能力形成的基础，教学活动是教学知识和教学技能内化为教学能力的平台。作为高校教师，应具备的教学能力在本质上与中小学教师所需要的教学能力是一致的，但是，由于高等教育在人才培养目标、培养对象、培养途径上又有其特殊性，因此高校教师的教学能力表现出与中小学教师教学能力不同的特征：[1]一是高校教师应熟悉专业发展需求，具备整合多学科知识进行创新的能力；二是高校教师应了解人才培养需求，具备创新教学模式的能力；三是高校教师应正确认知学生多元化特征，具备促进学生多元化发展的能力。由于教师的教学能力是不同的教师个体在长期的教学活动中通过感悟、反思、实践等方式形成的，会受到教师个体思维方式、知识储备、行动能力等各种因素的影响，因此会存在能力强弱和水平高低的差异。

高校教师的教学能力也是如此，并非教师在掌握了某种普适性的规律之后，将其用于教学实践都会形成同样的教学能力，而是需要教师将一般性的理论与个性化的知识、价值、情感、观念、表达方式等与教学情境融合并内化，而在这一

[1]徐继红. 高校教师教学能力结构模型研究[D]. 东北师范大学博士学位论文，2013:34-35.

内化的过程中，由于不同教师在知识储备量、反思能力、领悟能力方面的个体差异，教师之间的教学能力会反映出差异。比如在创新教学模式的能力方面，研究性大学和教学型大学的教师就会存在一定的差异。教学型大学是以传授基本知识和技能为主的大学，教师主要会采用课堂讲授或示范——模仿的教学模式，这属于传统的教学模式；而在研究性大学，教学的重点会放在知识创新、技术研发与应用上，研究性学习得到强调，教师在教学上侧重于以基本知识与技能传授为基础，同时带领学生探索学科前沿问题，因而在创新教学模式的能力方面会更为突出。

除此之外，不同的教师个体在不同教学情境中的应变能力、在教学活动中的创造性、在长期教学活动中的个人发展能力等，都会随个体的不同而显示出差异；知识水平、认知方式、生活地区、民族文化、性别年龄等也都是影响教师教学能力的因素。因此，教师本身在教学能力上的差异性会体现在教学发展中，差异性发展会贯穿高校教师教学发展的始终。

2.高校教师教学发展的内在动力存在差异性

人类的任何活动都是个体与环境相互作用的结果，高校教师进行教学发展是高校教师在高校环境内对个体的教学实践进行改进的行为选择，内在动力是激发教师进行教学发展的重要因素，在很大程度上对激发和强化教师的教学发展行为、保证教师教学发展行为的持续性和有效性发挥重要的作用。

第一，高校教师教学发展内在动力的差异首先表现为自我效能感的差异。自我效能感是个体对自己能力的一种确切的信念（或自信心），这种能力使自己在某个背景下为了成功地完成某项特定任务，能够调动起必需的动机、认知资源与一系列行动。[1]在教学发展中，教师的自我效能感是教师对自身教学能力的内在自我信念，是激发教师进行自我教学潜能挖掘的主导力量，直接影响着教师在教学发展中的积极性和努力程度。自我效能感较强的高校教师，对教学发展通常会抱有积极的态度，同时也认为自己具有较强的教学能力和影响力，因此他们往往具有较强的自我胜任感，认为自身的教学能力还可以得到进一步的发展，他们倾向于主动接受教学发展方面的任务和挑战，努力让自己的教学水平得到提高，在教学发展方面表现出比较强的内在动力。反之，自我效能感较弱的高校

[1]周文霞，郭桂萍. 自我效能感：概念、理论和应用[J]. 中国人民大学学报，2006（1）：91-97.

教师则往往对自己的教学能力和影响力缺乏自信,不相信可以通过教学发展提高自己教学方面的能力,进行教学发展的内在动力不强。

第二,高校教师进行教学发展的成就动机不同。成就动机是一个人要求获得高成就的欲望,包括不断努力以达到所渴望目标的内在动力;在从事某种工作时,个人自我投入精益求精的倾向;以及在不顺利的情境中,冲破障碍克服困难努力追求目标的内在倾向。成就动机对高校教师教学发展的内在动力有重要影响,对教学工作具有强烈成就动机的教师会严格要求自己的教学质量,不断发展,以期获得更大的成功。

第三,高校教师对教学发展过程中参与和享受的需求不同。教师在教学发展活动中一般会经历准备、实施、评价与反思的过程,这一过程中的教师会将自己归属于某一团队或集体,希望获得帮助与支持,以及认可与接纳。在这一过程中,对参与和享受的需求较高的教师会在这一过程中主动融入环境,努力获得相应的能力,很好地参与并享受教学发展的过程,对教学发展具有较强的内在动力。反之,有的高校教师可能更为擅长科研工作,在自我职业发展定位上也以科研发展为主,对教学发展的自我效能感、成就动机以及参与和享受的需要都不强,教学发展的内在动力也就相对较弱。

3.高校教师教学发展的评价具有差异性

高校教师教学发展评价的差异性是由高校教师教学发展主体的差异性决定的,教师是教学发展的主体,对其评价需要综合教师个体现有的发展特点和水平、对教学工作的情感和态度、现在的工作状况以及未来发展的可能等多种因素,不仅要体现教师的现有价值,更要对其潜在的价值进行评估和肯定,以激发教师自我发展的需求,确定在教学发展方面的长期目标,体现高校教师在教学发展中的自主性。基于上述原因,对高校教师教学发展的评价应基于教师的个体体验,关注教师内在的生命体验,其差异性主要体现在以下三个方面。

首先,高校教师教学发展评价是与教师职业发展阶段相结合的评价。教师的职业发展是一个较长的持续性过程,不同的教师会因其成长经历、工作背景、个性特点等方面的差异而呈现出不同,也会因教师个人的职业规划、发展动因、家庭情况等原因出现阶段性的特点,这些都会影响教师在教学发展中的表现和效果。对高校教师教学发展的评价要承认这些客观存在的差异,尊重教师之间本身存在的差异性，对不同的教师采取相应的评价标准，根据教师所处的不同职业发展阶段确立差异化的评价标准。

其次，高校教师教学发展评价注重教师的自我评价。教学是个体体验很强的教育实践，从一定意义上来说，教师本人比外部评价者更了解自己的需求，也清楚自己教学发展的程度和应当达到的目标。因此，自我评价是高校教师教学发展评价中不可缺少的一部分，教师本人参与评价一方面是对自身教学发展的反思和总结，能激励教师教学发展的主动性和参与性；另一方面也有利于创造宽松的、彼此信任的教学发展环境，促进这一活动的进一步开展。自我评价本身就是一种差异性的评价。

最后，高校教师教学发展评价标准具有多样性。从前文高校教师教学发展的历史演变中可以看出，各国高校教师教学发展的管理机制、机构设置、组织形式等各有不同，总的来说可以分为国家层面、社会组织层面、学校层面以及学院层面的教学发展活动，各个层面的发展目的和评价标准都有所区别。另外，对高校教师教学发展的评价还存在国别上的区别，有的国家比较倾向于统一的规划和管理，如英国，设立相关独立机构负责对全国高校教师发展相关政策的执行，对教师发展执行情况实施监督与评估；在社区和高校层面也有相应的分级组织或机构专门进行教师的发展和评估，形成一个层次性强、分工明确的系统组织。美国高校教师教学发展则更多地从校际联盟、社会组织和基金会、高校自身的层面进行，并不强调进行全国性的统一，而更注重以教学发展内部各专题作为实施及评价的依据。所以，各个国家各个层面进行的高校教师教学发展在组织形式、实施方式、发展目标、发展内容等方面都有所不同，最终的评价依据也必然不同，高校教师教学发展评价标准也因此具有差异性。

CHAPTER 2

第二章

高校教师教学发展的现实基础

当前我国高校教师教学发展面临着一系列的问题，如教师评价导向的偏离、教学与科研的分离、机构建设基础薄弱等。为了促进我国高校教师教学能力发展，提升教学水平，提高人才培养质量，国家教育部、各级政府以及各高等教育机构纷纷制定和出台了一系列的政策和规章，为高校教师教学发展提供政策保障。同时，终身学习的时代要求和高等教育的纵深发展，成为高校教师教学发展的强大推动力量，而不断提升教师的教学效能和职业价值，则成为高校教师教学发展的内在动力。

一 高校教师教学发展的政策依据

当前我国已经制定了比较多的高校教师教学发展政策,为我国高校教师教学发展活动的开展提供了依据与保障。具体而言,当前我国制定的高校教师教学发展政策依据包含高校教师的基本权利与义务、高校教师的资格制度、高校教师的评聘政策以及高校教师的职后发展政策。

高校教师的基本权利与义务、资格制度、评聘政策以及职后发展政策都与高校教师所享有的法律地位密切相关。按照美国权威的《布莱克法律辞典》的解释,"法律地位"一词有四种含义:(1)指地位、状态或条件;(2)指个体与团体中其他成员的法律关系;(3)指决定个体属于某类的权利、责任、能力和无能力;(4)指本质上非临时性的、也非当事方单纯意志所能决定的个体之间的法律关系,这种关系与第三方和国家有关。[1]由此可见,法律地位一词在不同的语境下有不同的含义。具体到教师的法律地位,其含义则取第三种,即指决定个体(教师)属于某类的权利、责任、能力和无能力。基于此,当前我国学界将"教师的法律地位"定义为:主要指以法律形式规定的教师在各种社会关系中的位置。[2]高校教师的法律地位则指以法律形式规定的高校教师在各种社会关系中的位置,主要涉及高校教师的法定身份、高校教师的法定权利与义务等内容。

(一)高校教师的基本权利与义务

中华人民共和国成立之后,我国教育部对教师的法定身份做出了规定,如1952年9月30日由教育部发出的《关于人民教师应算为革命工作人员的通报》指出,人民教师的工作同其他各项建设工作一样是革命工作。[3]可见,中华人民共和国成立初期我国高校教师的法定身份为国家工作人员,当时实行的是任命制的教师任用制度。随着社会的不断发展,教师的法律地位也有了变化。当前

[1]孟卫青.论我国公立中小学校教师的法律地位[D].华南师范大学硕士学位论文,2002:8.

[2]陈恩伦,杨挺.高等教育政策法规[M].重庆:重庆出版社,2006:38.

[3]包秀荣.试论教师的法律地位[J].内蒙古民族师院学报(哲学社会科学版),1998(1):75-79.

我国对教师法定身份进行的规定源自1993年全国人大通过的《中华人民共和国教师法》(以下简称《教师法》),该法第三条对教师的法定身份规定如下:“教师是履行教育教学职责的专业人员,承担教书育人,培养社会主义事业建设者和接班人,提高民族素质的使命。教师应当忠诚于人民的教育事业。”根据《教师法》对教师法定身份的规定可见,在我国,教师的法定身份包含以下几个要素,分别是:第一,教师是专业人员;第二,教师需履行教育教学的职责;第三,教师承担着教书育人、培养社会主义事业建设者和接班人以及提高民族素质的使命。由此可见,高校教师作为教师队伍中的重要组成部分,其法定身份也与此保持一致,是专业人员,承担着教书育人、培养社会主义事业建设者和接班人以及提高民族素质的使命。国家对高校教师的法定身份进行了明确规定,基于此,高校教师享有规定的法定权利,同时也需履行法定的义务。

1.权利与义务的内涵

高校教师的权利与义务是建立在一般法律权利和义务的理论基础之上的。从法律角度出发,权利是规定或隐含在规范中,实现于法律关系中的,主体以相对自由的作为或不作为的方式获得利益的一种手段;而义务是设定或隐含在法律规范中、实现于法律关系中的,主体以相对抑制的作为或不作为的方式保障权利主体获得利益的一种约束手段。[1]权利与义务之间不仅存在一定的界限,同时又存在一定的联系之处。如马克思曾指出,没有无权利的义务,也没有无义务的权利。[2]基于此,高校教师的权利是指高校教师依法应当享有的各种权益;高校教师的义务是指教师依法应当承担的各种职责。[3]高校教师的权利与义务之间既相互区别又相互联系。此外,《中华人民共和国教育法》(以下简称《教育法》)在第四章教师和其他教育工作者条目中对教师的权利与义务进行了相关规定,第三十三条“教师享有法律规定的权利,履行法律规定的义务,忠诚于人民的教育事业”;第三十四条“国家保护教师的合法权益,改善教师的工作条件和生活条件,提高教师的社会地位。教师的工资报酬、福利待遇,依照法律、法规的规定办理”。《中华人民共和国高等教育法》(以下简称《高教法》)第五章第四十五条和

[1]季洪涛.论高校教师的法律地位及其权利保障[D].吉林大学硕士学位论文,2005:13.

[2]陈云生.权利相对论[M].北京:人民出版社,1994:293.

[3]李晓燕.中国教师权利和义务及其实现保障论纲[J].国家教育行政学院学报,2006(6):26-31.

第五十条分别规定,“高等学校的教师及其他教育工作者享有法律规定的权利”“国家保护高等学校教师及其他教育工作者的合法权益,采取措施改善高等学校教师及其他教育工作者的工作条件和生活条件”。由此可见,我国高校教师的权利与义务是受到法律、法规以及国家的保障的。

2.高校教师的基本权利

高校教师的权利是指高校教师依法应当享有的各种权益。这种权益不仅包含一般性的权益,如基本的人权,也包含高校教师这一职业的专门权益,如学术自由、研究自由等权益。根据《教师法》《教育法》以及《高教法》的规定,我国高校教师的基本权利包含如下几个方面的内容。第一,开展教育教学活动权。《教师法》第七条规定:教师享有“进行教育教学活动,开展教育教学改革和实验”的权利。第二,从事学术研究活动权。教师享有“从事科学研究、学术交流,参加专业的学术团体,在学术活动中充分发表意见”的权利。第三,管理学生权。教师享有“指导学生的学习和发展,评定学生的品行和学业成绩”的权利。第四,获得待遇报酬权。《教育法》在第四章第三十四条中指出:“教师的工资报酬、福利待遇,依照法律、法规的规定办理。”《教师法》第七条规定“(教师)按时获取工资报酬,享有国家规定的福利待遇以及寒暑假期的带薪休假”。第五,参与学校管理权。教师享有“对学校教育教学、管理工作和教育行政部门的工作提出意见和建议,通过教职工代表大会或者其他形式,参与学校的民主管理”的权利。第六,进修培训权。教师享有“参加进修或者其他方式的培训”的权利。《高教法》第五十一条规定“高等学校应当为教师参加培训、开展科学研究和进行学术交流提供便利条件”。

3.高校教师的基本义务

教师需履行的义务包含以下几个方面的内容。第一,遵纪守法。《教师法》第八条规定,教师需“遵守宪法、法律和职业道德,为人师表”;《高教法》第四十五条规定高等学校的教师需“履行法律规定的义务,忠诚于人民的教育事业”。第二,完成教育教学工作。教师需“贯彻国家的教育方针,遵守规章制度,执行学校的教学计划,履行教师聘约,完成教育教学工作任务”。第三,对学生进行品德教育。教师需“对学生进行宪法所确定的基本原则的教育和爱国主义、民族团结的教育,法制教育以及思想品德、文化、科学技术教育,组织、带领学生开展有益的社会活动”。第四,促进学生全面发展。教师需“关心、爱护全体学生,尊重学生人格,促进学生在品德、智力、体质等方面全面发展”。第五,保护学生权益。教师需“制止有害于学生的行为或其他侵犯学生合法权益的行为,批评和抵制有害于学生健康成长的现象”。第六,提高自身思想业务水平。教师需“不断提高思想政治觉悟和教育教学业务水平”。

通过对高校教师的权利与义务进行分析,可见,高校教师的权利与义务既是相互区别又是相互联系的,高校教师从事教育教学活动不仅是教师的权利,同时也是教师的义务。

(二)高校教师的资格制度

我国对教师资格证书有明确的分类,高校教师取得高校教师资格需达到一定的条件并由指定机构进行认定,同时,高校教师资格的取得也有一定的限制,在特定的情况下可以予以撤销。

1.教师资格证书的分类

资格是指从事某种职业和活动的能力及身份,如律师、医生、建筑师、会计师等,其中,能力指知识技能水平和解决实际问题的能力,身份指社会上或法律上的地位。[1]教师资格则是指从事教师职业和活动需具备的能力及其身份。教师资格是国家对准备进入教师队伍、专门从事教育教学工作的人员的基本要求,标志着从事教师职业所必需的品德、知识和能力。[2]因此,制定教师资格证书制度不仅能够为个体从事教师职业提供资格与证明,同时也能为国家确保教师队伍素质,提升教育质量提供保障。

根据我国政府于1995年发布的《教师资格条例》,把我国的教师资格分为以下七类,分别为:幼儿园教师资格;小学教师资格;初级中学教师和初级职业学校文化课、专业课教师资格;高级中学教师资格;中等专业学校、技工学校、职业高级中学文化课、专业课教师资格;中等专业学校、技工学校、职业高级中学实习指导教师资格;高等学校教师资格。《教师资格条例》进一步指出,“中国公民在各级

[1]蓝汝英.关于我国普通高校教师资格制度的研究[D].中南民族大学硕士学位论文,2010:2.

[2]刘瑜.我国教师资格证书制度研究[D].首都师范大学硕士学位论文,2006:6.

各类学校和其他教育机构中专门从事教育教学工作,应当依法取得教师资格”。《高教法》则在第四十六条更加明确地指出“高等学校实行教师资格制度”。由此可见,在高等教育机构中专门从事教育教学工作,应当具备高校教师资格。

2.高校教师资格的条件

根据《教师法》《教师资格条例》以及《高教法》的规定,当前在我国取得高校教师资格的条件如下所示。第一,必须是中国公民。《高教法》第四十六条明确规定,在我国取得高校教师资格的必须是中国公民。因此,是中国公民是取得高校教师资格的前提条件之一。第二,需遵守宪法和法律。从中国公民角度出发,我国《宪法》规定,中国公民“享有宪法和法律规定的权利,同时必须履行宪法和法律规定的义务”。从教师工作角度出发,《教师法》第八条规定,教师需“遵守宪法、法律和职业道德,为人师表”;《高教法》第四十五条规定高等学校的教师需“履行法律规定的义务,忠诚于人民的教育事业”。因此,要取得高校教师资格需遵守宪法和法律的规定。第三,热爱教育事业。《高教法》第四十六条规定,取得高校教师资格的条件之一为“热爱教育事业”。教师是从事教育教学工作的专业人员,只有热爱教育事业才能做好教育工作。第四,具备良好的思想品德。高校教师培养的是高等教育人才,从向师性角度出发,品德高尚的教师对学生的思想品德的形成具有潜移默化的影响。第五,具备相应学历或能力。《教师法》第十一条规定,“取得高等学校教师资格,应当具备研究生或者大学本科毕业学历”。《高教法》则进一步规定,“不具备研究生或者大学本科毕业学历的公民,学有所长,通过国家教师资格考试,经认定合格,也可以取得高等学校教师资格”。可见,取得高校教师资格需具备相应的学历或能力。第六,具备相应的教育教学能力。《教师法》和《高教法》均要求取得高校教师资格需具备相应的教育教学能力。

我国教育部于2000年发布的《〈教师资格条例〉实施办法》对教育教学能力进行了具体说明,包含以下内容:第一,“具备承担教育教学工作所必须的基本素质和能力”;第二,“普通话水平应当达到国家语言文字工作委员会颁布的《普通话水平测试等级标准》二级乙等以上标准”;第三,“具有良好的身体素质和心理素质,无传染性疾病,无精神病史,适应教育教学工作的需要,在教师资格认定机构指定的县级以上医院体检合格”。

由此可见,获得高校教师资格所需具备的教育教学能力不仅仅指承担教育教学工作所必需的基本素质和能力，也包含语言能力、身体素质、心理素质等内容。此外，《〈教师资格条例〉实施办法》特别指出，“高等学校拟聘任副教授以上教师职务或具有博士学位者申请认定高等学校教师资格，只需具备本办法第六条、第七条、第八条(三)项规定的条件”。

3.高校教师资格的认定

达到取得高校教师资格的以上各项条件之后，还需要教育部门或法定机构对高校教师的资格进行认定，只有经过认定之后，才能取得高校教师资格证书。根据《教师法》第十三条的规定，“普通高等学校的教师资格由国务院或者省、自治区、直辖市教育行政部门或者由其委托的学校认定”。从流程上出发，高校教师资格的认定由报名、参加考试、上交申请材料、审批及颁发证书等基本流程组成。各省、市及高等教育机构在对高校教师资格进行认定时基本遵循以上基本流程。

4.高校教师资格的限制与撤销

高校教师资格不仅能够通过规定流程取得，也会因各项条件的影响而限制取得或撤销。对教师资格的限制或撤销原因主要有以下几点：第一，刑事犯罪。如《教师法》第十四条规定“受到剥夺政治权利或者故意犯罪受到有期徒刑以上刑事处罚的，不能取得教师资格；已经取得教师资格的，丧失教师资格”。第二，职业道德丧失。如《教师资格条例》第十九条规定，弄虚作假、骗取教师资格；品行不良、侮辱学生，影响恶劣的需撤销其教师资格，且自撤销之日起5年内不得重新申请认定教师资格，其教师资格证书由县级以上人民政府教育行政部门收缴；《教师资格条例》第二十条规定，“参加教师资格考试有作弊行为的，其考试成绩作废，3年内不得再次参加教师资格考试”。

由此可见，我国有较为完善的高校教师资格制度，涵盖高校教师资格获得条件、认定、限制与撤销等方面的内容，为高校教师依法取得教师资格证书，确保高校教师队伍教育教学能力，提升教育质量发挥了一定的保障作用。

(三)高校教师的评聘政策

高校教师的评聘政策涉及多方面的内容，具有很强的导向性作用，因而对高校教师教学发展能够产生直接的影响。

1.高校教师评聘的内涵及形式

从内涵上来说,职务是一种岗位,与职责、义务、权利等挂钩,有一定的期限性;职称是水平和能力的象征,具有永久性。二者在数额上都有一定的限制,讲究结构比例。其中,职称是职务聘任的必要条件,职务聘任时不仅需考虑教师的职称,同时也需考虑聘任岗位的具体需求。[1]由此出发,当前高校教师的评聘政策指面向高校教师的职称评审和职务聘任政策。其中,职称评审指职称评审委员会按照规定的程序、标准,对教师的任职资格、能力、水平进行鉴定,以确定其职称等级。职务聘任指根据实际需要,在科学设置岗位的基础上,对符合条件的任职人选进行聘用。

从当前我国高校教师评聘形式角度出发,主要有评聘合一、评聘分开和评聘结合这三种主要形式。[2]其中,评聘合一是指把高校教师的职称评审和职务聘任合二为一。也就是说,高校教师只要职称评审通过,就自动获得相应的职务聘任资格,工资与待遇也自动获得。评聘分开是指高校教师职称评审和职务聘任相分离,教师职称评审的通过并不代表教师能够自动获得相应的职务聘任以及工资和待遇,教师的工资待遇与教师实际受聘的岗位相挂钩。在评聘分开的形式下,有可能会出现高校教师的有职无聘、高职低聘等现象。评聘结合是指在职称评审的过程中,综合考虑高校职务聘任岗位的数量、比例等因素,对教师进行职称评审和职务聘任的一种评聘形式。这种形式当前在我国高校中使用范围较广。

2.高校教师评聘政策的主要内容

高校教师评聘政策主要由高校教师职称评审政策和职务聘任政策组成,这两个方面的政策取向虽然完全不同,但都会对教师教学发展产生直接或间接的影响。

(1)高校教师职称评审政策

高校教师职称评审是指已经经过初次职称认定的专业技术人员,在经过一定工作年限,在任职期内完成相应的继续教育后,申报中级职称以上的人员须在专业期刊发表论文并且经过一些基本技能考试(如教学、计算机、外语等),向本

[1]徐美华.我国高校教师职称评聘制度沿革分析[D].苏州大学硕士学位论文,2008:7.

[2]张亮.关于完善高校教师评聘制度的思考[J].天津电大学报,2010(2):64-66,73.

专业的评审委员会评委提交评审材料，通过本专业的专业评委来确定是否具备高一级职称资格。[1]由此可见，高校教师职称的评审需由本专业的同行专家评委进行评审，评审内容涉及工作年限、继续教育学时、论文、技能等方面。

在高校教师职称评审的程序等方面，1986年发布的《高等学校教师职务试行条例》对高校教师职称评审的流程进行了明确规定，如第四章规定："国家教育委员会指导全国高等学校教师职务任职资格评审工作。省、自治区、直辖市高等学校教师职务评审工作应在各地职称改革工作领导小组领导下进行。省、自治区、直辖市成立高等学校教师职务评审委员会，负责在本地区的高等学校教师职务任职资格的评审工作。国务院有关部委根据所属高等学校某些专业的特殊需要和教师队伍的实际情况，可设立高等学校教师职务评审委员会，经国家教育委员会同意，负责所属高等学校某些专业教师职务任职资格的评审工作，其他教师职务的评审工作仍由所在省、自治区、直辖市高等学校教师职务评审委员会负责。高等学校教师职务任职资格评审的依据是高等学校教师的任职条件。各级职务任职资格，由相应的教师职务评审委员会组织同行专家进行评审。"由此可见，高校教师职称评审工作的开展需遵循一定的国家政策，以此确保职称评审工作的有序开展。

根据《高等学校教师职务试行条例》第十五条的规定，"部分高等学校教师职务评审委员会，经国家教育委员会会同省、自治区、直辖市、主管部委批准，有权审定副教授任职资格，或有权审定副教授、教授任职资格。审定的教授报国家教育委员会备案"。由此可见，有部分高等教育机构的教师职务评审委员会是享有审定副教授、教授任职资格的权利的。以西南地区某校为例，该校教师职务评审委员会享有副教授、教授任职资格的审定权利，为了更加科学、规范地开展本校教师的职称评审工作，该校发布了《教师及其他专业技术人员职务评审办法》，对评审的指导思想及目标、评审原则、评审指标、组织机构、申报条件、评审程序、评审纪律等均做出了明确规定。

(2)高校教师职务聘任政策

根据我国《高教法》第四十七条规定，"高等学校实行教师职务制度"。其中"高等学校教师职务根据学校所承担的教学、科学研究等任务的需要设置，

[1]陈恩伦，杨挺.高等教育政策法规[M].重庆:重庆出版社，2006:58.

教师职务设助教、讲师、副教授、教授”。由此可见,当前我国的高等教育机构实行的是教师职务制度,而高校教师的职务又由助教、讲师、副教授、教授四个等级组成。

在高校教师的任职资格方面,《高教法》第四十七条进一步明确规定,高校教师要取得上述规定的职务,需要在任职资格、学科基础、教学和研究能力、教学任务等方面达到规定的要求:第一,任职资格方面,高校教师需“取得高等学校教师资格”;第二,学科基础方面,高校教师需“系统地掌握本学科的基础理论”;第三,教学和研究能力方面,高校教师需“具备相应职务的教育教学能力和科学研究能力”;第四,教学任务方面,高校教师需“承担相应职务的课程和规定课时的教学任务”。此外,“教授、副教授除应当具备以上基本任职条件外,还应当对本学科具有系统而坚实的基础理论和比较丰富的教学、科学研究经验,教学成绩显著,论文或者著作达到较高水平或者有突出的教学、科学研究成果”。

《高教法》第四十八条进一步规定,“高等学校实行教师聘任制。教师经评定具备任职条件的,由高等学校按照教师职务的职责、条件和任期聘任。高等学校的教师的聘任,应当遵循双方平等自愿的原则,由高等学校校长与受聘教师签订聘任合同”。中组部、人事部、教育部于2000年发布的《中组部、人事部、教育部关于深化高等学校人事制度改革的实施意见》,进一步对高校教师的聘任制度进行了强调:“高等学校的教师和其他专业技术人员实行职务聘任制。把教师职务聘任制和教师资格制度结合起来,坚持从具有教师资格的人员中聘用教师。专业技术职务聘任工作要理顺评审与聘任的关系,淡化‘身份’评审,强化岗位聘任。”高校教师聘任的形式目前主要有招聘、缓聘、续聘、解聘、辞聘、拒聘等不同的形式。由此可见,我国对高校教师实行的职务聘任政策,高校教师的聘任是在自愿的原则下,由高校校长与受聘教师签订聘任合同。当前,各高等教育机构均制订了本校教师职务聘任办法,主要涉及职务类型、职务数量、职务结构、职务等级等内容,为各高校科学合理地聘任高校教师提供了政策依据。

(四)高校教师的职后发展政策

一般而言,完整的教师教育由职前培养、入职教育、在职培训这三个相互区别又相互联系的阶段组成。其中,入职教育与在职培训共同组成教师的职后教育阶段,与职前教育阶段相区别。因此,高校教师的职后发展也是由入职教育与在职进修这两个阶段组成的。根据《西方教育词典》的解释,入职教育是“短期训练,意在使新雇员熟悉他未来将从事的工作,熟悉他将与之相互影响的人们和制度”[1]。因此,简单地说,入职教育是个体为进入职业生涯所接受的职业培训或训练。高校教师的入职教育即是指高校教师为进入其教师职业生涯所接受的职业培训或训练。高校教师的在职培训则是针对在职高校教师所开展的培训,其目的不在于帮助高校教师度过职业生涯的入职阶段,而在于对在职教师进行提高性的培训和教育。

当前,我国《教育法》《高教法》以及《教师法》等政策文件均明确指出需要加强对高校教师队伍的培训,以提高教师素质,加强教师队伍建设。如《教育法》在第四章第三十五条指出:“国家实行教师资格、职务、聘任制度,通过考核、奖励、培养和培训,提高教师素质,加强教师队伍建设。”《高教法》第五十一条规定“高等学校应当为教师参加培训、开展科学研究和进行学术交流提供便利条件”。《教师法》第七条规定教师享有“参加进修或者其他方式的培训”的权利;第十九条和第二十条规定“各级人民政府教育行政部门、学校主管部门和学校应当制定教师培训规划,对教师进行多种形式的思想政治、业务培训”“国家机关、企业事业单位和其他社会组织应当为教师的社会调查和社会实践提供方便,给予协助”。由此可见,高校教师参加职后教育是其享有的合法权利,而且我国政府对高校教师的职后教育也非常重视,以政策的形式要求各级政府、高等教育机构为高校教师的职后教育进行规划并提供保障。

1.高校教师入职教育政策

具体到高校教师的入职教育政策,当前我国对高校教师开展的入职教育主要以岗前培训的形式来实现。具体而言,岗前培训是对到学校从事教育教学工作的新教师进行初步的适应性职业培训,它是以教育教学岗位的需要为轴心,以新补充到学校从事教育教学工作的人员或其他人员为受训对象,旨在使新教师初步掌握教育教学的基本技巧、尽快从学生角色转换为教师角色、适应新的环境和新的职业角色的一种职业培训。[2]因此,高校教师的入职教育目的在于帮助高校新教师尽快转换角色,适应高校的工作环境。

[1][英]德·朗特里.西方教育词典[M].陈建平,等译.上海:上海译文出版社,1988:137.

[2]侯艳芳.我国高校教师入职教育的现状、问题与对策研究[D].东北师范大学硕士学位论文,2007:5.

《高等学校教师培训工作规程》是我国政府根据《教师法》等文件的规定，为建设具备良好思想品德和业务素质的教师队伍，使高等学校教师培训工作进一步规范化、制度化而发布的。该规程第十三条指出，“岗前培训主要包括教育法律法规和政策、有关教育学、心理学的基本理论，教师职业要求等内容”。为了进一步落实《高等学校教师培训工作规程》中对高校教师岗前培训的相关规定和要求，我国原国家教委针对性地发布了《高等学校岗前培训暂行细则》（以下简称《细则》）和《高等学校教师岗前培训教学指导纲要》（以下简称《纲要》）。

具体而言，《细则》对高校教师岗前培训的对象、管理、内容、授课形式、学时、考核形式等做出了明确规定。如，在岗前培训的对象方面，《细则》规定，高等学校教师岗前培训的对象为新补充到高等学校从事教育教学工作的人员或其他人员；在管理方面，岗前培训工作由各省（自治区、直辖市）教育行政部门统筹安排；在内容方面，岗前培训由高等教育法规、高等教育学、高等教育心理学、高等学校教师职业道德基础知识等内容组成，其中，高等师范院校教育类毕业生，可免修高等教育学和高等教育心理学课程；在授课形式方面，以集中授课为主，同时包含专题讲座、典型报告、教学观摩、课堂教学实践或讲评等形式；在学时方面，总学时不低于110个学时；在评价方面，以闭卷考试为主，兼顾课程作业、教学实践。《纲要》则在《细则》的基础之上，对高等教育法规、高等教育学、高等教育心理学、高等学校教师职业道德这四门授课课程的教学目的、教学内容、教学时数分配等做出了详细的指导性规定。

此外，为了确保本省高校教师岗前培训工作的科学、有效开展，各省、自治区、直辖市也根据我国教育部的以上政策文本制定了针对本省高校教师岗前培训的规章制度。如江苏省《省教育厅关于认真做好2018年全省高等学校教师岗前培训工作的通知》，对江苏省高校教师岗前培训的对象、培训内容、时间安排、考试安排等做出了规定。[1]山东省教育厅对本省高校教师岗前培训的规定也基本遵照国家的有关规定进行，但该省结合当前教育改革的实际情况，对高校教师岗前培训的内容进行了改革，共设置了必修和选修两种课程，其中，必修课程六门：“高等教育学”“高等教育心理学”“高校教师职业道德修养”“大学教学论”“科研方法论”和“现代教育技术导论”；选修课两门：“教师职业生涯规划与发展”和

[1]江苏省教育厅.省教育厅关于认真做好2018年全省高等学校教师岗前培训工作的通知[EB/OL].[2018-6-25].http://www.ntnc.edu.cn/ltem/5689.aspx.

“慕课的理念与实践探索”。[1]北京市则针对本市高校教师岗前培训的实际情况,制定了有关岗前培训课程免修办理办法、岗前培训学员学籍管理规定、岗前培训考生考场规则等规章制度。[2]可见,当前在我国高校教师入职教育政策方面主要体现为教师的岗前培训政策,从国家层面、各省层面出发,均根据高校教师岗前培训的实际情况制定了相关的政策和规章制度,以确保高校教师入职教育的顺利开展。

2.高校教师在职培训政策

高校教师在职培训是指针对高等教育机构中在职教师开展的教育和培训活动。具体而言,当前国家制定的高校教师在职培训政策包含如下四个方面的内容。第一,在高校教师在职培训的目的方面,根据《高等学校教师培训工作规程》第二条的规定,“高等学校教师培训,是为教师更好地履行岗位职责而进行的继续教育”。因此,我国高校教师在职培训的目的在于通过对高校教师的培训,使高校教师更好地履行岗位职责,这种培训区别于普通教育,属于继续教育的范畴。第二,在培训的原则方面,主要为坚持“立足国内、在职为主、加强实践、多种形式并举”(《高等学校教师培训工作规程》第三条)的原则。第三,在培训内容方面,《高等学校教师培训工作规程》第四条规定“要以提高教师的基础知识和专业知识为主,全面提高教师的教育教学水平和科学研究能力,提高应用计算机、外语和现代化教育技术等技能的能力”,可见国家对高校教师在职培训内容的要求涵盖教师的教育教学能力、科研能力、计算机能力、外语能力、现代教育技术能力等多个方面。第四,在培训对象方面,强调以青年教师为主,培养其成为学术骨干和新的学术带头人。此外,《高等学校教师培训工作规程》还对培训的形式、培训的考核等内容做出了规定。

在《高等学校教师培训工作规程》的指导下,当前我国各省、自治区、直辖市也结合本省高校教师的在职培训情况制定了相应的高校教师在职培训规章,如江苏省结合国家规程制定出台了《江苏省高校教师进修工作规程》,对高校教师在职培训的原则、目的、管理、内容、形式、考核等进行了详细说明。此外,各高等

[1]山东省教育厅.山东省教育厅关于开展2017年度高校教师岗前培训工作的通知[EB/OL].[2018-6-25].http://renshi.wenjing.ytu.edu.cn/index.php/portal/article/index/id/12312.

[2]北京市高等学校师资培训中心.北京市高等学校教师岗前培训课程免修办理办法暂行[EB/OL].[2018-6-25].http://gaoshi.cnu.edu.cn/gnpxxm/gxjsgqpx/gzzd3/88671.htm.

教育机构也针对本校实际情况，制订出台了相应的政策文件，如华南师范大学制订出台了《华南师范大学教师在职培训进修暂行办法》，对其高校教师在职培训的目的、原则、形式、经费、管理等内容做出了明确规定。

总的来说，当前我国高校教师教学发展不仅是高校教师的权利与义务，也是高校教师取得高校教师资格证书的必备条件之一。同时，对高校教师教学发展的要求也贯穿于高校教师的评聘和职后发展政策之中。

二 高校教师教学发展的时代诉求

终身学习的时代要求、高等教育质量提升的需要、高等教育大众化发展的选择以及高校教师专业发展的诉求，是促使我国政府、高等教育机构以及高校教师加强对高校教师教学发展的时代背景。

（一）终身学习的时代要求

终身学习的理念与终身教育、学习型社会等理念的提出有密切的关系。从一定程度上来说，终身学习的理念是基于终身教育理念而提出来的，学习型社会的构建则与终身学习理念的成型密切相关。在终身学习时代，每一个公民都需要不断地学习、终身学习，以不断丰富自己的专业知识，提升专业技能。高等教育机构承担着培养高等教育人才的重要任务，高校教师作为高等教育机构中重要的组成成员，对我国高等教育事业的发展具有非常重要的影响。而在终身学习时代，知识的更新速度加快，科学技术发展日新月异，这就对高校教师开展教学活动提出了挑战，高校教师也需要不断地学习，以不断更新和丰富专业知识，实现教学等各方面能力的可持续性发展。

终身教育理念正式提出的时间是1965年12月，当时法国的成人教育学者、在联合国教科文组织成人教育计划处担任处长一职的保罗·朗格朗（Paul Lengrand）先生在联合国教科文组织召开的“第三届促进成人教育委员会”的会议上提交了一份《关于终身教育》的提案。[1]由于朗格朗提出的终身教育理念是基于现代社会的立场，强调政府或社会对促进终身教育的重要作用，因此，我们把这一时期的终身教育理念称之为现代终身教育理论。与此相对应，在此时期之前散见于历史典籍、宗教信仰以及民间教育思想中[2]的有关人的一生都应接受教育的终身教育思想或观点称为古典终身教育理论。[3]朗格朗提出的终身教育理

[1]朱敏，高志敏．终身教育、终身学习与学习型社会的全球发展回溯与未来思考[J]．开放教育研究，2014(1):50-66.

[2]吴遵民．新版现代国际终身教育论[M]．北京:中国人民大学出版社，2007:3-15.

[3]何齐宗．教育的新时代——终身教育的理论与实践[M]．北京:人民出版社，2008:3-14.

念随后逐渐被世界各国所接受，并成为一股影响全世界教育改革的教育思潮。

具体而言，朗格朗提交的《关于终身教育》这一提案对终身教育的内涵及其目标进行了非常详细的说明，其中，提案指出，终身教育的未来发展需包含如下五项基本目标：第一，（社会）要为人的一生（从出生到死亡）提供教育（学习）的机会；第二，对各级各类教育的实施必须进行协调与统和；第三，对小学、中学、大学以及地区性的社会学校、地区性的文化中心等所发挥的教育功能，（政府或社会）应当给予大力的支持和鼓励；第四，（政府或社会）应对类似工作日调整、教育休假、文化休假等针对本国公民的相关制度或相关举措的实施发挥促进作用；第五，为从根本上转变以往的教育观念，应使终身教育理念渗透教育的各个领域。[1]由此可见，终身教育强调的是人终身接受教育、不断学习的过程。政府、社会以及学校等文化中心要为终身教育的切实实行发挥积极作用。终身教育理念强调的是个体作为受教育对象终身接受教育。随着现代教育理论的不断更新，人们开始强调个体是教育的主体，不再是被动接受教育的对象，终身学习的理念也就随之而逐渐产生。

由于终身学习理念是基于终身教育理念而提出的，所以终身学习理念的缘起时间相对晚于终身教育理念，可以追溯至二十世纪七十年代。1972年5月，联合国教科文组织国际教育发展委员会在向联合教科文组织总部提交的一份名为《学会生存》的报告书中，把学习社会作为未来社会形态的一种构想，并提出了建设这一社会的明确的建议。1976年11月，联合国教科文组织在内罗毕召开会议，在所通过的《关于发展成人教育的劝告书》中，正式而明确地提出了终身学习的概念。[2]《关于发展成人教育的劝告书》的起草者们认为，原有的终身教育理念虽然强调个人的终身教育，但主要是从个体作为受教育对象的角度出发提出来的。而随着社会的不断变化，以及传统教育理念的不断革新，个体不能仅仅作为被教育的对象，而需要为个人积极地、主动地学习创造条件，为个体赋权，“使个人成为他自己文化进步的主人和创造者，所以，每一个人都必须终身不断地学习”。[3]从本质上来说，终身教育与终身学习都强调的是个体通过终身的教育、

[1]吴遵民，黄欣．实践终身教育论——上海市推进终身教育的路径与机制研究[M]．上海：上海教育出版社，2008:9.

[2]吴遵民．终身学习概念产生的历史条件及其发展过程[J]．教育评论，2004(1):48-52.

[3]联合国教科文组织国际教育发展委员会．学会生存——教育世界的今天和明天[M]．华东师范大学比较教育研究所，译．北京：教育科学出版社，1996:201-223.

终身的学习实现终身可持续性发展，以应对职业生涯的各种挑战。因此，终身教育与终身学习这两个概念在一定程度上是可以通用的。

当前，为了帮助本国公民更好地应对来自终身学习时代的各种挑战，同时促进本国公民不断地学习、终身学习，许多国外发达国家都制定了相关的法律规章，为本国建设终身学习型社会及终身学习的具体实施提供了法律依据。如目前世界上公认的第一部比较完善的有关终身学习的成文法是美国的《终身学习法》。1976年10月，美国国会通过了《蒙代尔议案》，该议案是由国会议员蒙代尔提交的，其目的在于确立终身学习理念的重要作用，为美国构建终身学习体系提供制度和政策保障。随后，美国国会把《蒙代尔议案》并入《高等教育法》修正案第一节中，予以贯彻实施。由于《蒙代尔议案》的基本宗旨是：致力于通过长期性的培训，以使公民能不断地掌握与更新有关职业的知识和就业的技能，并使他们能够适应或引领社会、经济、政治及文化的不断发展，而最终达到促进美国科技的高速发展与国力不断增强的目的。因此，该法案也被称为美国的《终身学习法》。美国《终身学习法》内容的突出点是强调通过让各种公立、私立的教育机构，以及国家、州和地方组织，大学、企业以及各民间团体参与终身教育建设。[1]。

日本为了促进本国终身学习社会的构建，为本国公民提供制度化的终身学习机会，于1990年7月颁布了世界上第一部终身学习专项法律——《终身学习振兴法》。2002年，日本政府对该法进行了修订，最终确立了《终身学习完善法》。韩国政府也早在1980年就倡导终身教育；1996年韩国政府把原有的《社会教育法》修订为《终身学习法》，随后又经过多次修订，最终于2000年确立为《终身教育法》。由此可见，世界其他国家均对终身教育及终身学习的理念持高度关注的态度，且不少发达国家以法律法规的形式制定出台相关政策，为本国终身学习型社会的构建、为公民应对终身学习时代提出的挑战提供政策保障。

在我国，我国政府在《国家中长期教育改革和发展规划纲要（2010—2020年）》（以下简称《纲要》）中指出“到2020年，基本实现教育现代化，基本形成学习型社会”，“以中青年教师和创新团队为重点，建设高素质的高校教师队伍。大力提高高校教师教学水平、科研创新和社会服务能力”。随后，党的十八大报告提出“要积极发展继续教育，完善终身教育体系，建设学习型社会”。由此可见，对

[1]吴遵民，黄健.国外终身教育立法启示——基于美、日、韩法规文本的分析[J].现代远程教育研究，2014(1):27-32.

终身学习理念的贯彻和执行是党和国家关注的重点内容，要为每个公民积极参加各类继续教育提供路径和保障，以建设学习型社会。

公民也可以采取多样化的学习形式，来贯彻终身学习理念，以应对终身学习时代的挑战。具体而言，据莫克与斯皮尔的研究，终身学习包含四种学习形式：一是正式学习，即以学校为代表的机构提供的学习；二是非正式学习，即学习内容和方式由学习者自己控制，而学习的最终目标由某些特定的机构控制；三是不正式学习，即学习内容和方式由机构控制，学习目标由学习者决定；四是自我学习，即学习内容、学习方式、学习目标均由学习者自己控制。[1]也就是说，在终身学习时代，每个公民都可以自主选择多种学习方式，实现自身的终身学习与终身发展。高校教师是高等教育机构的重要基础，是人才培养质量能否提升的关键影响因素，为了提升高校教师的教学能力，高校教师可以借助高校教师教学发展中心这一平台，采取正式学习、非正式学习、不正式学习或自我学习等多种方式来提升教学能力，以促进终身学习型社会的构建，应对终身学习时代的各种挑战。

（二）高等教育质量提升的需要

我国政府在2010年发布了《纲要》，这份文件对我国2010—2020年之间的教育改革及发展方向做出了明确的部署，其中，文件对我国高等教育质量的提升提出了明确要求，也对我国高校教师教学能力的提升并实现高校教师的教学发展提出了明确要求。

具体而言，《纲要》在高等教育部分指出，要全面提高高等教育质量、要提高人才培养质量。其中，在全面提高高等教育质量部分，《纲要》指出，“高等教育承担着培养高级专门人才、发展科学技术文化、促进现代化建设的重大任务。提高质量是高等教育发展的核心任务，是建设高等教育强国的基本要求。到2020年，高等教育结构更加合理，特色更加鲜明，人才培养、科学研究和社会服务整体水平全面提升，建成一批国际知名、有特色、高水平的高等学校，若干所大学达到或接近世界一流大学水平，高等教育国际竞争力显著增强”。

在提高人才培养质量部分，为了提高人才培养质量，要“牢固确立人才培养在高校工作中的中心地位，着力培养信念执着、品德优良、知识丰富、本领过硬的高

[1]陈静.终身学习理念下的成人自我学习[D].山西大学硕士学位论文，2013:8.

素质专门人才和拔尖创新人才”。要“加大教学投入。把教学作为教师考核的首要内容”，不断提高教育教学水平；“加强实验室、校内外实习基地、课程教材等基本建设。深化教学改革”；“强化实践教学环节”；“全面实施‘高等学校本科教学质量与教学改革工程’。严格教学管理。健全教学质量保障体系，改进高校教学评估”等。

《纲要》在加强教师队伍建设部分对高校教师的教学发展进行了特别强调。《纲要》指出，要严格教师资质，提升教师素质，努力造就一支师德高尚、业务精湛、结构合理、充满活力的高素质专业化教师队伍。以中青年教师和创新团队为重点，建设高素质的高校教师队伍。大力提高高校教师的教学水平、科研创新和社会服务能力。促进跨学科、跨单位合作，形成高水平教学和科研创新团队。

由此可见，我们国家把高等教育质量的提升置于我国高等教育未来改革与发展的核心战略地位。而高校教师作为高等教育机构的重要组成部分，是“学校与教学改革的心脏，它能最大限度地重建和振兴一个国家的教育希望”，[1]对我国高等教育质量的提升起着决定性的作用。因此，为了实现我国高等教育质量的全面提升，就需要把高校教师教学能力的提升与高校教师教学能力的发展也置于重要的核心战略地位。可以说，高等教育质量能否得到提升，取决于高校教师的整体素质，其中尤其以高校教师的教学能力能否得到提升为关键。

随后，为了进一步明确高校教师教学发展对我国高等教育质量提升的重要影响，在2011年7月，教育部和财政部共同颁发了一份名为《教育部 财政部关于“十二五”期间实施“高等学校本科教学质量与教学改革工程”的意见》（以下简称《意见》）。《意见》指出，要进一步深化本科教育教学改革，提高本科教育教学质量，大力提升人才培养水平。《意见》进一步指出，实施“本科教学工程”旨在针对高等教育人才培养还不完全适应经济社会发展需要的突出问题，特别是要在高校专业结构不尽合理、办学特色不够鲜明、教师队伍建设与培养培训薄弱、大学生实践能力和创新创业能力不强等关键领域和薄弱环节上。由此可见，要实现我国高等教育质量的全面提升，贯彻落实本科教学工程的理念与目标，加强教师队伍的建设、强化教师队伍培养培训等环节是至关重要的。而在如何加强高校教师队伍的建设、强化教师队伍培养培训环节方面，《意见》也给出了建议。《意

[1]乔连全，吴薇.大学教师发展与高等教育质量——第四次高等教育质量国际学术研讨会综述[J].高等教育研究，2006(11):106-109.

见》提出，要引导高等学校建立适合本校特色的教师教学发展中心，积极开展教师培训、教学改革、研究交流、质量评估、咨询服务等各项工作，提高本校中青年教师教学能力，满足教师个性化专业化发展和人才培养特色的需要。由此可见，我国高等教育质量的提升与高校教师教学发展能否大力推进有密切关系，高等教育质量的整体提升有赖于高校教师的整体素质的提升，而高校教师的整体素质能否得以提升又与高校教师的教学能力、教学水平以及教学发展资源关系密切。

我国政府又先后多次在提高高等教育质量的文件中对高校教师的教学发展、教学能力的提升给予了重视和强调。如2012年3月，教育部在其印发的《教育部关于全面提高高等教育质量的若干意见》中指出，要"提高（高校）教师的业务水平和教学能力。推动高校普遍建立教师教学发展中心，重点支持建设一批国家级教师教学发展示范中心，有计划地开展教师培训、教学咨询等，提升中青年教师专业水平和教学能力"。在以上思想的指导下，教育部又于2012年年底公布了30个国家级高校教师教学发展中心名单，表明了我国政府对高校教师教学发展问题的关注力度。

在我国当前全面提升高等教育质量的背景下，我国政府把高校教师整体素质的提升置于关键的地位，其中又以高校教师的教学发展、教学能力的提升为核心问题。因此，高校教师教学能力的提升是我国高等教育质量提升的前提条件与基础，同时，我国高等教育质量能否全面提升也有赖于高校教师的教学水平。可以说，高校教师实现教学发展及教学能力的提升，是我国全面提升高等教育质量的必然诉求。

（三）高等教育大众化的选择

所谓高等教育大众化（the massification of higher education），是对有关高等教育发展阶段的一种描述，是精英阶段后高等教育在规模、速度等方面发生的巨变及其引起的高等教育观念、目标、内容、结构、学术标准、功能、办学形式以及管理制度等方面的相应变化。[1]高等教育大众化是一个历史的概念，又是一个发展的概念。[2]高等教育大众化理论是关于高等教育规模扩张的理论，其产生与教

[1]教育大辞典编纂委员会.教育大辞典（第3卷）[M].上海:上海教育出版社，1991:11.

[2]邬大光.高等教育大众化的理论内涵和概念解析[J].教育研究，2004(9):20-24.

育民主化思潮有紧密联系。具体而言，我国学界一般较为认可的是高等教育大众化理论是由美国加州大学伯克利分校高等教育研究中心著名的教育社会学家马丁·特罗（Martin Trow）教授在其撰写的《美国高等教育民主化》一文中，首次以“大众高等教育”这一概念形式提出来的。[1]随后，特罗教授分别又在1970年和1973年提出了“普及高等教育”概念和“高等教育大众化三阶段论”，至此，其高等教育大众化理论正式形成。

特罗教授提出的高等教育大众化理论的突出贡献就在于对高等教育发展的不同阶段的毛入学率进行了量的区分和质的区分。所谓量的区分，就是以一个国家高等教育的毛入学率作为指标，对其高等教育的发展阶段进行划分。高等教育毛入学率是指高等教育在学人数与18~22岁年龄段适龄人口数的比重。一般而言，根据高等教育的毛入学率，高等教育的发展阶段可以划分为三个阶段，即当高等教育毛入学率在15%以下时，是高等教育的精英教育阶段；当毛入学率在15%~50%之间时，是高等教育大众化阶段；而当高等教育毛入学率达到50%以上时，就进入了高等教育普及化阶段。所谓质的区分，是指高等教育的毛入学率只能作为高等教育发展阶段的参考指标之一，高等教育的发展除了在量的方面有所表现之外，也体现出一些质量方面的区别，如高等教育观、高等教育的功能、课程、教学形式与师生关系、学生的经历等。

高等教育大众化时代的到来不仅标志着高等教育规模的不断扩张和高等教育毛入学率的提升，也在教学方式、师生关系等方面体现出变化。高校教师作为高等教育机构进一步发展的重要基础，大众化阶段在质和量的方面的变化必然会对高校教师在教学、科研、社会服务等方面的能力及素质提出更高的要求。

我国1998年启动的《面向21世纪教育振兴行动计划》标志着我国开始正式实施高等教育扩招政策。据教育部《1999年全国教育事业发展统计公报》，1999年我国高等教育毛入学率为10.5%。《2014年全国教育事业发展统计公报》报道，2014年我国高等教育毛入学率达到了37.5%。普通高等本专科招生规模也从1999年的275.45万人，增加到2014年的721.40万人；生师比从13.4∶1增加到17.68∶1；普通高校专任教师从42.57万人，增加到153.45万人。[2]由以上数据可

[1]谢作栩.中国高等教育大众化发展道路的研究[M].福州:福建教育出版社，2001:12.

[2]以上数据均来自教育部发布的《1999年全国教育事业发展统计公报》和《2014年全国教育事业发展统计公报》。

以得知，在我国实行高等教育扩招政策以来的十五年时间里，我国的高等教育毛入学率已达到高等教育大众化阶段的比重；高等教育招生规模扩大了近两倍；高校专任教师规模增加了近三倍；生师比也进一步攀升。而为了促进我国高等教育大众化进一步走向深化，全面提升我国人口的基本素质，我国政府在《纲要》中进一步指出，高等教育大众化水平要进一步提高，到2020年，毛入学率达到40%。

由此可见，随着我国高等教育毛入学率的不断提升，进入高等教育机构接受高等教育的学生规模开始不断增加，高等教育机构学生总规模在2014年已达到了3 559万人。[1]而我国政府计划进一步提升高等教育大众化水平，这就意味着我国高等教育学生总规模在未来几年会保持较为稳定的增加态势。这在客观上对高校教师的规模及教师队伍的总体素质提出了更高要求。然而，自我国高等教育机构开始实行扩招政策以来，由于高等教育规模扩张的步伐较快，使得我国逐渐出现了高等教育培养质量下降、高校教师素质参差不齐、高校偏重教师科研水平等问题，高校教师的发展问题已经成为高等教育大众化向纵深发展的瓶颈。[2]以上问题的凸显促使我国政府开始加强对高校教师教学发展问题的关注力度。在进一步推进我国高等教育大众化走向纵深发展的大背景下，我国政府认识到以上愿景能否实现与高校教师队伍的整体素质相关，尤其是与高校教师的教学能力提升及教学发展问题关系密切。相比较而言，其他西方发达国家，如美国、英国、德国、日本等，自二十世纪五六十年代以来就对高校教师的教学发展问题给予了关注，并建立了专门的高校教师专业发展学校，以满足各国高等教育大众化对教师教学能力提出的挑战。高校教师专业发展学校的任务在于为高校教师的教学、科研及社会服务等能力的提升和发展提供专业支持，其中，尤其以高校教师教学能力的提升为核心。基于此，为了进一步提升我国高等教育大众化水平，通过建设高校教师教学发展中心提升教师个体及教师队伍的整体教学能力、实现教师教学能力的发展，是促使我国高等教育大众化走向深化，为高等教育普及化做好准备的必然前提。

---

[1]教育部《2014年全国教育事业发展统计公报》。

[2]王丹凤．教学学术视角下的大学教师专业发展研究[D]．东北师范大学硕士学位论文，2008:7.

(四)高校教师的发展诉求

二十世纪八十年代以来,教师专业化运动席卷全球,这一运动不仅促进教师职业的专业化和教师地位的提升,同时也对世界各国教师教育事业的改革与发展起到了推动作用。随着教师专业化运动的推进,世界各国及社会各界对教师的专业化发展问题也给予了深度关注。其中,高校教师作为教师群体中的一个重要组成部分,由于其从业要求及专业发展不同于中小学教师,其专业发展的内涵及途径等问题也由此成为学者们探讨的热点。

高校教师专业发展这一概念是从教师专业发展这一概念引申而来的,教师专业发展是高校教师专业发展的上位概念。高校教师专业发展是对在高等教育机构承担教学、科研等工作的教师的专业发展问题的特指。简单地说,教师专业发展是教师个体或教师群体为实现专业发展而不断提升自我的过程,也是教师不断接受新知识,提升专业能力的过程。教师的专业发展过程不是孤立的过程,而是一个连续的、动态的和流变的过程。从时间顺序上来说,教师的专业发展一般指教师职后的专业发展过程。一般而言,教师的专业发展主要包含两个方面的内容,一是教师职业的专业提升,指政府、学校通过学习、培训、考核、奖励、惩罚等日常手段促使教师职业专业化或专业达标的过程,体现为数量指标;二是教师个体的专业成长,指政府或学校设计相应的制度引导教师个体在专业观念、态度、知识、能力、情意等方面的长期发展,形成自觉追求或自我实现的愿望,实现个体专业化的过程,它体现为质量指标。[1]因此,教师的专业发展不仅涉及教师这一职业的专业提升,也涉及教师个体在这一过程中的专业成长问题。教师的专业发展不仅体现为学习、培训、考核等方面的数量指标,也体现为教师个体在专业观念、知识、能力等方面的质量指标。可以说,教师的专业发展不是简单的、单维度的、静态的,而是一个复杂的、包含多方面内容的、动态的发展过程。

具体到高校教师专业发展的定义,潘懋元教授认为高校教师发展有广义与狭义之分,其中,广义的高校教师发展,包括一切在职大学教师,通过各种途径、方式的理论学习与工作实践,使自己的专业化水平持续提高,不断完善;狭义的高校教师发展,特指初任教师的教育提高,其目的在于帮助高校的初任教师能够

[1]毛亚庆,蔡宗模.建国以来高校教师专业发展的制度审视[J].清华大学教育研究,2010(6):27-34.

尽快进入角色，承担起相应的工作任务。[1]当前我国政府发布的政策文本及学界所开展的与高校教师专业发展相关的研究主要是从高校教师的整体职业生涯角度出发，强调高校教师的专业发展贯穿高校教师的整个职业生涯，因此，我们一般所指的高校教师专业发展是指广义的高校教师专业发展。

具体到高校教师专业发展的内涵，从高校教师的工作内容角度出发，大致包含以下几个方面的组成内容，分别是高校教师学术水平的发展、高校教师职业知识和技能的发展、高校教师师德的发展。高校教师学术水平的发展主要指高校教师需要在职业生涯过程中不断提升自己的教学学术水平和研究学术水平；高校教师职业知识和技能的发展主要指高校教师不仅要掌握本学科的教学知识和技能，还要掌握基本教育知识和技能，以全面提升自身的教学水平；高校教师师德的发展指高校教师除了要实现学术、职业知识和技能方面的发展外，也要提升自身的职业道德素养，遵守高校教师职业道德规范，如爱国守法、敬业爱生、教书育人、严谨治学、服务社会、为人师表等。通过对高校教师专业发展内涵的界定，可以看出，高校教师的教学发展是高校教师专业发展的重要组成部分，贯穿高校教师职业生涯始终，对教师队伍整体素质的提升有重要意义。

高校教师的专业发展是由学术水平的发展、职业知识与技能的发展、师德的发展三个维度的内容组成的，这三个维度的内容需要共同发展，过于偏重某一维度的发展都是不利于高校教师队伍整体素质提升的。从高校教师专业发展的动力机制角度出发，包含外部动力及内部动力两方面的内容，外部动力指高等教育机构、政府为高校教师的专业发展提供政策、财政、制度、平台等方面的保障，内部动力指提高高校教师对专业发展问题的认识，尤其是对教学发展问题的关注力度，自觉、积极、主动地参与各类专业性的教学发展活动。只有这样，才能实现真正意义上的高校教师专业发展，提升高校教师队伍的整体素质，进而实现高等教育人才培养质量的提升。

然而，由于当前我国对高校教师专业发展问题关注的时间相对较晚，使得当前我国高校教师的专业发展存在一些问题。这些问题主要表现在观念层面、制度层面和机制层面。在观念层面，主要体现为高校教师对自身专业发展认识不够清晰，如对专业发展的内涵、专业发展的目的等认识不清，定位不明确，导致部

---

[1]潘懋元.大学教师发展与教育质量提升——在第四届高等教育质量国际学术研讨会上的发言[J].深圳大学学报(人文社会科学版)，2007(1):23-26.

分教师出现对教师专业发展活动参与的积极性不高,内在动力不足。[1]在制度层面,主要体现为当前高等教育机构对教师的评估、考核、晋升等内容的考核偏重对教师科学研究能力及科学研究成果的考察,过于强调教师的学历、科研成果等硬性指标,而对教师教学能力的发展等内容的考察比重相对较低。在机制层面,我国自2011年以来开始加强建设高校教师教学发展中心,由于对中心这一机构的定位、功能、运作等的认识仍处于不断完善的过程中,所以中心对促进高校教师教学发展的功能仍有待进一步提升。

总体而言,以上几个方面的条件制约着我国高校教师的专业发展,也制约着我国高校教师教学能力的发展及教学水平的提升。为了实现我国高校教师队伍整体素质的提升,进而提升高等教育的整体质量,提升我国高等教育的国际竞争力,我们有必要促进高校教师的专业发展,对其中教学发展等薄弱的环节予以特别关注,最终实现高校教师的全面、均衡性专业发展。

[1]胡益波.地方性高校教师专业发展的理论与实践研究[D].华东师范大学硕士学位论文,2008:28.

三 高校教师教学发展的内在动力

教师的教学发展不仅是时代对高校教师提出的要求，同时也是高校教师的内在需求。除了高等教育机构需要为高校教师的发展提供路径与平台之外，教师发展的本质实际上是发展的自主性，是教师作为主体自觉、主动、能动、可持续的建构过程。[1]从高校教师教学发展的内在动力出发，主要有高校教师的自我职业价值的实现、教学效能感的提高、学习共同体的发展等内容。

(一)实现教师的自我职业价值

高校教师通过参与教学发展活动，提升教学能力和水平，能够帮助教师提高教学效率和教学成就感，从而帮助高校教师实现自身的职业价值。高校教师自我职业价值的实现不仅仅有赖于外部环境的支持，更多的是高校教师对自我职业价值实现的内在动力推动着高校教师不断地更新观念、提升技能、实现自我发展。人类对实现自我价值的渴求不仅仅是客观事实，而且也有许多学者对人类自我价值与人类发展的关系进行了理论探讨。其中，马克思和马斯洛分别从不同的角度出发，对人的自我价值的实现进行了剖析，肯定了自我价值的实现对人类个体及人类社会发展的积极意义。高校教师是在高等教育机构中承担教学、研究及服务等工作的个体及群体，从本质上来说也是人类个体及人类群体，为了更好地履行其教书育人的职责，实现其职业价值，高校教师就需要自发、自主、积极地参与各类教学发展项目。因此，可以说，高校教师实现自我职业价值的需要是高校教师积极主动参与各类教学发展项目的内在动力之一。

卡尔·海因里希·马克思(Karl Heinrich Marx)可以说是现代提出“人的需要的体系”概念，并对这一体系进行了深入而全面探讨的第一人。[2]马克思认为，人的需要可以划分为三个层次。第一个层次是人的生存或生理需要。包括人类的

[1]胡婷.小学教师专业发展内在动力的跨个案研究[D].四川师范大学硕士学位论文，2010:13.

[2]姚顺良.论马克思关于人的需要的理论——兼论马克思同弗洛伊德和马斯洛的关系[J].东南学术，2008(2):105-113.

原始本能，如吃饭、喝水、睡觉、繁衍等。第二个层次是人的谋生和占有需要。人在满足生存或生理需要后，就需要从事各类劳动和生产活动，以占有一定的生产资料。第三个层次是自我实现和全面发展的需要。这一层次的需要属于高级层次的需要，主要包括人的科学探究需要、社会交往需要、审美需要、创造需要等。

继马克思之后，亚伯拉罕·马斯洛（Abraham H.Maslow）提出了他的需要层次理论。与马克思的需要层次理论既有一定的区别之处，又有共同之处。区别之处体现在两者对人类需要层次的划分方式有一定的区别，共同之处在于二者都认可人类的自我实现和全面发展的需要是人类需要的最高层次。马斯洛于1908年出生于美国纽约布鲁克林的一个犹太家庭，是美国二十世纪著名的社会心理学家，在精神分析心理学和行为主义心理学的基础上提出了人本主义心理学，被誉为“人本主义心理学之父”。其代表性的成就就在于对人的各类需求及自我实现需求进行了深入分析，构建了马斯洛需要层次理论（Need Hierarchy Theory）。马斯洛的需要层次理论在其著作《动机与人格》中有集中论述。具体而言，马斯洛在1954年的《动机与人格》一书中把其需要层次理论划分为五个层次。这五个层次分别是：生理需要、安全需要、归属与爱的需要、自尊需要、自我实现的需要。随后，随着需要层次理论影响的逐渐增加，也出现了对需要层次理论进行反思和批判的声音，马斯洛在1969年对其需要层次理论进行了修订，主要表现在对其需要层次理论所包含的需要层次进行了补充和完善，提出了超越性需要。超越性需要通常被合并至自我实现的需要中。除此之外，马斯洛在早年也提出过人类的认知需要和审美需要。认知需要和审美需要一般被认为是居于自尊需要和自我实现的需要之间。生理需要、安全需要、归属与爱的需要、自尊需要、自我实现的需要是马斯洛需要层次理论的五个基本层次，一般被称为基本需要。认知需要和审美需要可以被认为是成长需要。

具体而言，生理需要是指人类对生理、生存有一种动物性的本能的渴望，这种需要是人类生存过程中最为基本、最为原始、最为初始的，同时也是人类为维持个体及种族的生存和发展的前提。生理需要主要包含食物、水源、空气、住所、睡眠等维持生存的基本需求。安全需要比生理的需要高一个等级。安全需要是指当一个人的生理需要得到满足之后，人们便需要远离痛苦和恐惧，需要有生活的稳定以便在内心感到世界是井然有序的。[1]例如，人类的劳动安全、职业安全、生活稳定、免于战争、免于灾难等。归属与爱的需要也可以被称为社交的需要，是指当人类获得了安全需要后，就会渴望从他人那里得到关怀、理解等情感需求。他人包含家人、爱人、朋友及其他社会团体等。自尊需要包含自尊、他尊等内容。当人类的爱的需要被满足后，就会追求自尊需要。例如，人类希望通过努力完成工作任务，借此受到他人的尊重，同时也满足自我的自尊感。自我实现的需要是人的需要的最高层次。简单地说，就是人类个体展现自我的才华，实现自我的价值。马斯洛曾有过这样的解释：自我实现的需要就是一个作曲家必须作曲，一个画家必须绘画，一位诗人必须写诗，否则他始终都无法安静。[2]

通过马斯洛对自我实现的需要的解释，可以看出，个体自我实现需要的满足在一定程度上与个体的才华、个体所从事的职业有密切关系。从高校教师职业属性和职业特色角度出发，也可以理解为，高校教师必须教书育人，否则他始终都无法安静。当然，不同个体对马斯洛自我实现的需要的理解会存在一定的差异，但不可否认的是，自我实现的需要的满足需要个体非常积极、主动、充分、忘我、竭尽全力地投入到工作之中，才能得以实现。同理，为实现自身的职业价值、满足自我实现的需要做准备，高校教师需要非常积极、主动地投入到各类教学发展活动中去，提升教学能力和教学水平。

（二）提高教师的教学效能感

美国著名心理学家班杜拉(A.Bandura)认为，效能是一种生成能力，它将认知、社会、行为等子技能组织成整合的行动过程，服务于多种目的。感，从字面意义上理解，指觉出；在情绪及意识上的反应；因受刺激而引起的心理上的变化等。因此，可以简单地说，效能感是指人对效能这种生成能力的感觉、知觉、反应或变化。具体而言，根据我国学者的定义，效能感是人们对影响自己的事件的自我控制能力的知觉。[3]班杜拉认为，自我效能感则是人们对自身完成既定行为目标所需的行为过程的组织和执行能力的判断，它与一个人拥有的技能无关，

---

[1]蔡继红.马斯洛需要层次学说述评[J].理论界，2011(5):86-88.

[2][美]A.H.马斯洛.动机与人格[M].许金声，程朝翔，译.北京:华夏出版社，1987:53.

[3]张大均，江琦.教师心理素质与专业性发展[M].北京:人民教育出版社，2005:79.

但与人们对所拥有的能力能够干什么的判断有关系。[1]自我效能感包含两个组成部分，分别是结果预期和效能预期。结果预期是指人们对自己行为可能导致的结果的预测。效能预期是指人们对自己开展某种活动时的行为能力的主观判断。可以说，自我效能感是针对“既定行为目标”而言的，是人们对完成既定领域的任务时所表现出来的自信程度，是人们依据自身的能力所做出的一种主观判断。

具体到教师的教育效能感，就可以理解为，是个人效能感在教师从事教育工作时的体现。教师的教育效能感是教师在教育领域中对教育的作用，特别是自己是否有能力影响学生的学习行为和学习成绩的主观判断和信念。[2]从教师的教育效能感结构出发，教师的教育效能感主要由一般教育效能感和个人教学效能感组成。[3]所谓教师的一般教育效能感，指教师对教与学的关系，对教育在学生发展过程中的影响及作用等一系列问题的一般性的看法及判断。教师的个人教学效能感则是指教师对自己教学的效果的认识和评价。由此可见，相比较而言，教师的一般教育效能感所指的内容较为宏观，涉及教师对教与学的关系的整体看法、教师的教育理念等观念。而教师的个人教学效能感则较为具体，是教师对自己具体的教学活动，如课堂教学活动、课外活动等的效果的认识和评价。当前学界对教师教育效能感的研究主要集中在教师的个人教学效能感方面。如，教师的教学效能感越强，教师对学生的控制定向就越人道，学生的自主性就越强，教学的效果也就越好；[4]教师教学效能感越强，则教师就倾向于表现出更为积极的教学革新意愿，有较好的人际关系，对自己所从事职业的认同感更高；[5]教师的教育效能感越高，自身对教育活动的信心就越高，采取的教育行为就越积极，影响到学生的学习兴趣、学习态度等，其教学效果越好，学生的学习成就也就越好。相反，教学效能感较低的教师则认为学生是不可信任的，是需要加以控制的；对教学革新的意愿相对较为消极，人际关系也较为紧张，对自身的职业认同

[1][美]A.班杜拉.思想和行动的社会基础——社会认知论[M].林颖，等译.上海:华东师范大学出版社，2001:552.

[2]张大均，江琦.教师心理素质与专业性发展[M].北京:人民教育出版社，2005:82.

[3]俞国良，辛涛，申继亮.教师教学效能感:结构与影响因素的研究[J].心理学报，1995(2):159-166.

[4]A.E.Woolfolk，B.Rosff，W.K.Hoy. Teachers' Sense of Efficacy and Their Beliefs about Managing Students [J].Teaching and Teacher Education，1990，6(2):137-148.

[5]M.Tschannen Moran，A.E. Woolfolk，W.K.Hoy. Teacher Efficacy : its Meaning and Measure [J]. Review of Educational Research，1998，68(2):202-248.

感较低，甚至不喜欢和讨厌自己所从事的职业；对教学活动的信心较低，采取的教育行为较为消极，对学生的学业成就产生一定的负面影响。由此可见，教师的教学效能感高低不仅对其所教学生的学业成就、学习态度、学习兴趣等产生影响，也会对教师的教学意愿、教学积极性、人际关系以及对自身职业的认同度等产生影响。

当前国内学界对教师教学效能感的影响因素也进行了考察，由于不同的研究人员所选取的研究被试、研究工具等的不同，其研究结果体现出一定的差别。但值得关注的是，学界的研究成果一般都认可教师的教龄、学历、性别、教学经历等存在相关关系，其中以教师的教龄对教师教学效能感的影响最为显著。除此之外，在学校层面，学校制度的完整性、学校领导的教育理念、学校的教学风气、工作条件、教师之间的关系等对教师教学效能感的高低也有影响。因此，可以说，教师的教学效能感并不是天生的，而是与教师后天所处的工作环境、发展机会、工作条件、教学经历等均有关联。具体到高校教师，虽然其工作内容及工作职责与中小学教师存在一定的区别，但不可否认的是，高校教师的教学效能感同样也受到学校层面制度、教师个人的教育理念等因素的共同影响，高校教师教学效能感的高低同样也会对学生的学习兴趣、学业成就以及教师对自身职业的认同度、对各类专业发展活动参与的积极性产生影响。由此可见，高校教师的教学效能感也可以通过后天的各类项目加以培养。具体而言，提高高校教师教学效能感的方式可以从学校层面及教师个人层面着手。如，在学校层面，可以通过高校教师教学发展中心等平台，为高校教师的教学发展提供各类发展项目，为教师提供教学发展的设备、资源以及智力支持等；制订相应的政策，提升教学的地位，以平衡教师用于教学和科研的时间及精力；为新手教师及有经验的教师提供教学交流的平台等。在教师个人层面，由于教师的教学效能感主要是指教师对自身从事教学活动的能力的主观评价与判断，所以，教师教学效能感能否得到提升的关键有赖于教师自身对教学效能感提升的认知、态度及行动。据此，在学校政策、平台、理念等的引导下，教师个体需充分认识到教学效能感对教师自身发展、学生发展以及学校组织机构等发展的重要意义，从内因出发，调动自己参与各类教学发展活动的积极性，主动与有经验的教师交流与沟通，主动学习提高教学效能感的各类方法，以此实现教师的教学发展，最终达到教学效能感提升的目的。

(三)发展教师的专业学习共同体

"共同体"(Gemeinschaft)一词最早出现于1887年,是德国著名社会学家、哲学家、德国现代社会学的奠基人之一的斐迪南·滕尼斯(Ferdinand Tonnies)在其代表性著作《共同体与社会》(Gemeinschaft und Gesel lschaft)中提出来的。在德语中,Gemeinschaft表示建立在自然情感基础上的、联系密切的、排他性的社会联系或共同生活方式,这种社会联系或共同生活方式产生关系密切、守望相助并富有人情味的生活共同体。[1]基于德语中共同体的这一定义,滕尼斯认为,共同体的类型主要是建立在自然的基础上的群体(如家庭、宗教)里实现的,此外,它也可能在小的、历史形成的联合体(如村庄、城市)以及在思想的联合体(如友谊、师徒关系等)里实现。[2]由此可见,滕尼斯所定义的共同体是基于血缘、地缘、思想等的联合而实现的。二十世纪二十年代,美国的社会学家把德语"Gemeinschaft"一词翻译成英文"Community",引入到了美国社会学研究领域中。[3]二十世纪三十年代,我国社会学界引入了"共同体"这一概念,指在一个地缘范围内共同生活的有组织的人群或基于共同目标和共同利害关系的人组成的社会团体。

学习共同体(Learning Community)这一概念早期的出现是用于高等教育机构中学生的学习群体中,是当时美国高校为破解以院系和学科为中心设置课程而导致学生知识面日益窄化的问题而提出的,其目的在于通过构建这种学生学习的共同体,从而在一定程度上打破学科壁垒,促进学生知识面的拓展。由于高校教师在知识面、人际交往、专业发展等方面也存在与高等教育机构学生类似的问题,所以学习共同体的模式也开始逐渐运用到高校教师群体中,主要目的是促进高校教师的专业发展。从字面意义上理解,可以简单地说,高校教师专业学习共同体是由高校教师组成的学习组织,其目的在于促进高校教师个体及群体之间的跨学科、跨院系合作,最终实现高校教师的专业发展。

美国迈阿密大学的教学促进中心(Center for the Enhancement of Learning and Teaching, CELT)在通过构建教师专业学习共同体以促进高校教师的教学发展方面取得了显著的成就,是美国四大模范教学促进中心之一。1990年,迈阿

---

[1]郭书法,夏娟,张海燕.高校教师专业发展的有效路径:专业学习共同体[J].宁夏社会科学,2014(1):157-160.

[2][德]斐迪南·滕尼斯.共同体与社会——纯粹社会学的基本概念[M].林荣远,译.北京:商务印书馆,1999:ii-iii.

[3]徐睿.高校教师网络学习共同体的知识建构[D].江西师范大学硕士学位论文,2007:2.

密大学教学促进中心将这种促进教师教学发展的共同体组织正式命名为教师学习共同体(Faculty Learning Community,FLC)。该中心的主任米尔顿·D.克斯(Milton D.Cox)基于自身长期从事教师学习共同体实践及理论研究工作的经历,指出教师学习共同体的定义有狭义和广义之分,其中,狭义的定义是指一个由高校内部跨学科的教师和学校职员组成的学习团队,通常包括6~15个成员,但以8~12人为最佳;成员将参与一个为期一年的协作学习项目,该项目以教师教学学术发展为目标,通过经常组织研讨会或其他活动为成员提供申请资助、学习和发展的机会;参与者可以自由选择一个焦点课程或项目,与自身工作相结合,设计案例,进行教学创新,建立教学档案,评价实施效果;参与两周一次的研讨,与学生社团合作,并把项目成果在学校或者国内的交流会上进行展示。从广义上来说,教师学习共同体是指由上述若干个教师学习共同体单元通过一定的平台组建成的大的共同体,比如全校性的、全州性的学习共同体。[1]通过米尔顿的定义,可以得知,高校教师的学习共同体是以学习团体的方式把高校教师联结起来,其最终目的在于消除高校教师的个体孤独感和隔离感,调动高校教师的积极性,促进教师的教学发展,提升教师的教学学术水平,支持高校教师的终身学习和终身发展,[2]最终实现高等教育培养质量的提升。

从高校教师学习共同体的特点来说,其突出特点是共同体的合作性。群体动力学的代表人物勒温(K.Lewin)指出,在合作性的群体中,个体具有较强的工作动机,往往能够相互激励,相互理解,个体间的信息交流频繁,工作效率明显高于非合作性群体。[3]当前我国高等教育机构中高校教师的教学发展就面临着高等教育机构中各院系各自为政、同院系的学科之间互动较少、教师群体之间缺少沟通的途径等问题,使得高校教师在从事教学、科研以及社会服务活动时会产生一种隔离感、孤立感甚至是一种归属缺乏感。由于专业性、组织性的学习共同体的缺失容易造成高校教师对教学发展活动的情感缺失,进而又会进一步影响到高校教师的专业发展,教学质量难以提升。

从高校教师专业学习共同体的组建形式上来说,主要有自下而上与自上而下这两种组建方式。其中,自下而上的组建方式是指由教职工自主、自动发起的

[1]原霞.教师学习共同体:高校教师教学学术发展的一种新范式[J].福建师范大学学报(哲学社会科学版),2012(1):156-161.

[2]詹泽慧,李晓华.美国高校教师学习共同体的构建——对话美国迈阿密大学教学促进中心主任米尔顿·克斯教授[J].中国电化教育,2009(10):1-6.

[3]胡庆芳.教师专业发展背景下的学习与学习文化的重建[J].上海教育科研,2005(3):19-22.

教学发展计划，由教学发展中心为这种自下而上的专业学习共同体提供必需的场地、经费、宣传、策划以及规章等保障。自上而下的教师专业学习共同体的建立则是指由学校管理人员发起的学习共同体，这种学习共同体能否顺利建立，需要进行科学设计，获得高校教师自下而上的内在支持，以充分调动高校教师的参与积极性。无论是哪种形式的专业学习共同体的构建，都离不开高校教师积极、自主寻求教学发展的内在动力及渴望。由此，高校教师的专业学习共同体作为一种合作性的组织，能够在一定程度上起到促进合作及联结的作用，如为不同院系、不同学科之间教师的相互联系、相互协作提供平台；为孤单的、隔离的、独自工作的高校教师个体提供一个寻求帮助、宣泄情感的空间；为高校教师不同群体之间的合作提供机制；调动高校教师参与教学发展活动的内在动力等，我们需要加强对类似的高校教师专业学习共同体的研究和建构工作。

四　高校教师教学发展的现实问题

目前,我国高校教师教学发展面临的问题还比较多,一方面,高校教师评价导向的偏离、教学与科研职能的分离等问题严重制约着高校教师教学发展;另一方面,高校教师教学发展的机构建设还很薄弱,还不能很好地支撑和保障高校教师教学发展。

(一)教师评价的基本导向

现代教育评价诞生于19世纪初的西方,经过一个多世纪的发展,教育评价已经成为现代教育科学研究的三大研究领域之一。[1]具体而言,教育评价研究与教育基础理论研究、教育发展研究共同构成现代教育科学研究的研究内容。教育评价研究包含教师评价、学生评价、教学评价、教育管理评价等。其中,教师评价是指在正确的教师价值观指导下,根据学校规定应承担的任务和目标,按照规定的程序,运用科学的方法,借助现代技术广泛收集评价信息,对教师个体的工作质量进行价值和事实判断,通过评价过程的反馈、调控的作用,发挥教师评价的导向、激励、改进的功能。[2]由此可见,高校教师评价是指高等学校根据既定的任务和目标,按照规定的程序,对高校教师个体的工作质量进行价值和事实判断的过程。通过对高校教师进行评价,可以为高等学校掌握高校教师个体的工作质量提供依据,也可以为高校教师工作质量的导向、激励和改进提供参考。

当前,我国高校教师评价导向的偏离为高校教师教学发展的实现带来了一些问题,主要体现在评价的理念、评价的内容及评价的形式等方面。第一,在高校教师评价理念方面,主要表现在过于强化教师的工具性价值,而相对忽视教师个体及其群体的主体价值方面。评价理念主要反映人们对于评价问题的根本认

[1]程梦云.中美高校教师教学评价比较研究——基于华南理工大学和MIT的个案分析[D].华南理工大学硕士学位论文,2014:2.

[2]袁东华.如何科学评价一个大学教师的工作[J].当代教育论坛,2004(6):33-34.

识与看法，是评价行为的先导，支配和决定相应的评价行为。[1]从理想的层面出发，对高校教师进行评价，其目的不在于给教师评定等级，而是在于通过评价来促进教师的专业发展和组织机构的共同发展。正确的教师评价理念能够为教师专业发展提供有效的帮助，能够引导教师认识到自身的不足，并有效激励教师根据自身的实际情况调整专业发展计划。[2]然而，在我国传统管理理念以及对人的发展水平进行监测存在滞后性、不确定性等因素的影响下，许多高校选择把组织机构目标的实现和组织机构竞争力的提升[3]作为教师评价的理念。由此就容易出现教师评价理念过于强调教师的工具性价值，把教师评价看作组织机构提升的手段，而较为忽视教师自身专业发展的实现。

第二，在高校教师评价的内容指标方面，主要存在较为强调对教师的科研能力的评价，而相对忽视教师的教学能力和水平的评价的问题。高校教师评价内容指标较为偏重教师科研能力的问题普遍存在于当前我国各级各类高等教育机构中。一般而言，从机构职能角度出发，当前国内的高等教育机构大致可以划分为研究型大学、教学研究型大学以及教学型大学这三种主要类型。以某研究型大学人文社科类教师正常晋升正高级和副高级职称的最低申报条件为例。该校晋升正高级教师的条件包含学历、任职年限、教学科研工作等三个主要的评价内容指标，其中教学科研工作的评价内容指标包含独立承担本科生及研究生的课程、取得的教学科研及社会服务成果（如发表的国内外高级别学术论文、出版的高级别著作）、承担的教学科研项目（包含科研项目数量、级别、经费额度等）；该校晋升副高级教师的条件也基本包含学历、任职年限、教学科研工作等主要评价内容指标，其中，教师的教学科研项目成果要求包含出版学术著作、主编教材、参编教材、取得专利、获得科研成果奖励等内容指标。而在某教学研究型大学中，教师正常晋升正高级、副高级职称的条件也包含学历、任职年限及教学科研成果这三个方面的内容，其中，在教学科研成果方面，晋升正高级教师需要发表高级别学术论文（如CSSCI、SSCI等）若干篇、主持科研项目若干项、主编教材、获得或指导学生获得省部级教学成果奖等；晋升副高级教师的教学科研成果条件与晋升正高级教师在类别上基本一致，只是其要求相对要较低一些。除此之外，教师

[1]熊岚.高校教师评价问题的根源剖析[J].徐州师范大学学报（哲学社会科学版），2008（1）:121-125.

[2]黎琼锋，李辉，邓玉荣.高校教师评价：实践与构想[J].现代教育科学，2007（9）:106-109.

[3]曹如军.高校教师评价制度存在的问题及其改进[J].国家教育行政学院学报，2012（3）:73-77.

在晋升正高级、副高级职称时，如果教学科研成果中的论文、科研项目等成果较为丰富，也可以按照一定比例进行折合，以抵消教学科研成果中的其他要求。而在某地方教学型大学中，人文社科类教师晋升正高级、副高级教师的要求也主要包含学历、任职年限、教学科研成果等几个方面的主要评价内容指标，学历和任职年限与研究型大学、教学研究型大学基本保持一致，在教学科研成果要求方面，主要包含承担的课时量、主持的项目、参与的项目、出版的专著、发表的学术论文等几个主要评价内容指标。与研究型大学、教学研究型大学相比，地方教学型大学教师晋升正高级、副高级职称时，在学历、任职年限等方面的评价内容指标基本一致，而在教学科研成果方面，地方教学型大学对科研成果的数量、级别的要求要相对低于研究型大学和教学研究型大学。

由此可见，当前我国各级各类高等教育机构在对人文社科类教学科研人员职称晋升进行评审时的条件包含学历、任职年限、教学科研成果等主要评价内容指标。在教学科研成果要求的内容指标方面，无论是哪种类型的高等教育机构，都对教师主持的项目、参与的项目、出版的专著、发表的学术论文提出了量化性的评价标准，也都相对较为偏重对教师的科研成果的评价。研究型、教学研究型以及教学型大学对教师科研成果评价内容指标要求的区别仅仅体现为研究型大学和教学研究型大学对教师科研成果（如数量、级别、经费额度等）的要求较高、教学型大学对教师科研成果的要求相对较低。

第三，在高校教师评价的形式方面，主要表现为评价形式较为单一，且多以终结性的量化评价作为评价的主要形式问题。当前，由于历史、管理等方面条件的限制，许多高等教育机构在对高校教师进行考核评价时倾向于以终结性的量化评价的方式作为高校教师评价的主要形式，如在人才培养方面，以高校教师承担的教学工作量为主要评价内容；在科学研究方面，以高校教师发表的论文数量、主持的项目数量为主要评价内容；在社会服务方面，以教师承担的社会服务工作量为主要评价内容。然而，高校教师实际工作是非常丰富的，单一的终结性的量化评价形式无法反映教师工作的全部。终结性的量化评价形式容易导致教师重数量轻质量、偏重能够量化的工作（如论文、项目等）等问题。

（二）教学与科研的关系

一般而言，学界比较公认的高等教育机构的三大基本职能是教学、科研及社会服务。通过对高等教育发展历史进行考察,教学、科研以及社会服务这三大职能之间的关系是不断发展变化的,经历了协调、统一、分离、结合的发展过程。从历史阶段上来说,主要有以下几个阶段。

第一个阶段是古希腊、罗马时期至中世纪时期。中世纪时期的大学是一种自治的教授和学习机构,其职能比较单一,就是实现知识的保存与传递。这一阶段的高等教育机构科研职能是为教学职能而服务的,教学与科研之间的关系是协调发展的。[1]

第二个阶段是十五世纪至十八世纪的“文艺复兴”时期,这一时期开始出现大学与研究机构的分化,教学与科研职能开始出现分离。

第三个阶段是十九世纪初柏林大学建立至十九世纪末。1809年,当时任普鲁士王国内务部文教总管的威廉·冯·洪堡(Wilhelm von Humboldt)奉命负责筹建柏林大学。柏林大学的建立贯彻高等教育机构教学与科研相结合的理念,教师和学生均享有较高的学术自由权,政府也需为高等教育机构师生开展科研活动,享有学术自由权提供保障。具体而言,洪堡提出的高等教育理念包含如下几个方面的内容:第一,教学和科研统一,大学应促进知识的创造、保存和传播;第二,教的自由和学的自由互相补充;第三,自主探索真理的过程需要孤独和自由;第四,习明纳是教师和学生共同体的主要研讨制度。[2]由此可见,洪堡所倡导的实际上是高等教育机构教学与科研职能的相结合,强调的是教学与科研的相互统一和相互促进。

第四个阶段是二十世纪初至二十世纪七十年代。在这一阶段,主要以美国的高等教育机构为代表。随着两次世界大战的结束,以及随之而来的高等教育大众化进程的推进,美国社会对高等教育机构研究职能的需求日益加大,美国各高等教育机构也开始纷纷强化其机构的研究职能,大学教授的工作也开始逐渐偏向于科学研究工作。高等教育机构教学与科研职能统一的原则开始受到挑战。

第五个阶段是二十世纪九十年代至今。1990年,博耶在其著作中对美国研究型大学不重视本科阶段教育、“重科研、轻教学”的学术体制以及“不发表,就解

[1]龙献忠.教学和科研关系的历史考察及现实启迪[J].江苏高教,2003(4):78-81.

[2]骆四铭.洪堡理念与德国高等教育发展[J].高等工程教育研究,2010(5):107-112.

聘”的教师评价与奖励机制[1]进行了批判。为了改变高等教育机构重科研、轻教学以及高校教师教学过程中教学与科研相分离的状况，促进教学与科研职能的融合，世界各国政府及大学开始改革，形成了教学学术运动。

当前，我国高校教师教学发展存在的一个突出的问题就是高等教育机构教学与科研职能的分离。据研究，高等教育机构教学与科研职能的分离虽然能提高科研效率，但这种分离对高校教育活动的开展以及高校教师教学能力的发展带来了不可忽视的负面影响。[2]这种对高校教师教学发展的负面影响主要体现在教学与科研的分离削弱了大学教学的研究基础方面。雅斯贝尔斯曾说：“只有自己从事研究的人才有东西教别人，而一般教书匠只能传授僵硬的东西。”[3]高等教育机构的教学活动与中小学存在着根本性的区别，高校不仅传授专业知识，而且要培养学生的创新态度以及创新能力。而在知识经济时代，不从事研究工作的教师很难根据时代变迁的需求不断更新知识，不断调整教学的节奏，以培养具备创新精神和创新能力的高素质专业人才。对于高校教师自身的专业发展来说，教学活动与科研活动的分离容易割裂高校教师的时间、精力，造成高校教师教学、科研两张皮的后果，也不利于高校教师教学水平的提升和职业生涯的整体发展。

为了缓解当前我国高等教育机构教学与科研职能相分离的问题，促进高校教学与科研职能从分离逐渐走向融合，提升高等教育机构对高校教师教学发展的重视程度，我国政府在《国家中长期教育改革和发展规划纲要（2010—2020年）》中明确指出，要“促进科研与教学互动，与创新人才培养相结合”。然而，当前我国高等教育机构教学与研究职能相分离的产生不是一朝一夕，是由于多方面因素的制约造成的，如组织制度因素、社会因素以及教师个体因素等。在这其中，组织制度因素导致的教学与科研的分离是最根本性的制约因素。因此，我们需要从高等教育机构的最根本性任务出发，重新审视教学与科研职能的关系，进行改革，予以组织制度等方面的保障，促进教学与科研从分离走向融合，实现高校教师的教学发展。

---

[1]朱炎军.大学教学学术研究：缘起、进展及趋势[J].开放教育研究，2014(2):64-71.

[2]赵蒙成.评发达国家大学科研与教学的分离趋势[J].研究与发展管理，1999(4):51-53.

[3][德]雅斯贝尔斯.什么是教育[M].邹进，译.北京：生活·读书·新知三联书店，1991:52.

(三)教学发展的组织保障

当前在高校教师教学发展机构建设方面影响力较大,起步较早,且已经取得明显成就的当属美国的各高等教育机构。美国密歇根大学于1962年建立的学习与教学研究中心可以说是美国组建的全美,甚至是全球第一个专门致力于高校教师教学发展的机构。该机构的组建标志着美国对高校教师教学发展问题的正式关注,也标志着高校教师教学发展逐渐开始制度化、组织化,高校教师的教学能力与教学发展问题也得到了重视。随后,其他高等教育机构也开始纷纷效仿密歇根大学,如哈佛大学、斯坦福大学、西北大学等,组建各自的教师教学发展机构。据调查,截至1976年,美国已有60%的高等教育机构建立了高校教师教学发展组织机构。[1]到了二十世纪八十年代,美国的大学教学中心就已经超过了100个。[2]经过近半个世纪的发展,当前美国各高等教育机构基本都设有促进高校教师教学发展的组织机构或中心,有关高校教师教学发展的研究与实践活动也在不断发展和完善的过程中。可以说,当前美国高校教师的教学发展活动体现出专门化、组织化、制度化、科学化等特色。

自1999年开始,我国开始实行高等教育扩招政策,高等教育机构的规模开始扩大,招收的学生数量开始大规模增加,教师队伍规模也不断增加。根据教育部的统计,我国普通高等教育机构的专任教师从1999年的42.57万人,增加到2014年的153.45万人。[3]教师队伍规模的增加和高等教育大众化进程的推进使得我国传统的教师培训体系难以满足当前的需求。2006年,潘懋元教授在厦门大学举行的“高校教师发展与高等教育质量保障”国际学术研讨会上指出,我国以往的教师进修和培训已经难以满足当前教师继续提高的需要;要提高教师水平,保障高等教育质量,必须在高校中引入“教师发展”这一概念及其理念,在学习国外高校教师发展的基础上,建立我国的高校教师发展制度。[4]2007年“高等学校教学质量与教学改革工程”实施,推动我国开始关注高校教师教学发展问

[1] Centra J.A.Faculty Development Practices in U.S. Colleges and Universities[R].[EB/OL].[2015-3-24]. https://files.eric.ed.gov/fulltext/ED141382.pdf.

[2] Jerry G.Gaff, Ronald D.Simpson.Faculty development in the United States[J].Innovative Higher Education, 1994, 18(3):167-176.

[3] 以上数据均来自教育部发布的《1999年全国教育事业发展统计公报》和《2014年全国教育事业发展统计公报》。

[4] 潘懋元,罗丹.高校教师发展简论[J].中国大学教学,2007(1):5-8.

题。2011年，教育部在全国批准建立了30个国家级教师教学发展示范中心和15个省级教师教学发展示范中心。特别是近几年来，我国大部分高校都成立了高校教师教学发展机构，致力于高校教师的教学发展。

从美国建设高校教师教学发展机构，促进高校教师教学发展的经验出发，可以得知，高校教师教学发展机构的建设不是一蹴而就的，而是需要一个长期的研究、建设和探索的过程。同时，高校教师教学发展机构的出现也与特定的时代背景、教育背景相关，如高等教育大众化、终身教育的推进等。而从我国高校教师教学发展的历程来说，我国自建国初期就制定了与高校教师培训相关的规章，并在二十世纪八十年代组建了高校教师培训网络体系，负责高校教师的进修培训工作。但具体到高校教师教学发展机构的组建却是近十年的事情。根据我国学者对当前我国各高校建立的高校教师教学发展机构的调查结果显示，虽然我国的高校教师教学发展机构在数量以及基本建设方面已经取得了一定的成就，但由于机构建设时间较短，基础薄弱，仍处于探索阶段，我国高校教师教学发展的机构建设还存在一些问题，如高校教师教学发展机构的学术性、独立性、专业性和感召力明显不足等，[1]需要进一步加强建设和逐步完善。

[1]别敦荣，韦莉娜，李家新.高校教师教学发展中心运行状况调查研究[J].中国高教研究，2015(3):41-47.

CHAPTER 3 第三章

高校教师教学发展的基本路径

教学发展是教师在具体的制度与政策、教育与教学环境下的实践活动。因此教师教学发展的途径和策略往往受到各种因素的影响。简而言之，通过哪些途径与策略促进教学发展不能一概而论，高校应因时因地制宜，营造适宜的发展条件，制订恰当的发展规划，提供多样的发展路径。教师个体也应根据高校所提供的环境和条件，选择最优的发展途径与策略。

一　高校教师教学发展的影响因素

教师发展作为整个教育系统的一部分，会受到来自教育系统内部或外部的各个因素的影响和制约，这些因素同样对教师教学发展产生作用。费斯勒(Fessler)提出教师生涯发展影响因素论，从生命自然老化过程和周期的维度进行分析，将影响教师发展的因素归纳为两大方面：一是个人环境因素，包括家庭因素、积极的关键事件、生活的危机、个人的性情与意向、兴趣爱好、生命阶段；二是组织环境因素，包括学校的规章、管理风格、公共信任、社会期望、专业组织、教师协会。[1]格拉特霍恩(A.Glatthom)认为，影响教师发展的因素主要有三个方面：一是个人因素，包括认识发展、生涯发展、动机发展；二是情境因素，包括社会与社区、学校系统、学校、教学小组或院系、教室；三是促进教师发展的特殊介入活动。[2]教育部师范教育司组织编写的《教师专业化的理论与实践(修订版)》一书根据教师专业发展的不同阶段划分各个阶段的影响因素：教师进入师范教育前的影响因素有教师幼年与少年时代的生活经历、主观经验及人格特质等；在接受师范教育阶段，受正式课程与潜在课程的影响；进入教师职业后，影响因素有学校环境、社会地位、生活环境、学生、同辈团体等。[3]高校教师教学发展遵循教师发展的一般规律，同样受到上述研究中所涉及的各项因素的影响。结合高校教学和教师发展的特殊性，影响高校教师教学发展的主要因素包括政策因素、环境因素、理论因素、个体因素四个方面。

(一)政策因素

政策是一种有目的的政府行为过程，是政府为处理各种不同的关系达到既定的某种目标而制定的行为准则与策略。具体地讲，政策是指国家政权机关、政

[1]杨秀梅.费斯勒与格拉特霍恩的教师专业发展影响因素论述评[J]. 外国教育研究，2002(5):35-38.

[2]杨秀梅.费斯勒与格拉特霍恩的教师专业发展影响因素论述评[J]. 外国教育研究，2002(5):35-38.

[3]教育部师范教育司. 教师专业化的理论与实践(修订版)[M]. 北京：人民教育出版社，2003:72-73.

党组织和其他社会政治集团为了实现自己所代表的阶级、阶层的利益与意志，以权威形式标准化地规定在一定的历史时期内，应该达到的奋斗目标、遵循的行动原则、完成的明确任务、实行的工作方式、采取的一般步骤和具体措施。教育政策属于公共政策，是一个国家或国际性组织为发展教育所制定的一切举措，包括教育体制政策、教育经费政策、教师政策和教育质量政策。教育质量政策反映的是教育的最终培养目标，教育体制政策反映的是如何去达到教育的质量标准，教师政策和教育经费政策反映的是实现教育质量目标的基本条件。[1]高校教师教学发展处于教育大系统之中，自然会受到教育政策的影响。

1.国际性高等教育政策的影响

在政治、经济国际化与全球化的发展进程中，知识在更大的范围中传播，跨国界行为互动日益增加，高等教育发展越来越多地受到世界性因素的影响。国际性高等教育政策是高等教育国际化的具体体现，主要指由国际性组织(政府间组织或非政府组织，如联合国教科文组织和世界银行等)提出、确认和传播的有关高等教育问题的政策，它往往包含在这些组织发表的报告书、建议书、政策性文件或召开的会议文献里面。[2]国际性高等教育政策最终的指向是教育实践活动，体现了国际教育发展的主导价值方向，不但成为教育理论研究和跨境教育活动的重要内容，而且是国家制定高等教育发展政策的重要决策依据，这对高校教师教学发展的影响不言而喻。

国际性高等教育政策一般通过国际教育组织，以召开年会、举办专题研讨会的形式，发布会议主张、咨询报告等，表达会议主张，对全球高等教育发展趋势做出引导。虽然政府间的国际性组织(如联合国教科文组织等)发布的政策性文件和推行的政策措施对会员国是缺乏行政或法律约束力的，不能同一个国家的政策所产生的行政或法律效力相比，[3]但是，全球化时代的到来使得国际组织在国际政治和国家发展中扮演的角色日益重要。

国际教育组织作为一种专门的国际组织，是以国际教育合作为主要形式，依靠成员间的双边或多边合作活动来谋求成员国的共同利益，因此其教育主张也

[1]孙绵涛. 教育政策学[M].北京：中国人民大学出版社，2010:77.

[2]卢晓中. 国际性高等教育政策的影响因素探析[J]. 现代大学教育，2002(3)：7-11.

[3]卢晓中. 国际性高等教育政策的影响因素探析[J]. 现代大学教育，2002(3)：7-11.

就成为各成员国教育发展的风向标，进而影响全球教育的发展方向。国际性高等教育政策就是体现国际教育组织主张的教育政策标准，表达各成员国共同的教育理念，虽然没有法律上的强制性，但对于各个国家具有重要的激励作用和教育意义。比如，1993年，国际教育发展联盟（International Consortium for Educational Development，ICED）成立，致力于世界范围内高等教育教学、学术和教师的发展，通过研讨会、国际性大会、刊物等发布促进高校教学发展的主张和发展思路，成为各个国家或地区高校教师教学发展的共同指南；1999年，29个欧洲国家的教育部长正式签署《博洛尼亚宣言》，其核心内容之一就是加强在质量监督领域的欧洲合作，落实"博洛尼亚进程"的伦敦会议主题是实施欧洲高等教育区质量保证标准和准则，实施高等教育质量参考性国家准则；联合国教科文组织发布的《2009年世界高等教育大会公报》、世界银行发布的《发挥高等教育的作用：促进东亚技能与科研增长》报告、欧盟发布的《支持经济增长和就业——欧洲高等教育系统现代化议程》报告都不约而同地认为，"协同创新，提高高等教育教学和科研水平是高等教育发展的新增长点"，这些宏观的政策性指导为高校教师教学发展提供了国际性大环境，使教师教学发展成为新世纪高等教育发展的重要课题之一。

2.国家教育政策的影响

国家教育政策是国家政府在一定时期为实现一定的教育发展目的而制定的关于教育事务的行动准则，体现了国家权力机关在国家教育发展方面的意识，它指导教育发展过程中各级教育部门或个人的行为，或规定他们应做什么或不应做什么，或鼓励他们做什么，或禁止（抑制）他们做什么。[1]因此，国家教育政策具有合法性、权威性和一定的强制性，对国家教育发展起到导向、调节和管理的作用。高校教师教学发展是高等教育发展的一部分，属于国家教育中比较微观的层次，往往受到国家教育政策中国家教育发展战略计划、高等教育发展政策、教育质量政策、教师发展政策等的影响。回顾各国高校教师教学发展历程，不难发现国家教育政策对其发展导向、发展措施、评价机制等多方面的深刻影响。

我国高校教师教学发展最初是以高校教师培训的形式展开，是高校教师在职发展的一部分，对其进行统一的规范管理是我国的政策传统。1953年，当时

[1]张乐天. 教育政策法规的理论与实践[M]. 上海：华东师范大学出版社，2002：21.

的高等教育部就颁发了《高等学校教师进修暂行办法》，要求高校教师在日常工作中随教研室或教研组学习或参加短期培训班学习；1959年，教育部又颁发《关于加强高等学校教师进修工作的通知》，明确要求高校教师通过参加培训提高教学质量。20世纪90年代以来，随着高等教育的发展，支持高校教师教学发展的政策增多了，激励力度也逐渐增大。1994年，国务院颁发《教学成果奖励条例》，设立国家和地方教学成果奖，以“鼓励教育工作者从事教育教学研究，提高教学水平和教育质量”。[1]1996年，原国家教委颁布《高等学校教师培训工作规程》，对高校教师发展的组织过程、学习方式、学习内容以及国家、学校在教师发展中的责任等各个方面做出了详细的规定；1999年，教育部印发《关于新时期加强高等学校教师队伍建设的意见》，提出建设一支结构优化、素质良好、富有活力的高水平的教师队伍；2002年，国家留学基金委设立“高校基础课任课教师出国研修项目”，培养高校教师的双语教学能力；2003年，教育部设置高等学校“教学名师奖”，旨在“为全面提高我国高等教育教学质量做出新成绩”；2004年，教育部又颁发《高等学校“高层次创造性人才计划”实施方案》，对教师的在职发展目标提出了明确的要求；2007年以来，教育部实施“高等学校教学质量与教学改革工程”，将提高教学质量作为新时期高校改革和发展的突破口；2011年，《教育部 财政部关于“十二五”期间实施“高等学校本科教学质量与教学改革工程”的意见》明确将教师教学能力提升作为“本科教学工程”的重要内容之一，教师教学发展成为提高高校教学质量的关键，各级高校纷纷成立教师教学发展中心，高校教师教学发展迎来一轮新的高潮。可见，在我国高校教师教学发展历程中，国家教育政策扮演了非常重要的角色，主导了各个时期高校教师教学发展的基本方向和基调，国家层面的政策力度直接决定了各级高校对教师教学发展的重视和支持程度。

3.学校政策措施的影响

学校政策措施是国家教育政策在微观层面上的体现，是各个高校在宏观的国家教育政策的引导下，结合自身办学定位和发展目标制定的一系列规章制度的总和。这里主要指高等学校内部关于教师发展、教学管理等与教师教学发展

[1]刘慧珍，洪成文. 高校教师发展：教师需求与政策支持——基于实证调查的政策适切性分析[J]. 教育学术月刊，2013(1)：63-67.

相关的制度，从中可以看出具体的高校对教师教学的重视程度、目标要求以及具体措施。学校政策中与教师教学提高密切相关的政策有三种：一是教师标准政策，是高校为了自身发展以及提高教学质量、保证人才培养水平，对教师队伍及个体教师在学历、专业、教学能力、职业发展等方面提出的要求；二是教师待遇政策，是高校为了稳定和扩大教师队伍、激励教师科研和教学发展，对教师的工资及其他福利等方面做出的规定；三是教师管理政策，是高校为了规范教师队伍建设、调动教师工作积极性，对教师的选拔、任用、考核、奖惩等方面做出的规定。这些政策、规定与高校教师的个人生活、职业发展息息相关，共同构成了高校教师教学发展的微观政策环境，是高校教师教学发展最直接的推动因素。

以体现教师标准政策和教师管理政策的高校教师聘任制度为例。教师聘任制是我国教师人事管理制度的一项重大改革，教师聘任直接关系到高校教师个人的经济收入、职务晋升等核心利益，直接影响着教师对教学、科研的态度和投入程度，因此各级高校的教师职称评审指标从一定程度上体现了该校的办学理念，是其教师发展的风向标。在我国各级高校教师职称评审中，教学是一个必要的条件，包括所教授的课程门类、教学工作量、同行评价、学生评价等，但由于教师态度、教学能力及水平等要素都难以用客观标准进行量化，加上高校办学重科研、轻教学传统的影响，在整体的职称评审条件以及操作过程中，教学的分量往往较科研轻，科研仍然是主要的评审指标。尤其是我国部分地方高等院校，为完成科研指标以达到提升学校层次的目的，制订的职称评审政策也较明显地倾向于科研工作，在这样的学校氛围下，教师教学工作以及教学发展的积极性和主动性就会受到影响。这一现象并非我国独有，世界各国的高校在教师教学发展过程中也都面临同样的问题。在这种情况下，对教师教学发展积极性的调动就需要通过学校制订其他的激励方法实现。比如，从分配制度上对教学工作给予支持：完成规定的教学工作量将获得一定的课时奖金；对教学工作突出、教学效果显著的教师给予奖励；设立专门的教学实践项目，鼓励多种形式的教学发展活动；等等。另外，学校的教师发展制度、教师入职培训制度、专项培训制度等也是高校教师教学发展的有益补充。总的来说，学校政策是微观政策层面，但又是与高校教师个人的教学发展最为密切、最受关注的政策层面，在此基础上生长出的制度氛围、组织机构、操作计划等对学校教师教学发展的具体实践有重要的影响。

(二)环境因素

人是社会中的人,人的一切活动自然受到社会环境的影响。社会环境又称结构环境,为人类所特有,包括政治环境、经济环境、文化环境、家庭环境、工作环境、学习环境等等,是一个以人为中心的多层次的生态系统。高校教师是教学发展的主体,是社会人,从宏观层面看,其教学发展会受到社会政治、经济、文化等环境因素的影响,如教育政策、教师地位等;从微观层面看,高校教师是具体高校的教职人员,其教学发展会受到职场内各种环境的影响,如工资待遇、人际关系、学校文化等。根据高校教师教学发展的具体含义以及在教师发展过程中所需要的各类支持,我们将影响高校教师教学发展的环境因素划分为物质环境和文化环境。

1.物质环境的影响

高校教师教学发展的物质环境,是指高校教师在丰富教师知识、提高教学技能、发展教学学术的过程中所需要的外在物质要素的总和。

首先,社会地位与收入待遇是高校教师教学发展的前提。在职业选择中,社会地位和收入待遇是影响人们职业选择与认可的重要因素。一个人在选择某职业时,无论他对职业有多么崇高的追求和热爱,其前提都必须是他能依赖这个职业生存下去并获得社会对这一职业的认可和保障。高校教师这一职业提供的工资水平、社会福利等,不但是高校教师赖以生存的物质基础,更是促使其发展的物质动力。随着社会的进步,各国高校教师的社会地位和收入待遇都在不断提高,增强了高校教师这一职业的吸引力,提高了这一职业的准入标准。职业收入的提高必然带来职业标准的提高,体现为对高校教师教学、科研能力的要求不断提高,教师教学发展必然会受到高校、高校教师的重视。

其次,经费投入与保障是高校教师教学发展的基础。教育经费是教育发展的物质基础,高校教师教学发展需要经费投入与支持。高等教育经费来源多元化已经成为世界各国高等教育筹资的发展趋势,在高校教师教学发展历程中,经费来源渠道主要有政府、高校或其他组织。各个国家在高等教育发展的不同阶段投入到教师教学发展中的经费及来源渠道会有所不同,随着教师专业化发展程度的深入,各国高校也在逐渐增加对教师教学发展的经费投入,这些来自各个渠道的经费被用于专业机构的建设、基本设施的配备、发展项目的展开、人力资源劳务支出等，为高校教师教学发展提供保障性条件。

再次，基础设施与技术手段是高校教师教学发展的条件。这里的基础设施是指高校中能够用于教师教学发展的基础设施和各种固定设备，比如专门的机构楼宇及其中的设施配备，相关的仪器、图书、实验设备等。很多国家的高校都成立了专门的教师教学发展机构，以实体的形式运行，在硬件设施方面给予充分的保障。进入21世纪后，新技术扩张加快，信息与通信技术逐渐渗透各国高等教育的各个层面，高校教师教学发展对硬件设施有了新的需求，如能储存音频视频资源的电子数据库、进行各类数据分析和管理的电脑实验室、支持在线即时远程学习的网络教室、能召开电视会议创建虚拟空间的网络资源平台等。高技术含量的硬件设施实现了对教师教学发展的武装，不仅提高了效率，还推动了其理念和方法的革新。高校教师一方面利用新的硬件设施提供的便利完成个人教学发展项目的学习和培训；另一方面又通过对这些硬件的使用，学习到新的技能，并将其整合到自己的教学实践中去。

2.文化环境的影响

文化环境指相互交往的文化群体从事文化创造、文化传播及其他文化活动的背景和条件。作为社会生活生态环境的一部分，文化环境是一种软环境，在人类的发展和学习中无处不在，它本身就是一种特殊的文化成分，是影响教师发展的重要因素。

首先，教学文化对教师教学发展具有引导作用。内姆瑟(Feiman-Nemser)认为，教学文化是教师们共享的信念和知识，信念是教师关于工作的正确方式以及对教学回报的看法，知识则是指教师从事教学工作的方法。[1]哈格里夫斯(Andy Hargreaves)认为，教学文化由群体的信仰、价值观、习惯和假定的行为方式构成。[2]可见，教学文化首先是教师群体在长期的教学中形成的集体价值取向，以及在教师之间、师生之间产生的一种相互作用的环境氛围；其次是教师在与学生的教和学的过程中形成的较持久的活动方式、思维方式。高校的教学文化对教师专业发展、教学动机、工作满意度等都带来显著的影响，优质的教学文化需要

[1]龚孟伟. 当代教学文化内涵之盘点与重构[J]. 江苏高教. 2012(3):70-73.

[2]张俊列. 中西教学文化差异比较、文化探源与启示[J]. 教学与管理. 2009(9):65-66.

长期的积淀，具有精神上的熏陶作用，能够通过规范教师的价值取向、激发教学积极性、促进教学反思等促进教师的教学发展。值得提出的是，教师在合作的教学文化环境中最能被激发强烈的责任感和发展意识。教师合作的理论基础是交往理性，它是指人与人之间以语言为媒介进行沟通，相互理解，从而获得经验和意义的发展。[1]在高校这一大环境里，教师群体、学生群体，特别是教师群体内部的合作，能够为教师教学能力的发展营造开放、探究、对话的良好氛围，有效促进教师教学能力的发展。

其次，制度文化对教师教学发展具有规范作用。高校制度文化是指与大学精神相适应的规章制度体系以及在制订、贯彻、执行各项制度的实践活动中形成的关于学校制度的价值观念、道德伦理、行为习惯等文化因素的总和，主要包括决策与执行文化、组织与人事文化、管理制度文化。与本书前文提到的学校政策不同的是，学校政策是具体的规定和限制，具有刚性、普适性、外显性的特征；而学校制度文化则是在政策基础上抽象出来的内在价值取向，具有柔性化、间接性、内在化的特征。制度文化体现了高校在发展中比较稳定的价值方向和对教师的评价取向，无形中起到了调整教师行为的作用。教师在个人发展中将教学发展放在什么样的地位，在进行教学发展的过程中，经验的积累与总结、教学习惯和特色的形成、精神面貌及主观情绪等，都会受到学校制度文化的影响。

此外，组织文化对教师教学发展具有保障作用。高校教师教学发展需要依托一定的组织机构来实现，组织文化就是这些组织机构的共同价值观和行为准则。高校教师教学发展经历了无组织、以教师个人为主的形式到以国家主导的有组织、有规划的发展过程，目前高校教师教学发展组织机构主要包括：由政府牵头成立的国家级组织机构，如英国高等教育学会；由民间自发设立的中介组织机构，如美国高等教育专业和组织发展联盟；高校内部建立的校本组织机构，如澳大利亚国立大学成立的高等教育与教学中心。不同层次的组织机构组织文化不同，国家级机构的组织文化主要从国家政策导向的层面，强调高校教师教学发展的重要性和必要性，体现对高校教师教学发展目标和发展方向的宏观调控；中间级机构的组织文化力图促进高校与社会机构、高校与高校之间的相互合作、交流、发展以及理论研究；校本机构的组织文化体现的是高校在教师教学发展中的

[1]金利. 地方本科高校教师教学能力发展研究[D]. 西南大学博士学位论文，2014：42.

具体要求和执行措施。各类组织机构通过组织文化界定组织责任、明确组织发展目标，及时洞察与解决问题，满足组织发展中的个人不断变化并自我改善的需求，为高校教师教学发展提供更为有利的成长条件。

(三)理论因素

在教育发展中，理论是对教育现象或教育事实的抽象概括，它在本质上超越具体的事实和经验，是通过运用一定的推理和逻辑分析提炼出的关于教育问题的系统知识。高校教师教学发展是实践性很强的活动，因此一直以来对这一领域的实践和经验总结性研究远远多于理论研究。随着这一活动的深入，理论因素的影响也逐渐显现，20世纪90年代初，麦基奇尼(McKeachie W.J)在《大学教师发展实践的理论基础是什么》一文中就强调大学教师发展理论十分重要且不可回避，通过对大学教师教学和学习相关理论的研究，麦基奇尼坚定地认为大学教师发展理论具有不可替代的三大作用：[1]一是将复杂的教学活动抽象、简化；二是可以指导分析、诊断教学活动；三是具有启发性，为教师发展的策略、方法提供理论基础。

1.成人发展理论

高校教师教学发展是他们处于成人阶段的发展，成人发展理论是重要的理论基础之一。根据莱文森(Levinson)的研究，成人的发展阶段分为早期(17~40岁)、中期(40~60岁)和晚期(60岁以后)。成人早期和成人中期是发展的主要阶段，尤其是在成人早期向中期的转型期(30岁转型期：28~33岁)、人生中期转型期(40~45岁)、中期向晚期的转型期(50岁转型期：45~50岁)是最为关键的几个时期，也是最容易出现危机和痛苦的时期，“这些危机和痛苦要求重新评价个人的兴趣和需要，确定新的发展目标和方向，但这种危机也可能带来创伤的危险”[2]。一旦顺利解决了关键期的危机，就会迎来更好的下一阶段的发展；若这些危机没有得到解决和克服，那就会还在原有的发展水平上停滞不前。所以，需要和矛盾是每个阶段发展的动力，危机和问题则为发展提供了可能。从高校教师的职业生涯来看，其发展也遵循这样的阶段。

---

[1]叶伟敏.美国大学青年教师教学发展研究——基于密歇根大学的案例分析[D].福建师范大学硕士学位论文，2013：25.

[2]徐延宇.高校教师发展——基于美国高等教育的经验[M].北京：教育科学出版社，2009:48.

高校青年教师一般在30岁左右迎来第一个重要的转型期，以26岁左右开始教学生涯算起，此时已度过了新教师的适应期，能够较为自如地进入课堂，这一阶段的高校教师承担着教学、科研甚至提升学历的任务和压力，需要在提升教学能力和发展科研之间寻找平衡，成为教学型教师还是学术型教师抑或二者兼备是这一阶段的青年教师努力建构的职业发展方向，这一时期的高校教师具有很强的进行教学发展，提高教学能力的动力。33~40岁这段时期被莱文森称为"逐步稳定阶段"，晋升教职是这一阶段工作的重要动机，待到40~45岁的人生中期转型阶段，职业发展的重心是在教学还是科研已经有了明确的倾向，这一时期的转型是一种发展性的转变，一般会选择在已有发展优势的方向继续深入发展，以获得更强的自我认可和职业安全感，这一时期高校教师发展教学的动力就会受到主体职业发展倾向的影响，教学型教师的动机会高于学术型教师。到了45~50岁这一中期向晚期的转型期，个人职业发展已经基本定型，进行大的调整的可能性不大，随着家庭、身体等方面的变化，高校教师个人追求职业发展的节奏会逐步放缓，会在前一阶段的基础上顺势而为，有的教学由于日积月累的经验和不断改进提高而日臻完备，成为独具个人魅力的教学专家，有的则会为青年教师教学发展提供具有针对性的指导和帮助，成为他们教学成长的促进者。

2.教学理论

教学理论，就是有关教学的理论，既包括研究教学现象、问题，揭示教学一般规律的理论教学论，也包括研究如何利用和遵循规律解决教学实际问题的应用教学论，它是高校教师教学发展的重要理论基础。

理论教学论主要是对教学问题进行理性思索，揭示隐藏在各种教学现象背后的规律，为教学演化、发展和改革提供理论支持，包括教学科学论和教学艺术论。[1]教学科学论探讨的是教学的本质和规律问题，属于理性认识范畴，或对带有普遍性的教育问题的研究，如教学目的、教学主体、教学方法、教学组织形式、教学过程和原则等；或从跨学科的角度出发研究一些拓展性的教学问题，如教学心理学、教学伦理学、教学系统论、教学动力论等。教学艺术论探讨的是教学艺术的规律和表现形式，主要对教学艺术进行理性思考和概括性研究。比如课堂教学艺术论、教学板书的艺术、课堂讲授艺术、课堂组织艺术等。理论教学论涉

[1]李森. 现代教学论纲要[M]. 北京：人民教育出版社，2005:7.

及了教学的各个方面，具有普适性的指导意义，能够为高校教师教学发展活动提供针对性的基础理论指导。

应用教学论分为分段教学论和分科教学论。分段教学论探讨各个教育阶段的教学问题，包括学前教学论、小学教学论、中学教学论、大学教学论等。大学教学论直接影响高校教师教学发展，其研究对象包括大学教与学的关系、教与学的特点、教与学的条件和教与学的实施过程等。分科教学论则是以学科为划分依据，包括语文教学论、数学教学论、社会教学论等，适用于高校教师教学发展中对具体学科教学的指导。

教学理论对高校教师教学发展的影响从教学理论与教学实践的关系中得以体现：第一，教学理论来自教学实践，是人们对教学实践活动进行理性思考的产物；第二，教学理论在目的上关注如何“改进”和“指导”教学实践，为教学实践服务；第三，教学理论通过传播、教学实验、教学专家咨询、教学行动研究，实现向教学实践的转化，解决教学中的实际问题。

3.学习型组织理论

学习型组织的构想最初源于佛睿斯特（Jay Forrester）教授在 1965 年的论文《一种新型的公司设计》。1968 年，西方学者郝钦斯（Robert Maynard Hutchins）在出版的《学习社会》一书中明确提出了“学习型组织”的概念；1990 年，圣吉（Peter M.Senge）在《第五项修炼——学习型组织的艺术与实务》中首次将“学习型组织”理论化和系统化。圣吉提出了学习型组织的“五项修炼”：[1]一是自我超越，能够不断理清个人的真实愿望，集中精力，培养耐心，实现自我超越；二是改善心智模式，打破思维、行为和管理定式，从新的角度、新的层次上观察、思考、处理问题；三是建立共同愿景，组织全体成员拥有一个共有的目标、价值观和使命感；四是团队学习，发展成员整体搭配与实现共同目标的能力；五是系统思考，人们用系统观点对待组织的发展。由此建立的学习型组织有以下几个特征：组织成员拥有一个共同的愿景；组织由多个创造性个体组成；善于不断学习；地方为主的扁平式结构；自主管理；组织的边界将被重新界定；员工家庭与事业的平衡；领导者的新角色。

[1][美]彼得·圣吉. 第五项修炼——学习型组织的艺术与实务[M].郭进隆，译.上海：上海三联书店，1998: 245.

可见,学习型组织的核心在于能够高效地进行组织学习,通过培养弥漫于整个组织的学习气氛和采取适当的组织学习方式调动组织内个体的积极主动性和创造性思维能力,实现组织和个人的协同发展。高校教师教学发展是教师持续学习、主动发现和解决问题的过程,学习型组织有助于组织教学发展活动,营造自主学习氛围,鼓励教师增进交流与协作。比如成立类似“教学中心”的专门机构,组织进行有关教学发展专题研究的项目团队,进行高校与高校之间甚至国际性的合作等,形成一个关于教师教学发展的学习共同体。在教学发展这一共同目标的前提下,教师通过直接参与共同体的实践活动,通过与共同体中其他成员的交往,进行探究、对话、合作和互相学习,实现教学实践与研究,促进教学反思与发展。

4.教学学术理论

“教学学术”概念最早由美国卡耐基教学促进基金会前主席欧内斯特·L.博耶提出。他在《学术水平反思——教授工作的重点领域》一文中提出其多元学术观:“学术水平包括四个各不相同而又相互重叠的领域:发现的学术水平;综合的学术水平;应用的学术水平;教学的学术水平。”[1]他认为:“学术意味着通过研究来发现新的知识,学术还意味着通过课程的发展来综合知识,还有一种应用知识的学术,即发现一定的方法去把知识和当代的问题联系起来,还有一种通过咨询或教学来传授知识的学术。”“学术不仅意味着探究知识、整合知识和应用知识,而且意味着传播知识,我们把传播知识的学术称之为‘教学的学术’。”[2]

“教学学术”提出之际,正值高校教学与科研矛盾日渐凸显,各国对高校教学质量实施问责呼声日趋高涨之际,这一理论将教学与科研整合于学术的大框架中,消除了教学与科研二元对立的状态,为高校走出长久以来的困境和高校教师发展提出了新的思路,因此迅速引发了学者的研究和关注,并不断对其进行补充和丰富。许多高校对其进行了热烈讨论与实践,由此引发了一场兴起于美国,进而波及世界的大学教学学术运动。21世纪初,卡罗琳·克莱博(Caroline Kreber)在《探索教学学术》一文中提出关于教学学术的三种主要观点:第一,教学学术指

[1]吕达,周满生.当代外国教育改革著名文献(美国卷·第三册)[M].北京:人民教育出版社,2004:18.

[2][美]欧内斯特·L.博耶.关于美国教育改革的演讲[M].涂艳国,方彤,译.北京:教育科学出版社,2002:77-78.

大学教师生产的研究性与创造性的可见成果;第二,教学学术指用教学奖励或教学评价证明的优秀教学;第三,教学学术指大学教师将教育理论和研究同自身教学经验相结合,并应用于教学实践的学术性取向。舒尔曼则在《让教学成为共同的财富》一书中阐述了推动教学学术发展和改进大学教学的问题,并指出教师应该教学留痕和教学公开,通过对教学的记录(档案袋、教学资料和个案研究资料等)使教学成为共同的财富,学校也应该在教师培养和建立支持性机构等方面做出相应的改革。[1]

受教学学术理论及在此观点下引发的学术运动影响,高校教师全面发展的理念被树立起来,各国高校逐渐认可对高校教师的评价不仅应聚焦其研究能力,还应考察其是否是一名好的知识传播者,教学能力被放到与学术能力同等重要的地位。"教学学术"为高校教师教学发展提供了理论基础,并通过实践证明了其可行性和有效性。

(四)个体因素

高校教师教学发展的目的是提高高校教师个体教学能力,提升高校教育教学质量。在这一活动中,教师是教学发展的主体,决定着高校教师教学发展有效与否。因此,个人因素是影响高校教师教学发展的重要因素。

1.角色意识和职业认同

教师的角色包括了三个方面的含义。一是教师行为,指教师在教学情境中的行为,即在学校或课堂中的行为表现;二是教师的社会地位,表明教师所具有的独特的社会地位,包括教师的组成、教师队伍的状况以及进入或脱离教师队伍的条件;三是对教师的期望,包括教师对自己的期望,以及学生家长、学生、学校、社会公众对教师的期望。可见,教师角色主要指教师所具有的与其社会地位、社会身份相联系的被期望行为。它包括两方面内容:一是教师的实际行为,如有时是学科专家,有时是成绩评定者等;二是教师的角色期望,这又包括社会期望、学生期望和教师自身期望三个方面。教师的角色意识,就是指教师对自己所扮演的社会角色规范的认知和体验,是教师自我意识的一项重要内容,只有形成了明确的角色意识,教师群体才能形成符合社会要求的职业行为规范,教师个体也才

[1]王玉衡.让教学成为共同的财富——舒尔曼大学教学学术思想解读[J].比较教育研究,2006(5):51-54.

能不断地调节、完善自己的职业行为,完成自己的社会职责。

职业认同则是指个体对于所从事职业的肯定性评价,教师的职业认同表现了教师对自己从事这一职业的接受和认可程度,以及对职业的各个方面做出积极的感知和正面评价的程度。它包含了[1]——职业能力:对于自己从事这个职业所具备的知识、技能的认同情况,即对目前以自我的能力是否胜任这个职业的判断。职业意义:教师职业给个人带来的意义、价值的感知。职业特征的认识:包括教师个体对教师职业特征的认识;对领导的认同;对同事的认同;对学生的认同;对工作回报的认同;对工作背景的认同;对所在学校有归属感或集体感的判断。

教师的角色意识和职业认同使教师能够明确意识到社会和他人对自己教师行为的期待,并力求让自己的行为符合这种期待。尤其是职业认同度高的教师,不但会让自己的行为满足社会以及公众的要求,还会自觉主动地提出更高的要求。在教师教学发展中,高校教师个体的角色意识和职业认同度会影响发展的效果。有良好教师角色意识以及较高职业认同的高校教师会热爱自己的教师职业,清醒地认知到自身职业所承担的责任、地位和意义,会自觉履行自己的教师义务并对自己提出更高的要求。他们会主动投入到教学工作中,不断充实自己的实践知识和技能,将学习、发展作为内在的需要,自觉融入教学实践和教学发展中,改善自己的教学,实现职业价值。

2.知识结构和转化能力

英国著名思想家波兰尼(Michael Polanyi)在他的《人的研究》一书中明确指出:“人类有两种知识。通常所说的知识是用书面文字或地图、数学公式表述的,这只是知识的一种形式。还有一种知识是不能系统表述的,例如,我们有关自己行为的某种知识。如果我们将前一种知识称为显性知识的话,那么我们就可以将后一种知识称为缄默知识。”根据这一观点,可以将前文提到的学科知识、一般教学法知识、课程知识、学科教学法知识等称为教师的显性知识;教师的缄默知识则是教师在长期的教学实践中形成的高度综合化和内化了的教育学知识、心理学知识、学科教育知识以及通过尝试、反思、重构生成的具有个性的教学机智。缄默知识不能像显性知识那样可以通过语言文字说明或是讲解示范等习得,它是建立在教师个人独特教学体验基础之上的,是个人化的、只可意会不可

[1]魏淑华.教师职业认同研究[D].西南大学博士学位论文,2008:8.

言传的知识。

在教师的知识结构中，显性知识和缄默知识都很重要，前者是教师教学内容的基础，后者是教师教学能力的保证。高校教师本身的学习能力和文化层次决定了在教学发展中，学科知识、课程知识、学科教学法知识等显性知识的获取相对比较容易，教学技巧、教学艺术、教学智慧等缄默知识的获取则比较困难。教师能否通过实践、反思将显性知识转化为缄默知识，再将缄默知识用于实践，是检验高校教师教学发展效果的重要指标；而高校教师个体的知识结构和转化能力又会反过来影响其自身参与教学发展的积极性和发展的效果。

3.职业规划和发展动机

职业规划指个人与组织相结合，在对一个人职业生涯的主客观条件进行测定、分析、总结的基础上，对自己的兴趣、爱好、能力、特点进行综合分析与权衡，结合时代特点，根据自己的职业倾向，确定最佳的职业奋斗目标，并为实现这一目标做出行之有效的安排。高校教师的职业规划是指根据高校教师的个体情况和所处的环境，结合教师与学校发展的双重需要，对决定个体职业生涯的因素进行分析，进而确定事业发展目标，并设计相应的行动计划。

对教学发展产生影响的还有教师发展动机。发展动机指内部的驱动力，它促使人实现预期的职业目标，影响教师自我发展的动机在于生活生存需要、专业素养发展需要及由职业责任感所产生的发展需要等。自我发展动机对教师专业知识的强化和教学行为的提升都具有促进作用，只有具有了强烈的自我发展动机，教师在职业生涯中才会不求守成、不断突破和超越自我。职业规划和发展动机是教师在职业中努力实现自我发展和价值体现的一种内在需求。在高校，具有明确职业规划和发展动机的教师在教学发展活动的参与中更具自觉性和积极性，他们更愿意边教边学、学以致教、从教中学，将教学能力的提高作为自己职业生涯中重要的一部分，使教学工作能够处于良性的螺旋式上升的状态。

二 高校教师教学发展的主要模式

途径本质上反映的是人们对两个或多个事物发生联系所需的条件以及联系模式的认识。教学发展途径往往对应不同的发展模式。模式是人们在认识论层面对认识或解决某一问题上的确定性的思维路径，它在解决问题上又充当方法论的角色。不同的模式对应着不同的关注对象与相应的方法体系，并决定人们具体实践的整体策略与操作框架。希克斯(Hicks)曾经对教师发展的模式做了深入研究，他提出了中央模式、分散模式、混合模式和整合模式四种教师发展模式。[1]这四种模式为探讨教师教学发展模式提供了有益参考。结合我国及其他国家的具体实践，可将高校教师教学发展的主要模式概括为：个体取向模式、组织取向模式、制度取向模式。

(一)个体取向的教师教学发展模式

个体取向的基本假设是，教师教学水平的提升是作为“整体人”的教师整体性的改变，而不仅仅是教师具体的教学知识、教学技能、教学情感的改善。该模式的实现又可以分为两种路径，第一种是关注影响教师教学发展的外部因素，如教师依凭教学可以获得的报酬、奖励等；第二种是聚焦于教师教学发展的内部因素，关注设计教学水平提升的内部各因素的改善。

1.标准取向的教学发展

标准取向的教学发展是指教师为了达到所在单位对教师教学水平的要求，或者为了获取某种外在标准的认可，而改进自己教学的发展趋向。多数高校往往通过教学质量评价、教学比赛等对教师的教学发展施加影响。当前教育教学评价强调，评价不应当仅仅是规训教师教学的行政手段，而应当积极地吸引教师的参与。高校或相关院系应当以互联网技术为依托，以多元主体参与为基本原

[1]包正委，董玉琦.发达国家高校教师发展的模式演进探析[J].外国教育研究，2014(5):73-81.

则,建立教学质量管理网络。每学期由教师申请,质量管理部门参与听评教师的课堂教学,与教师一起提出建设性意见。对积极申请质量评价的教师,学校应当给予一定的奖励或制度支持。高校应关注教师自身发展所存在的外部困境。按照马斯洛的需要层次理论,当教师低层次的需求,如生存与发展需求、安全需求没有得到保障时,其发展教学水平的动机很难得到激发。

当前在我国的多数高校中,教师的教学工作往往作为基本工作量来计算,据相关调查,越是办学知名度高、学校可享受资源较好的学校,教师的教学工作量越小,而这意味着那些个人收入越低的教师,教学任务越重。[1]

教师教学方面的奖励多为终结性奖励,且明显带有功利性色彩,对教师教学发展的过程性奖励相对较少。以国内某所重点大学的教学质量评估奖励为例,更有可能涉及对教师教学成长的过程性激励奖项,如教学名师评比、教学竞赛、多媒体课件大赛等奖项的额度明显偏低,而终结性的、学校利益导向的教学成果奖等奖项的额度则远高于前者(表3-1)。

表3-1 国内某重点学校本科教学工作奖励办法

类别	项目	各级别单个奖项累计奖励(万元)
教学成果	教学成果奖	96
	多媒体课件大赛奖	3.5
教书育人	教学名师	17
	教学竞赛	6.3
	指导学生参加全国各类竞赛	13.7

多数高校对教师教学质量的进一步分级以及针对教师教学水平提高的物质激励措施相对较少,教学奖的梯度台阶太高,缺乏连贯性,多数是从教十年奖、终身成就奖等一般教师很难获得的奖励。且很多奖项重视的精神激励,或者其政治意义并不能与教师教学发展内部因素产生持续的刺激作用。

在这样的背景下,高校应当进一步探索教师教学绩效的评价及薪酬奖励机制。国内大多数大学会通过教务系统等方式对教学质量进行评估,但评估指标

[1]史静寰,许甜,李一飞.我国高校教师教学学术现状研究——基于44所高校的调查分析[J].高等教育研究,2011(12):52-66.

的设计、整体性设计、后续反馈、奖惩都有进一步优化的空间。国外一些大学如澳大利亚联邦教育、科学与培训部及相关教育机构对本科教学质量进行评估的重要方式之一是针对全体毕业生进行绩效评估。其评估数据的使用去向,以及对教师教学绩效的实际价值也存在质疑,但其评估的指标设计、评估方法值得借鉴(表3-2)。[1]

表3-2　澳大利亚课程体验问卷核心测查项目及其细目内容表

调查项目	细目
优良的教学	教师花费了很多时间用于考评我的学习情况
	教师通常能就“我该怎么做”一事提供富有建设性的反馈意见
	任课教师激励我尽我所能，做到最好
	导师非常善于解释或阐述问题
	教师努力使课程变得更有趣
	教师确实努力去了解我在学习过程中遇到了哪些问题
基本技能	该课程锻炼了我的团队合作能力
	该课程使我的分析能力变得更为敏锐
	该课程发展了我的问题解决能力
	在该课程的帮助下，即便是在处理生疏问题的时候，我也充满信心
	该课程改善了我的写作交流能力
总体满意度	课程发展了我对独立工作的规划能力
	总的来说，我对这门课的质量是满意的
	若想在这门课的考试中取得好成绩，所需的其实仅是一个好记性
	教师更倾向于测试我所记住的知识，而非我能理解的内容

2.学习取向的教学发展

个人取向的第二种路径是以教师个体的学习为关注点,重视对涉及教师教学发展的内部性因素的激励。主要的模式有以下四种。

[1]俞婷婕，肖甦.澳大利亚高校本科教学绩效评估之管窥[J].比较教育研究,2008(3):31-35.

(1)学习—分享模式

该模式是在教师集体学习专家经验的基础上,相互分享学习感受、提出问题、分析问题的过程。常见的教师工作坊就是这种模式的典型代表。学习与分享过程是知识管理的重要方式。知识管理是教师专业发展的重要途径,作为一种理论和社会化实践活动的知识管理却是在当代初见端倪的知识经济的基础上迅速发展起来的。人类对于知识作用的认识已经从原来朴素的“知识就是力量”“知识就是金钱”,进一步上升为“知识就是资源”。高校是知识生产与流通的重要场所,如何对教师教学经验、教学知识、模式等进行管理、共享,是教师教学发展资源建设的重要议题。国内一些大学在这方面做得相对较少,教师的教学经验与知识交流多是个体化的、小圈子式的。教师知识管理的现状并不是很好,有学者对我国西部地区4所高校118名英语教师的知识管理现状和需求进行调查,从调查结果可以看出,教师知识管理意识、知识获取行为、知识分享行为、知识应用行为等几个方面表现一般,可以说明被调查的英语教师的日常知识管理频次较少,在有限的频次中,有效知识管理比例太低,这可以在一定程度上说明建立知识管理平台的紧迫性。

表3-3 我国西部高校英语教师的知识管理现状调查[1]

知识管理维度		教师人数分布情况		
		经常	很少	没有
知识管理意识		28%(33人)	61.9%(73人)	10.1%(12人)
知识管理行为	知识获取	18.6%(22人)	48.3%(57人)	33.1%(39人)
	知识储存	65.7%(78人)	32.2%(38人)	2.1%(2人)
	知识分享	14.8%(17人)	75.4%(89人)	9.8%(12人)
	知识应用	33.5%(39人)	57.2%(68人)	9.3%(11人)
	知识创新	41.3%(48人)	52.2%(62人)	6.5%(8人)

相对来说,国外高校要更加重视知识管理平台的建设,如悉尼大学教学与学习研究中心为学校教师提供分享教学兴趣和经验的平台,特别是为那些共同参与学校自主项目的教师分享经验并提供帮助。目前这类交流平台包括教师咨询

[1]周雪,赵卫博,赵鸿章.基于Blog-Wiki混合技术的西部大学英语教师知识管理平台构建分析[J].电化教育研究,2011(5):49-52,60.

网络和教师拓展参与网络。建立这种交流平台的目的是为项目成员之间进行深入的专业交流提供帮助，并由教学与学习研究中心为那些获得校内自主的项目和计划提供直接的指导。[1]

高校管理部门应当建立相关机制，建立教师教学发展基金，对教师的交流活动或可能需要的资源等提供帮助。青年教师应当积极主动地与"名师"结对，或设立名师QQ平台、微信公众号等，方便教师之间答疑解惑，探讨交流。

（2）问题—研讨模式

该模式是指相同或相近领域的教师，就教学工作中面临的具有共通性的问题举行例会，明确问题，分析问题的成因以及可能的解决方案。一般所说的教师沙龙、习明纳都属于这种模式。问题研讨模式的关键是平等民主的氛围，最适合初任教师的小范围研讨。在国外，习明纳已经逐步发展为教师教学发展的常规制度和自觉的实践。

（3）问题—咨询模式

该模式又称为咨询式指导模式。它主要借鉴了企业员工培训的方法。咨询式指导包括过程咨询和专家咨询两个方面，在过程咨询中，咨询员详细分析当事人为解决职业问题或者完成职业任务的各种需要；在专家咨询中，咨询员根据学术研究成果，激发引导当事人去获得各种可能的问题解决方案。通过这两个相辅相成的过程，有效地解决迁移问题，也即研究成果向实践转化，同时将来自实践的知识反馈给研究（表3-4）。[2]

表3-4　咨询式指导的主要步骤

步骤	主要操作
明确咨询目标	营造一种开放的、信任的谈话氛围；将教师期望达到的目标具体化；与教师共同获得新的问题解决方案；建议并约定下一次咨询将讨论的具体问题解决方案
筛选新的教学行为	分析教师所提出的目标；了解教师对教学设计的内在态度和信念；分析教师与学生行为互动过程中的循环结构，这些素材可从以前干预阶段的分析中获得

[1]陈时见，刘义兵，李英．高校教师教学发展机构研究——基于七国21所大学的个案[M]．重庆：重庆出版集团，2012:237.

[2]徐斌艳．改变教师认知与教学行为模式的咨询式指导——来自德国的一种教师教育方案[J]．教育发展研究，2005(7):42-45.

续表

步骤	主要操作
尝试并稳定各种可能的教学行为	巩固合适的行为方式；总结陈述；发现下一次咨询的问题

(4)学习—更新模式

随着人们对教师专业发展的深入关注，教师自我发展动机不足的问题日益引起关注。越来越多的人认为，教师的专业发展是教师个体自我激励、自我更新的过程。叶澜教授等人提出了自我更新取向的教师专业发展模式，它是指教师具有较强的自我专业发展意识和动力，自觉承担专业发展的主要责任，激励自我更新，通过自我反思、自我专业结构剖析、自我专业发展设计与计划的拟定、自我专业发展计划实施和自我专业发展方向调控等实现自我专业发展和自我更新的目的。[1]可以看出，自我更新模式将教师的专业发展包括教学发展基本上等同于教师学习，它的实现前提是教师作为理性人，有意愿有动机努力实现个人提升。大学教师多数具有较高的学历背景和知识涵养，在理性水平上多数是值得信任的。自我更新取向的教师专业发展对教师成长的几个阶段的关注点进行了区分，对教师的教学发展具有一定的启发意义。

东北师范大学在教师教学发展上提出了LAP(Learning-Action-Publication)模式。所谓LAP模式，是指将大学教师教学发展视为教师在学习共同体环境下的长期的、复杂的、周期性过程；在每个发展周期内、共同体中经历相互衔接的“学习”“实践”“发表”等三个阶段；大学教师在每个周期解决一个主要的教学发展方面的问题；在一个周期结束之后，当前周期的成果和问题成为下一个发展周期的基础和选题依据，在新的周期，教师再次通过学习、实践、发表三个阶段完成发展过程。[2]这种模式虽然具有共同体的相关要素，但本质也是以教师学习为基础进行的，不同的是，通过行动、发表，教师的自我更新有了一定的度量手段。

(二)组织取向的教师教学发展模式

个体取向的教学发展模式以教师个体性因素的激发为出发点，跟它不同，组

[1]叶澜，等.教师角色与教师发展新探[M].北京：教育科学出版社，2001:267.

[2]包正委.“学习—实践—发表”三阶循环：本土化的大学教师教学发展模式[J].中国大学教学，2014(7):58-61.

织取向的教师教学发展以组织动员、组织构建为出发点，通过学校组织、教学组织、教学研究组织等的构建，促进教师的教学发展。

1.我国高校常见的教学管理组织

教务处：目前多数高校设置有校级教务处，负责课程课时安排。部分学校的学院还设置有学院教务处，负责一些院内课程的安排。教务处一般通过学生评教、专家评教以及其他一些教学质量管理方法对教师教学发展产生影响。但教务处对教师的影响是行政性的、评价性的，且多数教务处的行政化比较严重，很难从学术性、专业性角度对教师尤其是教师个体的教学发展产生积极影响。

教研室/教研组：教研室是新中国成立到20世纪90年代以前，高校重要的教研组织，是新中国成立后建立起来的“校—系—教研室”体系的最基层单位。改革开放后，随着中国高等教育，特别是学位与研究生教育的发展，高等学校的功能有了极大的拓展，逐步形成了人才培养、科学研究、社会服务的三大功能格局。在这种条件下，校—系—教研室教学科研基层组织已经不能有效地统筹组织相应的功能活动。有研究者认为，20世纪90年代后，高校教研室在高校中被取消或名存实亡，学系作为教学基层单位带来了诸多问题。首先，讲求充分学术民主的学系缺少对教师教学的有效约束，在学术（教学）自由旗号下的教师教学充满了“随心所欲”的任意行为，缺少最基本的教学质量标准和执行规范。其次，教研室的作用被弱化或其组织建制被取消，使得教学研究从过去有计划的集体行为、有专门资源支持的组织行为变成一种教师的个人自觉和散漫无组织的随意性行动，高校忽视了教师钻研教学、提高教学质量的义务和责任。在当前重科研、轻教学的高等教育环境中，教学研究其实在很大程度上名存实亡，这直接影响了高校教学质量的提高。最后，取消教研室也让大学教师远离了过去的集体生活。学系散漫的组织方式无法为教师的工作和生活提供充分的交流机会，教师从集体的人分散为个体的人，组织归属和集体温暖感大为削弱，组织和个人的专业发展受到重创。总之，“去教研室”使高校教学从过去有组织的交流、研讨和有指导的集体学术活动回归到个人的经验活动，极大地削弱了高校的教学质量。[1]

[1]刘小强，何齐宗．重建教研室:教学组织变革视野下的高校教学质量建设策略[J].高等教育研究，2010(10):57-61.

校级教学督导组：教学督导是重要的校内质量监控手段，是由高等学校领导授权的学校内部对教学工作的督导，其基本运行方式是高校督导人员受校长委托，在学校有关部门的协调组织下，对其所在高校教学的全过程进行教学质量的监督、评价、指导等一系列活动，其宗旨是强化教学过程管理，确保正常的教学秩序。有研究者指出，目前，在我国高校缺乏来自独立的专业组织的经常性评价，建议从“自我检查与评价”渐进式地转向第三方评价。[1]

教师教学发展中心：2011 年，教育部、财政部发布的《教育部 财政部关于“十二五”期间实施“高等学校本科教学质量与教学改革工程”的意见》中明确指出，以增强教师教学能力作为提高人才培养质量的关键，引导高等学校建立适合本校特色的教师教学发展中心，满足教师个性化发展和人才培养特色的需要。2012 年颁布的《关于全面提高高等教育质量的若干意见》中提出，“推动高校普遍建立教师教学发展中心，重点支持建设一批国家级教师教学发展示范中心，有计划地开展教师培训、教学咨询等，提升中青年教师专业水平和教学能力”。“十二五”期间，我国共建立了30个国家级教师教学发展示范中心，其具体架构见本书第四章的内容。

有研究者认为，教师教学发展中心作为专门的教师发展机构意义在于：首先，建立一个专业化的机构，有助于通过有组织、有针对性、专业化、系统化的培训和激励，帮助大学教师更快更好地胜任角色，全面引领与服务教师发展。其次，建立专门的教师发展机构，可以使高校管理部门更专注地承担起服务广大教师和学生的职能。[2]

多数发展中心借鉴的是西方的一些做法，如美国的教学发展活动的实施模式大体有四种，包括多校区合作模式、学校主体模式、院系主导模式、特殊目的中心模式四种。

教师教学发展中心在成立和发展过程中被寄予厚望，但据厦门大学调查团队的调查，多数高校的教学发展中心并没有有效发挥相应的作用，主要表现为：[3]大多数教师发展中心都明确地定位在以提供教学资源教学服务为主的服

---

[1]张勤.高校教学督导联盟组织的实践与发展趋向[J].教育研究，2014(1)：154-158.

[2]宋文红，任祺.变革中的高校教师发展——2013 高校教师发展国际研讨会会议综述[J].中国大学教学，2014(7):93-96，51.

[3]别敦荣，韦莉娜，李家新.高校教师教学发展中心运行状况调查研究[J].中国高教研究，2015(3)：41-47.

务性组织和以提供教育教学研究、教师发展研究为主的学术研究机构，但从实际作用看缺乏学术性，中心的工作任务仍主要集中在教师培训和教学竞赛上；有些中心由于缺乏足够的专家团队，难以为教师提供个性化的有效的教学指导服务；多数中心的工作路径仍是行政化的，缺少对教师发展教育教学与课程建设等进行深入的研究；从人员配备上看，大多数高校为中心配备的主要是行政人员，专业人员和研究人员非常有限。

2.教学发展组织的构建

20世纪30年代以来，社会科学界开始了对组织中的人的行为的深入研究。因为任何人，从其社会属性来说，都处于一定的组织之中。关于教育组织的观点主要有两种，一种是把组织视为一个权力和信息集中于高层的等级体系，因此一些具有首创性的好主意从最高层产生传递到最低层去落实。另外一种则完全不同，它认为，组织是合作性、甚至协作的系统。在这样一个组织体系中，奇思妙想随处可见，只有当不同指挥管理层的领导能充分发挥下属的才能，调动他们的积极性，这些奇思妙想才能发挥其威力。[1]无疑，第二种观点更能反映社会现代化带来的人们追求思想独立、平等的整体价值观，是人们认识与思想进步的表现。

高校教师普遍是知识精英阶层，对自我、自己的专业以及外部的世界都具有独到的认识，因此，高校中的所有组织活动，都应当考虑到高校教师的这些特点。有研究者指出，大学教师仍习惯有一个较高自主性的工作环境，有一个研究和教学的私人领域，对自己的研究和教学有一定的决策权力。即使在团队成员的沟通中，这个私人领域也不会对外充分开放。特别是从事人文学科的教师，“单打独斗”是他们的工作常态。教师们时常需要静谧的空间沉思和沉淀，这并不会影响教学团队的有效秩序，反而是教学团队有效运作的一个必要条件。[2]基于上述原因，高校教师教学组织的构建应当以自愿、互助、协作为组织基础，而不应当采用科层式组织的做法。

---

[1][美]罗伯特·G. 欧文斯. 教育组织行为学——适应型领导与学校改革(第八版)[M]. 窦卫霖，温建平，译. 北京：中国人民大学出版社，2007:64.

[2]张昌凡. 高校教学团队工作模式的组织行为学分析[J]. 中国高教研究，2012(12):78-81.

(1)教学学习组织

教学学习组织是教师自主学习如何教学的场所。尤其对新教师来说,教学学习组织是教师领会教学魅力、学习教学方法、形成教学模式的有效场所。同时它又是教师团队合作、同伴互助的重要场所。

教学学习组织可以以院系为单位,以小组为学习单位,通过个人汇报、小组讨论、辩论为主要活动形式开展活动。有研究者指出,大学教学团队的实际运行模式大致有三种类型:科层模式、讲座模式和社团模式。其中,等级最严格的是科层模式,呈树状或金字塔状,等级层次鲜明;等级最不严格的是社团模式,呈环状,成员之间关系平等;介于它们两者之间的是讲座模式,呈环状与树状结合,既有平等关系,也有等级差异。[1]从高校教师的特征来看,科层模式最不易调动教师学习的积极性,也不利于发现教师个性化的问题,讲座模式更有利于发挥有经验的教师的作用,使得学习更有针对性和效率感,但也会导致同质化、创新力不足的问题;社团模式可以更充分地发挥个体的潜力,但也存在效率不高的问题。

合理的教师教学学习小组可以采取以下的组织方式(表3-5)。

表3-5 教学学习小组的组织方式

步骤	主要任务
1.个人汇报	每位小组成员汇报自己的教学困惑和相关假设
2.问题明确	总结小组成员问题的共性与差异、提炼出具有实质意义的一个或一组问题
3.小组讨论	寻找问题的成因,确定是教师个人问题还是外部问题
4.结论梳理	小组成员提出自己对某一问题的解决方案,小组讨论其可行性
5.总结提炼	由小组长总结本次讨论的主要收获以及未解决的问题,确定接下来教学改进的具体行为,确定下一次讨论的主题

为了解决学习小组可能存在的效率不高、问题重复讨论、难以寻找解决途径等方面的问题,小组长可以请院系较有经验的教师或名师担任。学校或院系组织应当对学习小组给予一定的场所和经费扶持,并对小组的活动开展进行一定的柔性管理。

[1]张昌凡.高校教学团队工作模式的组织行为学分析[J].中国高教研究,2012(12):78-81.

(2)教学研究组织

如果说教学学习是教师作为“教学者”全方位地开展对教学模式、方法的学习,教学研究组织则更加聚焦。首先,它关注特定的学科,或者特定的课程、特定的专题的教学问题。其次,同教师学习组织不同,教学研究组织的主体不一定是教师本人,也可以是研究教师教学的群体。再次,教学学习组织一般仅以教师课堂教学行为的改变为最终追求的结果,中间一般不需要中介性的结果(如科研成果)。教学研究组织虽然也以教师的教学行为改善为追求,但往往会形成具有更广泛指导意义的学术成果,这些成果可以推广,既影响当下、本校、本院的教师,也对未来的教师、其他单位的教师具有指导意义。最后,教学研究组织研究的对象是多方面的,而不仅仅是教师课堂教学遇到的操作性难题(表3-6)。

表3-6　教学研究组织的研究领域

类型	针对的具体问题	研究者
教学难题研究	教师个体在教学中存在的知识传授方法、课堂管理等方面的问题	以教师本人构成的研究组织为主
课程设置研究	针对某门课程或者系列课程,对课程内容设置、教材适切性、方法体系、考核机制等进行研究	教师本人、院系教务管理部门等
教师教学行为研究	以教师在某门课程的课堂表现为研究对象	学校、院系教务管理部门
教学人员队伍研究	以学校、部门的教学人员队伍可能存在的问题,如年龄结构、学科结构、教学水平层次等开展的研究	学校、院系教务管理部门
学生学习效果研究	以学生在某门课程或系列课程的学习效果、存在的问题等进行研究	教师本人,或学校、院系教务部门

因此,教学研究组织的构架要比教学学习组织更加复杂和多样化一些。既可以有全部由一线教师构成,以教学中的难题为对象的教学研究组织,也可以吸纳学校的管理部门、教学名师,甚至学生的加入。

(3)综合性发展中心

“十二五”以来,教师教学发展中心在高校教师教学发展中可能发挥的作用日益引起重视。国家教育部门、各高校均投入大量的财力、人力资源重点建设。作为国家、高校的教师教学质量提升、监管部门,教师教学发展中心至少可以发挥教师教学促进、教师教学研究、教师教学评价与管理等多方面的作用,具有很高的制度优势与组织优势，其进一步优化建设应当得到充分重视。但有研究者指出，作为新生事物，高校教师教学发展中心的建设与发展面临诸多实践课题。这些课题至少有四个：如何吸纳教师广泛参与，如何处理服务与管理的关系，如何联动基层教学组织，如何基于教师发展实现高校组织发展。只有妥善解决这些课题，高校教师教学发展中心才能良好运行，并发挥其更大的价值。[1]

毋庸置疑，教师教学发展中心作为新生的教师教学发展机构，其综合的研究、协调、组织作用将逐步成为高校教师教学发展的基础性机构。多数高校对其作用日益重视，通过整合专家队伍、探索发展模式，很多学校已经取得了不小的成绩。如中国海洋大学教学支持中心通过开展教育教学报告会、专题工作坊、学情调研等活动，以"多维学术观"为指导，形成了包括平台支持模式、培训指导模式、自主发展模式和混合生成模式等多种教师发展的路径和操作方式。[2]

(4)技术平台与分享组织

课程分享组织是以精品课程的建设、讨论、分享为目的。在信息技术背景下，课程资源共享建设取得了长足进步。精品课程资源共享成为教学资源建设的重点。

2003年4月，我国教育部正式颁布《教育部关于启动高等学校教学质量与教学改革工程精品课程建设工作的通知》，启动中国精品课程建设项目。截至2010年，已累计建设国家级精品课程3700余门，覆盖了全国31个省、自治区、直辖市的近千所高校，并带动起近10 000门省级精品课程和校级精品课程。国家精品资源课程网、爱课程等网站浏览量巨大，产生的影响不容小觑。

就目前的精品课程资源建设来说，其存在的问题还是很明显的。第一，课程资源的更新相对比较滞后，且本校教师的课程资源相对不够规范，质量不够高。第二，教学资源以视频资源为主，相应的课件、教案等资源建设不够完善。第三，高校教师难以就课程本身展开有效的互动与讨论，因而教师利用课程资源改进自身教学的有效性就显得不足。第四，多数课程资源平台尚未起到辅助教师教学与学生学习的作用。但在这个方面，一些学校的建设经验值得借鉴。如江西财经大学构建的网络教学平台对教师的教学开展提供了便利。该平台主要包括

[1]吴洪富.高校教师教学发展中心的实践课题[J].高等教育研究，2014(3):45-53.

[2]宋文红，任祺.变革中的高校教师发展——2013高校教师发展国际研讨会会议综述[J].中国大学教学，2014(7):93-96，51.

管理板块、讨论板块、作业板块等几个板块。管理板块中,教师用来对课程、学生进行管理。如提供本课程的教师简介、课程简介、教学大纲、教学日历、文字讲稿、多媒体讲稿、参考资料、超级链接等内容。讨论板块中,教师和学生可以就某问题进行讨论,也可以发起新的讨论主题。作业板块是由教师来布置作业,要求学生在网络上完成。[1]

(5)非正式合作组织

与教学学习组织、教学研究组织不同,对高校教师来说,其教学改进的途径可能是多样化的,甚至是偶然性的。教师之间在走路聊天、吃饭等一切集体活动中,可能都会获得关于改进教学的启发。而这种随机性、场域性的教学学习的作用正日益引起重视。所有这些随机合作行为都可以成为非正式合作行为。非正式合作(informal collaboration)是一种"休闲"的合作模式。教师间以轻松的方式进行互动,是一种比正式的工作轻松,以非正式的途径来寻求发展的合作模式。这种合作模式主要依靠相聚而融、彼此敞开、相互走近、相观而善、相谈而清、相呼而应、相互切磋和相互借鉴实现教学上的共同发展。非正式合作模式促进教师在对话中走近彼此,互相修正教学过程中的不足和难以独立解决的教学问题,创造愉悦、友好的微文化氛围,能吸引教师彼此敞开心扉,畅所欲言,不断地进行自我重建。如果教师主动地开展互动与合作,在共同参与、集体思考、思想碰撞过程中,能够更快地吸收更多的教学知识,领悟更多的教学智慧。[2]

有研究者认为,非正式松散式合作的教师教学发展的实施原则是:强合作而弱竞争、强动力而弱压力、强对话而非辩论、重亲历而非评判、共赢而无失败、介入但非强迫。

(三)制度取向的教师教学发展模式

制度取向模式是从教师教学发展的权利保障、保障制度建设与完善、教学质量管理与评价等角度,探索促进教师教学发展的可行之道。制度是特别重要甚至可以说是最重要的教育资源。制度不但提供人们行为的一般规范与合法性依据,提供权利实现、资源调动上的通畅性保障,而且会在精神层面塑造学校的精神风貌,因而制度还潜在性地发挥着文化塑造的作用。有研究者指出,大学制度

[1]肖晓梅.网络教学平台在高校教学中的应用研究[J].中国教育信息化,2008(17):67-69.

[2]赵晶,蒋志萍.高校教师教学发展机制与模式新探[J].黑龙江高教研究,2014(2):88-90.

文化主要包括教学+学术研究和社会服务中体现的结构和规范，大学制度文化是大学精神的核心。[1]在高校制度文化中，教学制度文化是最重要的方面，它规定着教师的教学行为、影响学校教学质量的提升，对高校发展具有基础性的意义。

当前，高校制度建设在很多方面对教师的教学发展是不利的，科研与教学矛盾在多数高校教师身上表现得比较突出。有学者通过实证研究发现，目前的高校教师管理是以新管理主义追求工作效率的原则为主导的，教师管理的目标在于提高工作效率，而非教师发展。问卷调查的结果显示，专业知识更新、研究方法的提升和教学技术与外语水平的提高，是教师优先考虑的发展需求。而涉及教师教学发展方面，除了教学技术略高一点外，其他方面均不是教师最紧迫需求的。[2]简而言之，教学制度建设没能构建积极的支持性的制度文化，这深刻地影响了教师的教学动机与教学投入。

关于制度的内涵分歧性观点很多，教师教学发展制度涉及多方利益主体，也很难厘清其内部的清晰框架。但从机构(高校)与个人(高校教师)之间的关系来考虑时，制度的内涵可以理解为人们与机构之间的关系集，它规定了两者的权利和义务。从这个角度来看，支持性的教师教学发展制度应当从教师教学与发展权利保障、教学质量监控与评价、教师教学发展激励等方面着力。

1.教师教学与发展权利保障制度

作为高校的合法成员，教师有教学与教学发展的权利。学校应当为教师的教学发展提供体制和物质保障。教师的教学权利是一个复杂的概念。有学者认为，追根溯源，教师教学权利源于教师职业身份，经历了不同的权利形态。一方面，高校教师教学权利经由自然权利走向法定权利，起初教学活动主要受道德与习惯因素的制约，这样的教师教学权利只是一种“自然状态”的权利，有了法律的介入，才使得教师的教学权利转向法定权利形态；另一方面，高校教师的教学权利还有一个从非专业权利到专业权利的发展历程。现代高校教师教学权利则体现为公共性权利和专业性权利的统一。[3]因此，教学权利可以分为两个方面，一是可及性，即教师有权利在教学上获取相应的资源支持，如教学收入保障、教学

[1]王春.制度文化:大学文化的核心环节[J].教育发展研究,2004(Z1):124-126.

[2]刘慧珍,洪成文.高校教师发展:教师需求与政策支持——基于实证调查的政策适切性分析[J].教育学术月刊,2013(1):63-67.

[3]刘冬梅.高校教师教学权利的形态、根源及发展路径[J].教师教育研究,2013(2):8-11,17.

设备与服务保障等;二是专业自主,教师有权在相应的法律和合理教学规范约束之下,根据自己的专业知识,开展专业教学。

2. 教学质量监控与评价制度

教学质量监控与评价是高校教师教学发展的有效规训,也是教师教学成长的有效参考依据。在当前教育信息化背景下,各高校普遍将信息技术运用于教师教学质量评价之中,且随着网络课程、慕课等形式的出现,一般的社会大众也可以很方便地参与到教学质量评价当中。大多数学校都建立了多维度、多主体的教师教学质量评价体系,如北京大学就建立了学生、领导、同行、教师教学档案等多种方式的教学质量评价体系。

但作为制度的评价应当如何具备科学的评价指标体系与方法,在这一点上仍有很多值得探讨的问题。一直以来,高校教师教学质量评价广受诟病,主要集中于由谁来评价、评什么及怎样评上。有调查表明,在评价的主体上,师生均倾向于多元化,认同应由被评教师本人参与评价过程;在评价的组织上,师生均认为有必要在学期过程中进行多次评价;在评价的内容上,师生均认为适宜学生评价的内容主要是那些外显的学生可以观察到、内隐的学生可以体验到的内容;在评价结果的处理上,师生均认同以打分加评语的方式呈现评价结果,且较适宜单独向被评教师反馈。[1]

3. 教师教学发展激励制度,形成重教乐教的氛围

当前,提高教学质量、重视教师教学水平提升几乎是所有高校的口号,但因为缺乏相应的制度支持,教师的教学发展氛围在很多情况下都是消极的。有研究者指出,当下大学文化建设存在空洞化和形式化两大问题。[2]大学文化建设空洞化,是指大学文化建设脱离大学师生员工思想精神生活的实际,大学的理念、愿景、精神以及价值追求等,仅仅停留在“文件”或“口号”上,没有能够转化为大学及其成员真正意义上的行为规范和行为方式,无法让大学精神文化真正濡化到师生员工的心中。而大学文化建设形式化是指大学文化建设仅停留在物质形式本身,将物质形式本身当作大学文化建设的主要途径、目标和内容,物

---

[1]史晓燕. 高校教师教学质量评价的师生态度调查[J]. 河北师范大学学报(教育科学版),2013(12):21-24.

[2]万健,卢忠菊,赵烨烨. 文化结构视角下的大学制度文化建设[J]. 中国高等教育,2012(19):60-61.

质文化缺乏精神内核，缺乏顶层设计，不能很好地体现大学的精神追求与价值取向。如前所述，良好的制度最终有助于形成积极的支持性的制度文化，高校应当切实加强在教师教学方面的制度支持与资源保障，如在职称评定上的激励、物质激励等。

三 高校教师教学发展的基本途径

在高校教师教学发展的上述几种模式中，教师教学发展的策略会有一定的差异。但对于教师个体而言，为了促进自身的教学发展，教师往往会选择适合自身的发展策略。在大多数情况下，教师教学发展都会面临知识与技能增长、向优者学习教学、应对变化的课堂环境等几个方面的问题，与此相对应，教师教学学习、伙伴协作教研、教学行动研究就成为教师教学发展的重要策略。

（一）教学学习

教师学习在逻辑上是教师教学发展的起点。由于高校教师很多是从学位教育直接走向工作岗位，缺乏实践经验，因此，从教也是系统化学习教学的起点；由于当下社会、教育一直处于变革之中，因此，教师的教学学习是终生的。在信息化时代，教师教学学习的途径更加丰富多元，可资利用的学习素材也比较容易获取。

1. 知识与技能建构

从学习的概念本身来说，凡是引起人的行为或行为倾向的持久改变的实践都可以称之为学习。佐藤学认为，学习是三位一体的实践活动。学习应当被视为三种状态的结合体：建构客观世界之意义的认知性实践；建构伙伴关系的社会性实践；探索自身模式的伦理性实践。[1]也就是说，教师教学学习至少具有三个方面的意义：了解教学的意义与价值、认识教学的魅力；发展伙伴关系，有助于结成学习共同体，而这一点是很难通过一般意义上的科研来完成的，因为科研更多以独特性、个体性为标榜，而教学却是教师共性的职业生活内容；了解自己的教学专长与瓶颈难题。但无论怎样，只有教师积极主动的教学投入，真正意义上的教学改进才有持续性、全面性实现的可能。

---

[1][日]佐藤学.课程与教师[M].钟启泉，译.北京：教育科学出版社，2003:376-377.

教学是一项复杂的实践活动，由于教师个体的学习、工作与生活经历存在差异，教师对教学的理解，对教学对象、教学素材、教学情境的有机联系的把握不同，其教学学习、改进的策略，最终结果也会呈现差异。随着建构主义学习观的兴起，人们对教师学习的可能有效途径、具体方法也有新的认识。建构主义学习理论认为学习是一项再创造的活动，是一种带有反思性色彩的智慧活动；学习往往要经过同化、顺应、再同化、再顺应的循环往复的过程。建构主义为教师学习教学指出了多种路径，主要有以下几种可能的方式(3-7)[1]。

表3-7　建构主义学习理论下教师教学学习

理论基础	具体观点	学习方法
经验实在(experienced reality)学习理论	知识并非完全是客观、实在的，而是具有主观性，他人的知识并非总是适合于自身	基于自身的教学研讨
情境学习理论	学习不是获得某种认知符号，而是参与到真实的情境中去，是实践共同体的参与过程	符合情境设置的案例学习、讨论小组、辩论等
教师合作学习理论	学习就是知识的社会协商，学习的过程是合作和交往的过程	教学沙龙、互助性的教学伙伴、学习共同体等
反思学习理论	反思是新旧知识联系的催化剂，是教师学习的一种手段	通过撰写教学自传、教学日志、案例分析日志，教学录像、问题导向的教学研究等提高教学反思能力

2.从模仿到超越

教师的专业发展包括教学发展本质上是教师社会化的过程，是教师在特定的社会、文化、制度背景下学习教学的过程。在教学社会化中，所有带有特定含义的规范、话语、潜在的规则、人际关系等都具有符号的意义，它们或明或暗地塑造着教师的教学行为。这其中，重要他人的影响是最不容忽视的。所谓的重要他人，是指教师本人最重要的模仿对象，几乎所有的教师在学习教学过程中都有模仿他人教学的行为。在高校教学中，教师的重要他人可能是他最经常接触的

[1]部分资料根据“教师学习理论研究”整编而成，参见：朱旭东.教师专业发展理论研究[M].北京：北京师范大学出版社，2011:151-165.

人，也可能是他愿意模仿的人，而后者可能是身边的人，也可能是遥远的其他人。在信息化时代，教师可资模仿的对象多元化特征明显，教师可能模仿通过网络渠道可接触的任何人。

教师不单模仿重要他人的具体的教学行为，还从其身上习得基本的角色规范，尽管这种学习教学的方式不免偏颇，但对新手教师来说却是最有效的学习渠道。同时，高校教师多数具有较高的理性能力和认识水平，他们的重要他人往往不止一个，而是重要他人集合，高校教师可以综合考量自己欣赏的教学名师或榜样，结合自身的特点、教学专长以及自身所处的教学环境，集合各家之所长，提炼适合自身的虚拟重要他人，以其为自己学习教学的理想典范，不断改进自身的教学理念与行为，逐步接近并最终超越（图3-1）。

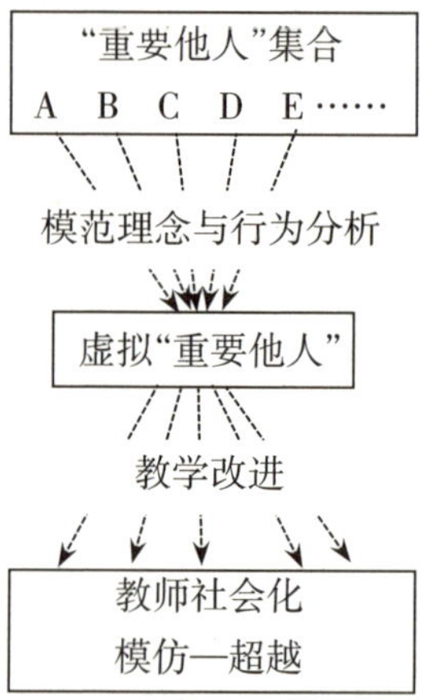

图3-1 教师教学榜样学习的路径

（二）伙伴协作教研

由于教学改进不单涉及教师教学知识与技能，而是与教师对教学的理解、责任的承担、情感的投入等很多因素紧密关联，因此教师教学的成长不可能依赖自身学习或简单的交往性学习就可以完成。伙伴协作作为教师教学成长的方法，其意义不只是改变教师自身的教学行为，而是提供一种具有资源整合、氛围调节、同侪沟通互助、情感分享等作用的专业发展环境。

伙伴协作教研的方式有多种，除本章第二节提到的教学学习组织外，最典型也最有效且能够做到持久存在发展的方式是教师教学工作坊（workshop）。工作坊在政治、管理、教育、专业学术研究等领域被广泛运用，其本质是不同立场、不同观点的人就某一领域或某一问题发表己见、共识达成与异见辩论的场所。其根本任务是在尊重差异的基础上，形成共识性的结论，促成可行、高效的集体行动。工作坊作为一种具有专业性的现代工作方式，以其民主性、高效率、集体生活性等特征，得到广泛重视。

在高校教学发展中，工作坊作为行之有效的途径也被加以重视。教学发展工作坊的一般做法是：首先确定每次活动的主题，选取一名志愿者就本主题召集感兴趣的教师，组织教师进行交流和讨论。教师们既可针对话题展开讨论，也可邀重点发言人进行发言，解答教师在教学中遇到的问题，提出改进的措施与方法。工作坊要利用校内外的教学名师和优秀教师资源，对教学中遇到的重点问题进行深入的探讨。在工作坊的最后阶段，参与的教师对本次工作坊活动进行信息反馈，包括对活动主题的理解、活动的心得体会、对活动的建议等方面，方便教师教学发展工作者及时总结工作坊的成效和不足，为下次工作的改进提供指导。[1]国外一些高校也通过教学工作坊开展各种活动，设置丰富的主题，以此促进教师教学发展。如美国的伊利诺伊大学的教学发展工作坊既设置了技术学习专题，也设置了大量具有研究性质的综合性专题，教学发展工作坊分个体工作坊（individual workshop）和集体工作坊（faculty workshop）两类（表3-8）。

表3-8　伊利诺伊大学2014年春季教学发展工作坊主题安排

类别	主题安排	时间
个体工作坊	课堂面对面的引导式讨论 勇敢去做：让教师课堂活跃起来 充分利用非正式的早期反馈 探索课堂评价的技术 你不只是一位实验室助教：如何教UG学生阅读社科类学术文章 在线教学 根据课堂教学难度选择适当的教学技术 课堂教学评价方法的多维应用	2月份共11次，每次1.5小时 3月份4次，每次1小时 4月份3次，每次1小时

[1]赵晶，蒋志萍.高校教师教学发展机制与模式新探[J].黑龙江高教研究，2014(2):88-90.

续表

类别	主题安排	时间
个体工作坊	运用在线讨论 写下你的教学哲学 改善学生的协作 学生作品的分类和反馈 打造高效学生学习小组 撰写学习目标 设计课程 完全掌握你的研究生课程	2月份共11次，每次1.5小时 3月份4次，每次1小时 4月份3次，每次1小时
集体工作坊	系列1:最好的教学练习 第1部分(2.21)运用学生的反馈 第2部分(3.7)持续性:构建令学生印象深刻的教学内容 第3部分(3.14)激发学生的活力和课堂投入 系列2:如何教授在线趣味课程 第1部分(3.20)在线课程的设计 第2部分(4.3)在线课程的教学 第3部分(4.10)如何使在线课程容易接受	春季共6次工作坊，每次2小时

伙伴协作教研可以解决具体行动中存在的微观技术问题，但通常以具有普遍性、结构化的难题为主。对教学来说，协作教研主要解决的是教学模式问题。教学模式同具体的教学方法、教学知识不同，它具有方法论的特征，指的是对教师教学的风格特征、方法体系具有整体指导意义的操作框架。教学模式具有以下几个方面的作用：第一，教学模式构建可以更迅速地提高教师的教学水平；第二，教学模式构建可以更有效地提炼教学经验、构筑教学方法体系；第三，教学模式有利于教师形成鲜明有效的教学风格；第四，教学模式构建可以提高教师对不同教学环境的适应力，在教学中做到左右逢源。

随着教师的教学成长，其教学改进的重点会逐步从琐碎的技术问题转移到教学模式的建构上来。除教学工作坊外，高校教师还可以通过各种形式开展集体教研，以教学模式探讨、促进成员教学风格的形成为根本任务，促进教师的教学成长。

(三)教学行动研究

中外教育史上很多教育家都重视“教师对于自身教育教学工作”的研究,将其视为教师研究工作的重心。最有代表性的是苏联教育学家苏霍姆林斯基,他指出,只有善于分析自己工作的教师,才能成为得力的、有经验的教师。在自己的工作中分析各种教育现象,正是向教育的智慧攀登的第一个阶梯。[1]苏霍姆林斯基认为,教师创造性地工作所面对的问题,这些问题虽然在教育科学上已经获得解决,但是当一个创造性地工作的教师一旦成为理论和实践的中介人,这些问题就经常以新的方式呈现在他的面前。[2]

苏霍姆林斯基的话指出了教师教学的工作的本质是个体性的、实践性的、情境性的。在教师的教育教学中,总有一些难题无法通过一般的讨论、学习得以解决,更可能有一些情况是教师自身的课堂教学所面临的独特问题,其他人或已有的研究者无从体会,也就难以有效地帮助教师解答。在这种情况下,开展教学行动研究就很有必要了。

行动研究是教师增进知识、改进教学的有效通道。随着社会的发展,尤其是随着学生群体多元化特征的出现,教学的复杂性有增无减,“教师”职业对从业者的要求越来越高。教师在入职前获得的有关“教学”的知识、技能和经验,已经难以满足学校教育中的各种需求。在这份强调爱心、责任和严谨的工作中,为了让自己的工作精益求精,每一位教师都在教育观念、教学技能、专业知识、职业道德和个人修养等方面寻求不断的自主发展、自我完善。

行动研究的核心在“行动”,因此,它同一般意义上的学术研究有所区别。关于行动研究的定义有很多,最有代表性的是《国际教育百科全书》对行动研究的定义:行动研究是由教育情境的参与者,即教师,为提高对其所从事的教育实践的理性认识,为加深对其实践活动及活动背景的理解所进行的反思研究。行动研究可能会改变的不只是教师的知识与行为,更主要的是改变其教学思维方式,通过行动研究,教师更可能了解教学具体情境中的具体问题,并对通过自身行动改变教学效果这一行为形成深刻体会。

---

[1][苏]瓦·阿·苏霍姆林斯基.给教师的建议(修订本 全一册)[M].杜殿坤,编译.北京:教育科学出版社,1984:506.

[2][苏]瓦·阿·苏霍姆林斯基.给教师的建议(修订本 全一册)[M].杜殿坤,编译.北京:教育科学出版社,1984:508.

教学行动研究的过程大致可以分为四个阶段:第一个阶段是了解现状、明确问题:对高校教师来说,问题的来源可能是课堂教学中对教师构成困扰的现象或事件,也可能是教学现实与教师理想之间的差距,还可能来自教学评价中不合格的方面。在行动研究中,问题的明确化是跟现状的准确把握同步进行的,教师可以借助多种手段找出问题的主要方面及成因。常用的方法有以下几种(表3-9)。

表3-9　教学行动研究的方法及应用范围

方法	方法针对性及效用
观察法	当教师想将琐碎的课堂现象明晰化时,可以借助观察记录表进行记录、分析,了解学生的行为及背后可能的动机
开放式问卷法	适合于用来收集意见、建议等不确定内容的信息,因为你只需要提出你的问题,而不必预先考虑可能的答案是什么
访谈法	通过深入的沟通获得平时不易观察的或是不容易收集的信息;访谈也可以对需要综合判定的信息例如态度、观念等,做出结论;访谈还可以增进你和访谈对象相互的理解,就确定的时间或主题交换彼此的看法
问卷评估法	测评你的教学行为、你与学生的关系、你的学生对你的教学的态度等信息的时候,问卷评估法是最好的选择
教学日志反思法	该方法可以留下比较全面的、真实的课堂教学资料,有利于教师对自己的课堂教学行为进行持续的比较和分析,但需要投入比较多的时间和精力
核查表法	多用在教师自检课堂教学行为、观察课堂活动组织等时候,核查表技术成功的关键是编制者对需要核查的内容有深入的理解和系统的把握,准确地列出列全各个重要而有效的具体行为
录音录像分析法	分析每节课中各种教学行为(如教师讲解、提问、表扬等)的累积时间或发生频次、频率,还可以将不同的课堂教学进行对比分析
标准化测验法	当教师想判断某种确定能力的水平(例如阅读能力)、某种知识准备的水平(例如教师多媒体技术水平)或是某种心理状态(例如压力)的时候,我们可以求助于许多专家或机构研发的标准化测验

教学行动研究的第二个阶段是分析问题、制订具体的课堂改进策略。教师可以通过自我反思、自我分析、生情分析、教学环境分析、查阅文献资料、向他人请教等多种方式制订具体的改进策略，同时教师应当考虑自己可资利用的资源，提前预判可能存在的困难，改进策略的设计要有一定的灵活性，最好是有备选方案。

教学行动研究的第三个阶段是将方案付诸实施，并详细记录方案实施的具体过程。这一阶段是行动研究的本质所在。教师在实施改进方案时要注意随时了解行动的效果，适时做出调整；对那些没有有效解决的问题，要做详细的记录。

教学行动研究的最后一个阶段是总结、发现新问题。行动研究的特点之一是它的循环性，没有任何行动研究可以一次性解决所有问题。通过总结本次行动研究的效果、问题，教师获得了经验与知识，但新的问题或者没有完全解决的问题，就自然成为下一个行动研究循环的起点。

CHAPTER 4

第四章

高校教师教学发展的组织机构

高校教师教学发展中心是当前高校教师教学发展机构中发展较完备、体系较完整、各国重视程度较高的高校教师教学发展机构，也是各国高校教师教学发展机构未来重点建设和发展的对象。在国外，教师教学发展中心作为高校教学质量保障体系的有机组成，已有半个多世纪的历史，发展相对比较成熟，旨在为支持教师专业发展提供一系列的计划和服务，多为实践性、经验性的。在国内，教师教学发展中心是一个新生事物，其发展基本上还处于起步阶段。继2012年教育部确定30个国家级教师教学发展示范中心以来，高校教师教学发展中心开始蓬勃发展。

一　高校教师教学发展的机构设置

高校教师教学发展中心是促进高校内部机构紧密联系的桥梁，组织系统是桥梁的支柱。要想搭建这座通向高校教师教学繁荣发展之路的桥梁，就必须在这座桥梁的支柱设计上做好准备工作，以确保这座桥梁既简洁美观，又高效实用。教学发展中心的发展演变、功能定位、中心性质、机构命名就是设计这座桥梁支柱的基础。

（一）高校教师教学发展机构的发展演变

高校教师教学发展组织机构经历了几个发展阶段，从初期的高校教研室，到各学科院系教研组，再到比较系统的高校师资培训。如今，教师教学发展中心成为高校教师教学发展组织的代表机构。

1.发展初期的高校教研室

高校教研室始于20世纪50年代，是高校内基层教学科研的管理组织，也是高校教师教学发展最初期的机构。《高等学校教学管理要点》专门指出："教研室（学科组）是按学科、专业或课程设置的教学研究组织。"到20世纪80年代，教研室逐步形成集教学、科研于一体的组织，还担负着教师的调整、业务考核、学术水平鉴定、工作考勤等日常行政管理工作。教研室一度成为高校教学质量的保障机制。工作内容的扩展也为教研室的职能异化埋下伏笔，教研室的主要职能应该是组织指导与研究教学、促进教师教学发展、促进课程建设、促进学科发展等，但实际上教研室逐渐退化为执行高校教务处布置教学任务的教学行政基层单位，承担过多的行政事务或者执行少量的形式化与琐碎的职能，使教研室的性质由学术性逐渐被行政性取代。[1]随之20世纪90年代高等教育系统中出现了"去教研室"的现象，使得教研室在改造中逐渐被取消或名存实亡，其主要原因是：首先是建立在学科分隔、课程分割基础上的教研室不适应学科交叉教学、学分制人

[1]李丹.高校教师教学发展中心的中美比较研究[D].南京师范大学硕士学位论文，2014:29.

才培养模式的需要。其次是多科性和综合性的院校发展趋势使得高校传统的“校系教研室”组织模式逐渐被“校院系”的模式所取代。最后,在高校教学和科研双中心的确立以及科研比重加大的情况下,教研室教学和科研的功能被新的学习和研究所分化,实际上被架空。加之教研室的制度管理不完善以及缺少政策和资金的支持,使得教研室的发展面临诸多问题。教研室的消失使得教师教学发展失去了有效约束力,缺少最基本的教学质量标准和执行规范。[1]

2.分级分类的高校师资培训

新中国成立以来,我国高校教师的教学能力提升主要是通过教师进修和培训的方式实现的,具体而言是指依托条件较好的高校以及各地师范学院办教育硕士课程班或助教培训班,派教师外出进修或攻读研究生学位,对于初任高校教师者进行教育学、心理学课程培训,以及鼓励教师参加各种国内、国际的学术交流会议,撰写有关教育教学研究论文等。[2]20世纪90年代,在国家政策主导下逐渐形成了中国高校师资培训的三级体系,成立了一些高校教师培训中心。高校教师培训带有一定的强制性,重点培养精英型教师,因此致使培训人数有限,不能适应高校教师整体提升的要求。另外在培训内容上表现为培训课程单调和统一,忽视教学实践环节,而且培训脱离教师工作的具体环境,教师来到指定中心培训导致其与日常工作实践脱节,不利于教师适应和融入所在高校的组织和日常教育教学工作。一项对高校教师进修和培训机会的评价调查研究显示,有43.8%的教师表示满意,有超过56%的教师表示不满意,[3]可见教师培训管理需要有所改善。

3.初见端倪的教学发展中心

教学发展中心起源于美国学术委员会的一项教师发展决议案。它是由大学依据教育主管部门的要求或依据本校未来发展目标而自行建立的。[4]美国大学教师发展组织化始于20世纪60年代密歇根大学的学习与教学研究中心。进入20世纪90年代,美国大部分高校设置了大学教师发展机构。[5]英国高校教师发

[1]刘小强,何齐宗.重建教研室:教学组织变革视野下的高校教学质量建设策略[J].高等教育研究,2010(10):57-61.

[2]潘懋元,罗丹.高校教师发展简论[J].中国大学教学,2007(1):5-8.

[3]刘慧珍,洪成文.高校教师发展:教师需求与政策支持——基于实证调查的政策适切性分析[J].教育学术月刊,2013(1):63-67.

[4]王中向.我国高校教师发展的新探索——以教师教学发展中心为例[J].湛江师范学院学报,2012(2):5-9.

[5]林杰.美国大学教师发展的组织化历程及机构[J].清华大学教育研究,2010(2):49-56.

展机构于20世纪六七十年代逐步建立，20世纪80年代后获得快速发展。[1]日本高校的教师发展机构则起步于20世纪90年代。[2]目前，我国香港地区的高校和台湾地区的高校也都设有此类促进教师教学发展的专门机构。国外除了校级的教师教学发展中心，还有州级的高校教师教学发展机构，如德国就在各州设州级高校教师教学发展机构，这些机构有的是由州文教部设立的带有政府性质的组织，有的是由各基金会、高等教育机构等非营利性组织组建。

我国内地高校教师教学发展机构起步较晚，大都是在21世纪初才开始真正建立起来。2010年《国家中长期教育改革和发展规划纲要（2010—2020年）》中提出要进一步深化本科教育教学改革，提高本科教育教学质量，大力提升人才培养水平。[3]由此，教育部、财政部在“十二五”期间启动实施的《教育部 财政部关于“十二五”期间实施“高等学校本科教学质量与教学改革工程”的意见》（教高司函〔2011〕6号）中提出“引导高等学校建立适合本校特色的教师教学发展中心，重点建设一批高等学校教师教学发展示范中心，承担教师教学发展中心建设实践研究”。[4]2012年3月教育部在《教育部关于全面提高高等教育质量的若干意见》（教高司函〔2012〕4号）第二十七条中提出“推动高校普遍建立教师教学发展中心，重点支持建设一批国家级教师教学发展示范中心，有计划地开展教师培训、教学咨询等，提升中青年教师专业水平和教学能力”。[5]2012年7月《关于启动国家级教师教学发展示范中心建设工作的通知》（教高司函〔2012〕107号）指出：建立国家级教师教学发展示范中心，借鉴发达国家有关高校的经验做法，探索建立适合我国国情、区情、教情的教师教学发展中心运行机制，重点突出建设教师培训、教学咨询服务、教学改革研究、教学质量评估、提供优质教学资源、促进域内教师教学发展中心建设六方面。教育部高等教育司于2012年9月公布了《关于对拟入选“十二五”国家级教师教学发展示范中心进行公示的通知》，中央财政资助对遴选的30所国家级教师教学发展示范中心分别予以500万元建设经

[1]孙惠敏．新建本科院校教师发展机构的建设思路——基于比较的视角[J].高等教育研究，2012(7):74-78.

[2]施晓光，夏目達也．日本“大学教师发展”的经验及对中国的启示：基于名古屋大学的个案[J].清华大学教育研究，2011(4):79-85，112.

[3]教育部．国家中长期教育改革和发展规划纲要（2010—2020年）[EB/OL]．[2018-6-23]．http://old.moe.gov.cn/publicfiles/business/htmlfiles/moe/info_list/201407/xxgk_171904.html.

[4]教育部，财政部．教育部 财政部关于“十二五”期间实施“高等学校本科教学质量与教学改革工程”的意见[EB/OL]．[2018-6-23]．http://old.moe.gov.cn/publicfiles/business/htmlfiles/moe/A08_zcwj/201107/122688.html.

[5]教育部．教育部关于全面提高高等教育质量的若干意见[EB/OL].[2018-6-23].http://old.moe.gov.cn//publicfiles/business/htmlfiles/moe/s6342/201301/xxgk_146673.html.

费，在"十二五"期间分期拨付。国家对高校教师教学发展中心建设予以政策的支持和财政上的保障，此后更多的高校开始筹备教师教学发展中心的建设。

（二）高校教师教学发展机构的功能定位

高校教师教学发展中心的功能定位是指教师教学发展中心在高校教师发展中应该发挥的功能和作用。它包含两层含义：第一，教师教学发展中心是一个什么样的机构；第二，教师教学发展中心实际应该发挥什么样的作用。2011年教育部、财政部在《教育部 财政部关于"十二五"期间实施"高等学校本科教学质量与教学改革工程"的意见》中明确提出我国高校教师教学发展中心要义是：积极开展教师培训、教学改革、研究交流、质量评估、咨询服务等各项工作，提高本校中青年教师教学能力，满足教师个性化专业化发展和人才培养特色的需要。各高校教学发展中心也承接教育部指示，纷纷提出以提高教师能力为核心使命。比如，北京理工大学教学促进和教师发展中心提出"传播先进教育理念，推动教育教学改革，搭建温馨交流平台，传承卓越教学文化，引领教师专业发展，提升教育教学水平"的发展宗旨。总之，教师教学发展中心建设围绕以教师教学发展，创新教学文化，提高教育质量展开；西南大学教师教学发展中心是通过教师培训、研讨交流、咨询评价、教学研究、示范辐射等手段，着力构建教师终身发展体系，促进教师个性化专业化发展，培养能积极适应时代变化与创新人才培养要求的专家型教师，带动学校及区域内教师教学水平的提高。

30个示范中心因条件、资源以及定位的差异，在功能上也表现出一定差异。通过整理《拟入选"十二五"国家级教师教学发展示范中心PPT陈述稿》和示范中心的网页资料，可以发现各中心功能定位虽然存在差异，但大都包括了一些基本的类型，着重于教师培训、教学咨询、研究交流，促进教师教学理念更新、业务水平和教学能力提高、建设有学校特色的教学文化等方面。根据高校教师教学发展中心建设的工作目标，高校对其中心建设进行了定位，大致存在以下四种类型。

综合型教学服务机构。这类机构集"教学、服务、管理"于一体，带有一定的行政色彩，属于行政驱动的组织。如吉林大学教师教学发展中心是学校直接管理，具有行政、研究和服务职能，以提升教师教学发展能力为目标的综合性机构。又如德国的高校教师教学发展机构，其功能性质全面，高校教师教学发展只是其职能之一，除此职能外，还提供高校教师科研能力提升、职业生涯规划等方面的服务。

学术与教学型服务机构。这类机构以“教学、学术、研究”为核心，是一种学术研究组织，不是管理机构。北京理工大学的教师教学发展中心是一个面向全校教师专业化发展的常设教学学术研究及教学服务机构，通过提供以教师发展研究、教师专业培训和教师教学咨询为基础的教学支持与服务，满足教师专业化发展和人才培养特色的需要，提升教师教学品质和学生学习成效，不断提高学校教学质量和人才培养水平。

学术导向型服务机构。此类机构围绕“学术、服务”开展工作，是一种学术服务组织，而非权力性机构。东北林业大学教师教学发展中心是教学发展的学术性服务机构，开展提升教师教学能力与教学水平的服务工作。

教学辅助型服务机构。此类机构作为学院教务处或其他职能部门的科室，类似一种协会组织，基本上是教师互助模式。它既不是行政机构，也不是研究机构，而是“教学服务，教师发展”的服务机构。如江西师范大学教师发展中心，挂靠学校师资培训中心，开展教学技能培训、倡导教师互助合作、引导教师开展职业规划、提供教学咨询服务。[1]

表 4-1　教师教学发展中心的主要功能及活动形式

主要功能	活动形式
教学观念和文化的传播功能	学校教学观念文化的提炼 教学文化氛围的营造
教学培训与指导功能	教师高级研修班 示范课 课程辅导设计 微格教学 一对一的咨询 工作坊的座谈和讨论 教师档案袋的建立

[1]李若冰.高校教师教学发展中心建设研究[D].广西师范大学硕士学位论文，2014:13.

续表

主要功能	活动形式
教学与课程的研究功能	教学理论研究 教学中实际问题的调研 教学方法和教学工具的设计 设立教改项目
教学评价与反馈功能	教学评价体系设计 组织各种教学评价活动 教学优秀奖

(三)高校教师教学发展机构的性质

任何组织机构的功能都与其性质相匹配，可以说，是什么性质的机构，就发挥什么样的功能。高校教师教学发展中心的性质直接决定其功能。在我国高校，人们对教师教学发展中心的性质并没有形成共识，有的甚至还存在一些误解，导致教师教学发展中心的功能发挥达不到预期的效果。概而言之，主要的分歧或误解就在于其究竟是属于行政机构还是学术机构，有的高校将其作为行政机构，有的高校将其作为学术机构，莫衷一是。正因如此，高校赋予教师教学发展中心的权力或权利往往存在很大的不确定性，导致其功能定位不清，发挥的作用也相差很远。

1.行政机构性质

高校存在两类性质迥然的机构：一类是学术机构，主要是各院系或研究机构；一类是行政机构，主要是各行政部处或办公室。在很多高校，教师发展中心被划归行政机构系列，享有行政机构所拥有的各种工作条件，工作要求也与行政机构相同。作为行政机构，高校教师教学发展中心被赋予相当的行政级别，有的是副校级单位，有的是正处级单位，有的是副处级单位；中心的所有工作人员均享受行政人员待遇，拥有相应的行政级别，按照行政阶梯晋升等；中心的工作按照行政程序组织开展，主要依靠行政权力发挥作用；中心与其他行政和学术机构之间的关系表现为行政协调、行政领导或指导的关系；人员配备上少则仅一人，多则三五人不等，素质要求以行政素质为主，不看重学术专业背景。这种高度行政化的组织方式在本质上与高校原有的师资、人事行政工作方式并无太大差异，其运行逻辑依然是通过自上而下的行政权力和由外向内的行政手段管理、组织高校的教师发展工作，并没有试图从专业的角度重构高校教师的发展模式，也没有能力从学术的高度擘画教师专业发展的支持制度。正因为如此，这类高校教师教学发展中心所发挥的作用常常是非常有限的，主要表现为计划、组织和协调有关教师发展的活动，中心本身并不具有学术力量，也不能发挥学术影响力。

在教育部发布的《关于启动国家级教师教学发展示范中心建设工作的通知》中，明确提出了教师教学发展中心要承担的两大任务：其一，开展教学咨询服务。面向学校全体教师，重点是新进教师、中青年教师和公共基础课教师提供教学咨询服务，满足本校特色化人才培养和教师个性化专业发展的需要。其二，开展教育教学改革。借鉴国内外先进的教育教学理念、成功经验和有效做法，着重研究公共基础课和核心课程的教学内容更新、教学方法改革、教学模式创新；促进教师更新教学理念，掌握必要的现代教育技术，改进教学策略与技巧，提高教学能力；推动营造重视和研究教学的氛围，建设具有本校特色的教学文化；推广教学改革实践经验和成果，促进教学质量持续提高。[1]由此可知，教师教学发展中心被赋予的任务多数都是专业性极强的学术工作，并非普通的行政部门所应承担与所能胜任的。如果将发展中心视为纯粹的行政机构，等于将其工作职能窄化为一般意义上的学校行政管理或组织人事机构，遮蔽了其本应发挥的专业性职能。因此，从履行其职能的角度看，高校教师教学发展中心应当具有专业机构的性质，能够发挥教学引领作用，成为解决教学问题和困难，研究教学理论、方法和技术，培育教学文化，促进教学质量持续提高的基地。

2.非学术机构性质

我们知道，高校的学术机构主要是以学科或职业领域为基础建立起来的，比如，经济学院、工学院、法学院等，各学院之间虽然不乏相互协作和交叉融合，但各自的办学与发展都有其自身的逻辑与规律，是一种合作办学、学术平等关系，尤其在学术人员的关系上，并不存在教育者与受教育者的关系。从发展中心自身承担的使命出发，其需要与高校各学术机构保持密切的联系，为全校教师的专业发展提供支持与服务，这就与高校内部学术机构的相对独立性产生了矛盾。

[1]教育部.关于启动国家级教师教学发展示范中心建设工作的通知[EB/OL].[2018-6-20]. http://www.moe.gov.cn/s78/A08/A08_gggs/A08_sjhj/201207/t20120716_139396.html.

作为单纯学术机构的发展中心虽然具备充足的学术资源和专业基础，但在制度设计上并不具有全面开展教师发展工作的权限，这就在很大程度上限制了其功能的发挥与职能的实现。有的高校从节约行政资源出发，将高校教师教学发展中心挂靠相关院所，以减少编制和行政人员支出，这一做法的初衷是可以理解的，实际上也确实达到了上述目的，但由于学术职能的局限，这种制度安排并不能有效地发挥高校教师教学发展中心的功能。因此，不能将高校教师教学发展中心归入学术机构之列。

教育部在《关于启动国家级教师教学发展示范中心建设工作的通知》中，提出了建设国家级教师教学发展示范中心的目的，即“以提升高等学校中青年教师和基础课教师业务水平和教学能力为重点，完善教师教学发展机制，推进教师培训、教学咨询、教学改革、质量评价等工作的常态化、制度化，切实提高教师教学能力和水平，建设高素质教师队伍”。[1]为了达到这一目的，示范中心应当承担六项任务，包括开展教师培训、开展教学咨询服务、开展教学改革研究、开展教学质量评估、提供优质教学资源、承担促进区域内高校加强教师教学发展中心建设的相关任务，发挥示范、辐射、引领作用。毫无疑问，这些任务并不是一个单纯的学术机构所能承担的。即便教师教学发展中心具备了完成上述任务所需要的专业能力，但在开展具体的工作时，也必然会因为组织、制度方面的限制与掣肘而面临重重困难。

3.综合机构性质

高校教师专业发展是当代高等教育发展的要求，教师教学发展中心是教师专业发展的专门机构。作为一种专门机构，它既不是纯粹的行政机构，也不是纯粹的学术机构，而应具有混合行政机构与学术机构的性质。在行政方面，它拥有一定的行政资源，掌握一定的行政权力，担负协调和组织各学术机构教师发展的职能，但因为自身工作性质的专业性，它不能单纯地依靠行政资源和权力办事，更不能将自身等同于其他行政部处机关，而是应当利用自身的专业资源和力量，发挥专业权利和权威的影响力，从而赢得各学术机构的尊重，有效地利用其行政资源和行政权力。在学术方面，它拥有一定的学术资源，享有一定的专业权利，担负提供学术和专业咨询、资源、指导和教育的任务，但因为其服务对象即学校

[1]教育部.关于启动国家级教师教学发展示范中心建设工作的通知[EB/OL].[2018-6-20]. http://www.moe.gov.cn/s78/A08/A08_gggs/A08_sjhj/201207/t20120716_139396.html.

各学术机构的学术人员大多具有特殊的身份，以及各自学科专业领域内深厚的学术修养，它很难像一般的学术机构从事人才培养和科学研究那样，对各学术机构的学术人员发挥天然的培养和教育作用，而是应当借助必要的行政资源与行政手段，对教师发展工作进行全方位的促进与支持，从而赢得学校各部门的关注和有效地落实其专业任务。

所以，高校教师教学发展中心必须将行政机构和学术机构的性质有机地融为一体，成为兼具行政和学术属性的专门机构，从而发挥行政与学术的双重优势，有效地履行教师专业发展使命。这同样也是国外高校教师教学发展中心的共同经验。例如，美国密歇根大学学习与教学研究中心（CRLT）隶属于教务处，由一名助理副教务长负责，专职工作人员达30人之多，包括行政管理人员、各学科教学顾问、研究咨询人员、项目协调人员、评估专家、技术支持人员等，其中教学顾问和研究咨询人员占一半左右。[1]由此可见，密歇根大学学习与教学研究中心既不属于单纯的行政机构，也不属于单纯的学术机构，而是兼具行政和学术双重性质的专门机构。也正因为如此，它才能发挥支持教师专业发展的作用。

（四）高校教师教学发展机构的名称特性

机构名称是组织功能定位的直接反映。对高校教师教学发展中心的不同命名实际上就意味着机构设置者在其功能定位上的不同认识，它也映射出不同的服务对象和不同的服务内容。

1.教师教学发展中心

以30个国家级示范中心为例，它们在命名上存在着一定差异，说明不同名称的中心其功能和职能在研究、服务、行政，还有教学辅助服务上的侧重点不同。从名称上看，30个国家级教师教学发展示范中心中以“教师教学发展中心”命名的有21所，以“教学发展中心”命名的有1所。超过一半的中心采用了教育部文件中的“教师教学发展中心”或者“教学发展中心”的名称，这些中心的建立时间多在教育部相关文件出台之后。这些中心的命名突出了高校教师发展中的教学发展部分，体现了本轮教学质量和教学改革对教师教学能力和水平的重视，是政策引导的直接体现。

---

［1］University of Michigan. About CRLT [EB/OL].[2015－10－22].http: //www.crlt.umich.edu/aboutcrlt/aboutcrlt.

2.教师发展中心

30 个国家级示范中心中，以“教师发展中心”命名的有 4 个，这类中心功能定位大多围绕在促进教师的教学发展为核心的基础上，力图兼顾教师其他方面的发展，如专业发展、个人发展等方面，突出通过推动教师各方面的发展来实现学校整体发展。有些高校虽以“教学促进与教师发展中心”命名，但它们的英译名称都是“Center for Faculty Development”，也可以理解为是“教师发展中心”，同时也体现了名称上与国际接轨，便于国际交流。与国内相比，国外教学发展中心大部分以教学中心命名，如 Teaching Center 或者 Learning Center，尽管在命名上存在一些差异，也体现了其功能定位的区别。

3.综合服务中心

以综合服务为主命名的中心以国外见多，其特点是服务对象的广泛性和服务项目的全面性。它们不仅面对专业教师，而且还为职员、学生群体服务，对专业教师还细化为不同职业阶段，如卓越教学中心（Excellent Teaching Center）、教学支持和发展办公室（Office of Instructional Support and Development）、教学发展和研究中心（Center for Instruction Development and Research）。

表 4-2　国家级教师教学发展示范中心名称归类（单位：个）

中心名称	学校名称	数量
教师教学发展中心	重庆大学、复旦大学、中国人民大学、浙江大学、华东师范大学、四川大学、华中科技大学、武汉大学、哈尔滨工业大学、吉林大学、西安交通大学、西南财经大学、东南大学、大连理工大学、西南大学、华南理工大学、东北师范大学、中南民族大学、南京大学、北京大学、中国科技大学	21
教师发展中心	厦门大学、西南交通大学、北京师范大学、北京交通大学	4
教学发展中心	上海交通大学	1
教学促进与教师发展中心	山东大学、北京理工大学	2
教学研究与培训中心	清华大学	1
教师专业能力发展中心	陕西师范大学	1
		合计：30

(五)高校教师教学发展机构的主要职能

教育部颁布《关于启动国家级教师教学发展示范中心建设工作的通知》,探索建立适合我国国情、区情、教情的教师教学发展中心运行机制,以提升高等学校中青年教师和基础课教师业务水平和教学能力为重点,完善教师教学发展机制,推进教师培训、教学咨询、教学改革、质量评估等工作的常态化、制度化,切实提高教师教学能力和水平,建设高素质教师队伍。

1.六大职能

根据文件精神,教师教学发展中心重点突出六个方面的内容。

(1)开展教师培训

面向学校全体教师,重点是中青年教师、基础课教师和研究生助教开展培训,促进教师更新教学理念、掌握必要的教育技术和教学技能,提高教学能力。

(2)开展教学咨询服务

面向学校全体教师,重点是新进教师、中青年教师和公共基础课教师提供教学咨询服务,满足本校特色化人才培养和教师个性化专业发展的需要。

(3)开展教学改革研究

借鉴国内外先进的教育教学理念、成功经验和有效做法,着重研究公共基础课和核心课程的教学内容更新、教学方法改革、教学模式创新;促进教师更新教学理念,掌握必要的现代教育技术,改进教学策略与技巧,提高教学能力;推动营造重视和研究教学的氛围,建设具有本校特色的教学文化;推广教学改革实践经验和成果,促进教学质量持续提高。

(4)开展教学质量评估

会同校内有关部门,加强对教师特别是中青年教师的业务水平、教学能力、教学效果等的考核、检查、评估和交流,确保教学改革卓有成效、教学质量不断提升。

(5)提供优质教学资源

汇聚本校教学名师、优秀教师等高水平师资,集成校内优质教学资源,形成共享机制,为提高教师业务水平和教学能力实施全方位服务。

(6)承担促进区域内高校加强教师教学发展中心建设的相关任务

组织区域内教师教学发展中心管理人员培训;开展教师教学发展中心建设

实践研究;组织开展全国或区域内高校公共基础课骨干教师培训工作;为区域内高校开展师资培训提供优质教学资源和特色专业办学经验,发挥"中心"的示范、辐射、引领作用。

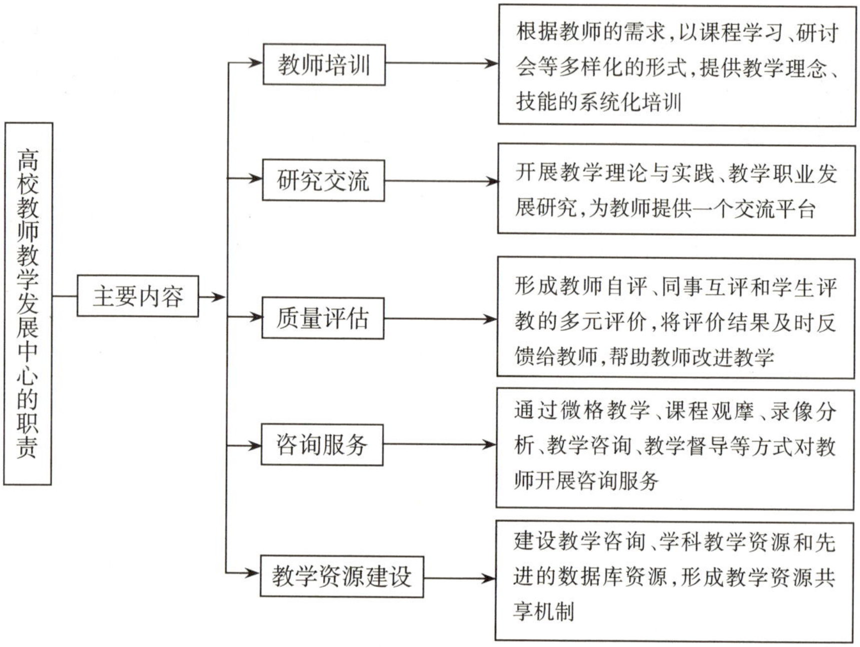

图4–1　我国高校教师教学发展中心主要工作职能

2.职能分析

随着国家级高校教师教学发展示范中心的确立,各高校逐渐意识到教师教学发展中心的紧迫性,结合自己的校情相继建立教师教学发展中心,系统地开展教师教学工作,以此提升教师教学能力。尽管我国高校教师教学发展中心比国外著名高校的教学发展中心建设时间短,但我国教师教学发展中心的建设速度较快,并取得了阶段性的成效。

为了深入分析我国高校教师教学发展中心建设的基本情况,笔者选取国内外部分高校教师教学发展中心,进行职能对比(表4–3)。

表 4-3　国内外高校教师教学发展中心主要职能一览表

区域	学校	中心名称	主要职能
国内	清华大学	教学研究与培训中心	教师岗位达标培训、教育技术与培训、教学质量监控与评估、建设精品课程和优质教学资源
	华东师范大学	教师教学发展中心	打造教师培训队伍、优化课程结构、探索培训与管理模式、丰富教学资源
	四川大学	教师教学发展中心	教师教学资源建设、研讨沙龙、教学效果测评、教学示范与推广
	厦门大学	教师发展中心	开展教学研究、教学能力培训、教学咨询、教学质量评估、区域服务与国际交流合作
	西南大学	教师教学发展中心	开展教学培训、教学改革、教学评估、教学咨询与服务
	香港大学	教与学促进中心	教师发展、教学评价、教学研究、课程改革
	香港中文大学	学能提升研究中心	教学评价、教学设计、教学咨询、网上学习
	香港理工大学	教学发展中心	教学评价、教学政策、新教师培训
	台湾大学	教学发展中心	规划研究、设计课程、教学咨询、推广多媒体教学
国外	密歇根大学	学习与教学研究中心	多元化的教学与学习、跨学科教与学、学生学习评估、教育技术、未来教师培训
	哈佛大学	博克教学和学习中心	课堂教学的支持、教学评价与反馈、教学研究与出版
	斯坦福大学	教学与学习中心	教员会议及研讨会、教学咨询、教学评价
	牛津大学	牛津学习中心	学术研究、研讨会、教学咨询、支持新进教师、职业规划与发展
	昆士兰大学	教学与教育研究中心	研究、开发和创新
	名古屋大学	教与学促进中心	完善FD项目、开展新任教师研讨会、课程评价调查

(1)提高教师的教学水平和教学能力

从高校人才培养角度而言,教师是提升人才培养水平的关键。教学、科研、社会服务与文化传播四大职能是现代高校具备的基本职能,这四大职能的承载主要是高校教师,高校教师是实现这四大职能的直接因素。因此,高校的发展首先是教师的发展,教师的发展带动学校的发展,学校的发展为学生的成功成才创造条件,学生的成才促进社会的发展,这也是一个良性的循环系统。教学发展主要是指通过改善教学条件,提高教师的教学技能与水平,提高教学质量。在现实中,对部分刚刚从高校或是研究院(所)毕业,缺乏从事高校教学实践与能力的教师,可以通过教师教学发展中心的培训与学习,让其掌握一定的教学方式、方法与教学理论。教师教学发展中心作为一种组织机构,它的存在能够有效促进教师教学发展;教师教学发展中心的成立,也是组织在支持教师的发展。教学发展中心可以利用有利的条件建立简历教学档案袋、开设教学研讨班、分析和改进教师教学技巧,运用教学技术开展各种与改善教学相关的活动。[1]另外,组织机构的存在也是一种制度保障,组织机构处理教师教学的日常性事物,并且围绕教师的教学开展业务活动,这是机构对教师教学的促进作用。基于此,从高校自身因素讲,成立高校教师教学发展中心也是一种必然。

(2)提高管理效率和降低管理成本

高校教师是学校得以良性生存之本,没有优秀的教师培养不出优秀的学生,优秀教师是培养优秀学生的基础。作为教学管理部门,其主要职责就是为全校师生服务,教师教学发展中心为教师发展创造条件,教师的发展带动学生的发展,从而有效带动教学效率的提高,进而减少教学管理部门检查教师的教学状态、学生上课等情况的时间,为全校师生创造更好的教学工作环境。在学校与二级学院的二级管理中,虽然教师隶属学院的学科,但是,除学科的教学与研究之外,新教师的教学成长基本游离于学科之外,归学校一级专门行政机构管理,这就造成教师归属于学院,而教师的培养游离于学院之外。就二级学院的实际情况而言,这些新教师基本上未经历过培训直接上岗,缺失中间助教环节,势必造成新教师教学环节的脱节。[2]

---

[1]徐延宇.高校教师发展——基于美国高等教育的经验[M].北京:教育科学出版社,2009:23.

[2]曹琦林.高校教师教学发展中心组织职能定位研究.[J].黑龙江教育(高教研究与评估),2013(4):91-92.

(3)推动不同院校之间的教师交流

不同高校之间的教师由于知识背景不同,存在教学方法与方式的不同,这就造成知识接收方式的不同。作为高校教师,尝试不同的教学方式,可以有效地提高学生接受知识的能力。通过教师教学发展中心这一中间媒介,可以为不同学校不同学科的新教师提供专门的学习平台。比如,师范院校的教师大多受过专门的师范教育,具备从事教学的基本素质,可以为工科学校的教师提供理论学习指导;工科学校教师可以为师范院校的教师提供不同的思维方式与方法。同一学科之间的交流,重点高校的优秀教师教学视频可以和一般高校的新教师分享,从而带动本学科教师研究教学,促进教学。

(4)建立教师教学的主导地位

从个人角度而言,由于绝大多数教师来自非师范院校,这些教师当中大部分都是重点高校、研究所博士毕业,具有雄厚的专业基础,但是他们刚毕业就走上教学工作岗位,缺少教学实践;况且部分高校由于教师资源缺乏,青年教师没有经过一定时间的观摩学习而直接从事教学工作,存在毕业就上岗的现象。当前高校教师科研压力重,教学意识淡薄,改变了过去教学与科研并重的局面,不是为了教学而从事科学研究,而是为了科研而从事科学研究。种种不完善的教师培养制度,淡化了教师的主人翁地位,导致教师个人产生厌教、积极性挫伤等问题。引导高校建立教师教学发展中心可以使教师培训制度化,从而提升教师的教学能力。从教学管理来看,一线教师从事教学的能力严重不足,不论是重点高校还是非重点高校,教师讲课过程基本就是电影式播放,没有经过扎实、充分的备课过程,从而导致教学过程缺乏吸引力,教师厌教,学生厌学,形成一系列恶性循环。在部分优秀教师看来,新教师基本不具备从事高校教学的能力。教师教学发展中心能够有效带动新教师教学能力的提高,这也是教师教学发展中心成立的关键所在。

(5)为教师发展提供现实条件支持

作为一个专门为高校教师服务的部门,其存在有其必然性和必要性,也是为高校教师发展提供现实条件,为教师教学的发展创造一种条件,推动教师教学水平的发展。对教师的生活与职业生涯进行规划,实体性的教师咨询与治疗机构,能够解决教师教学中存在的问题,没有教师教学发展中心,教师教学能力的提高就无法从实处着手。教师发展应该有专门为教师发展服务的机构才是关键,没有组织机构与制度的保障就无法实现预期目标。教师教学发展中心是为教师发展而设置的专门性治疗机构,不仅要为教师发展中存在的问题进行分析,而且要针对存在的问题提出解决方法,这是教师教学发展中心存在的现实意义。作为实体性机构,教师教学发展中心可以经常举行学术交流,让年轻教师通过学习提高自身的教学与学术水平。

二　高校教师教学发展的运行管理

教师教学发展中心作为高校教师教学发展机构的新兴组织，已初步发展成为一种致力于教师教学能力提升的专门机构，机构设置呈现较大的差异性，其建设目标多样，基本建制趋同，组织结构多元，这些各具特色的机构设置使得教师教学发展中心在不同学科背景、不同教育目标的高校逐步发展壮大起来。

（一）高校教师教学发展机构的建设目标

从国家战略高度来讲，我国高校教师教学发展中心的最终目标是“培养高级专门人才、发展科学技术文化、促进社会主义现代化建设”。从教育层面来说，我国高校教师教学发展中心的目标是“提高教育质量”“建设高等教育强国”。《国家中长期教育改革和发展规划纲要（2010—2020年）》指出，我国“到2020年，高等教育结构更加合理，特色更加鲜明，人才培养、科学研究和社会服务整体水平全面提升，建成一批国际知名、有特色、高水平的高等学校，若干所大学达到或接近世界一流大学水平，高等教育国际竞争力显著增强”。[1]

建设高校教师教学发展中心的直接目标是“提高本校中青年教师教学能力，满足教师个性化专业化发展和人才培养特色的需要”，要服务教学。[2]在这样的目标背景下，全国各高校教师教学发展中心也有自己不同的目标。[3]

从2012年至2018年，国家级教师教学发展示范中心的建设目标也发生了转变，发展中心的建设目标正从关注“教师技能”向关注“教师发展”转变。成立初期的国家级教师教学发展示范中心的建设目标主要包括提升教师教学技能，提升教师的科研、服务、管理等其他能力，带动区域教师教学的共同发展以及帮

[1]教育部.国家中长期教育改革和发展规划纲要（2010-2020年）[EB/OL].[2018-6-23].http://old.moe.gov.cn/publicfiles/business/htmlfiles/moe/info_list/201407/xxgk_171904.html.

[2]教育部，财政部.教育部 财政部关于“十二五”期间实施“高等学校本科教学质量与教学改革工程”的意见[EB/OL].[2018- 6- 23].http://old.moe.gov.cn/publicfiles/business/htmlfiles/moe/A08_zcwj/201107/122688.html.

[3]别敦荣，李家新.大学教师教学发展中心的性质与功能[J].复旦教育论坛，2014(4):41-47.

助教师明确个人的职业生涯发展规划。至2018年,教师教学发展中心的建设目标主要以提升教学技能、转变教学理念、构建教学发展体系三个方面为重点。30所国家示范中心中,22所中心建设目标包含提升高校教师教学技能,18所中心包含转变、传播先进教学理念,9所中心包含营造卓越教学文化,6所中心包含完善教学发展机制,5所中心包含发挥区域示范作用。从中心的建设目标的转变可以看出,从早期的注重教师教学技能提升,提高教师的教学科研能力,从而带动区域内高校教师的共同发展,经过五年的完善和探索,如今教学发展中心逐渐演化成为教师教学技能培训和研讨教学的机构,成为为不同学科教师提供的一个持续的、宽领域的教学问题讨论的场所,有利于促进跨学科的教师交流,促进教师专业发展。[1]

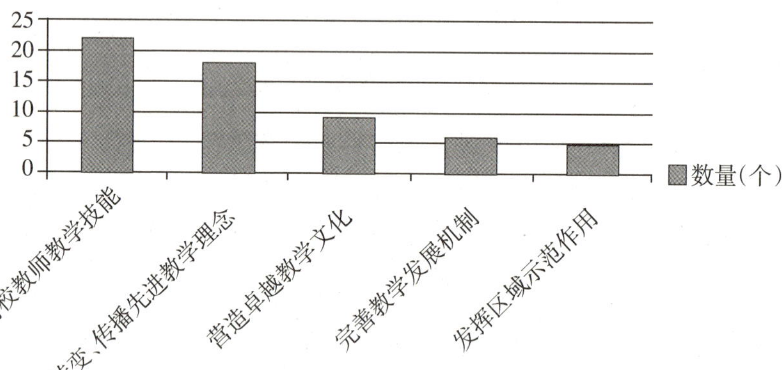

图4-2　国家级教师教学发展中心建设目标

(二)高校教师教学发展机构的隶属关系

教师教学发展中心的隶属关系直接决定了中心在学校的定位和功能,以及开展活动的纵深影响,体现了不同教师教学发展中心特有的组织结构形态,是教师教学发展中心管理权限归宿的标志。[2]高校教师教学发展中心的隶属关系主要有两大类:直属于学校和挂靠学校某部门。直属于学校是指直接隶属于学校的教学发展中心;挂靠学校某部门是隶属于学校内部某个单位的教学发展中心。一般来说,直属于学校的中心是学校的一级组织机构,由学校分管领导直接

[1]吴立保,张永宏.超越教师发展:范式转换与教学发展中心的建构[J].比较教育研究,2014(5):77-83.

[2]龙江莉.中美大学教师发展中心组织架构研究[D].陕西师范大学硕士学位论文,2014:16.

管理，其机构设置完善，体系完整，人员编制较充足，有较大的自主管理权；而挂靠学校某部门的中心是隶属于某个学院的二级组织机构，有的是附设于学校某个处级教学管理单位之下的挂靠机构，它们的自主管理权有限。

1.独立建制

这种隶属关系的中心是直属于学校的教学单位，直接对校长负责，其地位居于高校组织结构的上层；有提供专门服务的管理人员和专业技术人员，并可以在学校总体发展规划下自主运作并保障自身的功能得到最大限度的发挥。

以西南大学教师教学发展中心为例，教师教学发展工作由教师教学发展中心（以下简称"中心"）牵头实施。中心按照直属单位进行管理，独立运行。中心实行主任负责制，主任由分管教学工作的副校长兼任，负责主持中心重大事务及统筹协调全校相关工作；设副主任2名，负责中心日常管理；下设办公室，负责中心日常工作。依托各学科群优势学科，成立教师教学发展分中心，形成校中心着眼全局、分中心促进交叉、学院着力专业的三级管理体制。学校成立教师教学发展咨询委员会，咨询委员以在职教师为主，在全校范围内遴选产生，由热爱教学、理念先进、教学水平高的优秀教学专家担任，负责指导学校教学发展工作的开展，提供政策建议、教学培训、咨询评价及校本研究服务。

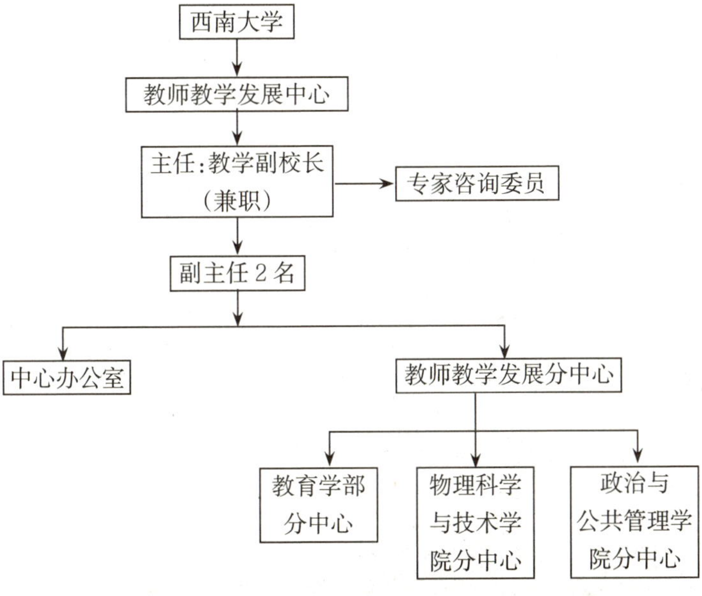

图4-3　西南大学教师教学发展中心结构图

2.隶属挂靠

这种隶属关系的中心要么挂靠在学校教务处、人事处或学工部，要么挂靠在本科生院和教育研究院。这些附设于管理部门的中心，它们的中心主任由主管部门的主任兼任，组成人员通常都是主管部门的下设各职能科室的工作人员。这类中心往往是挂靠在校内一些单位的组织机构，其应有的职能分散在学校的各个职能部门。具有此类隶属关系的教师教学发展中心有中国人民大学教师教学发展中心、华中科技大学教师教学发展中心等。

以中国人民大学教师教学发展中心为例，该中心挂靠中国人民大学教务处，以中国人民大学教育学院为依托开展教师教学发展活动。中心设主任两名，由一名校副书记兼副校长和一名副校长兼任；设副主任两名，分别由校教务处处长和人事处处长兼任；中心下设专家委员会、教学自助沙龙和六个办公室(图4-4)。

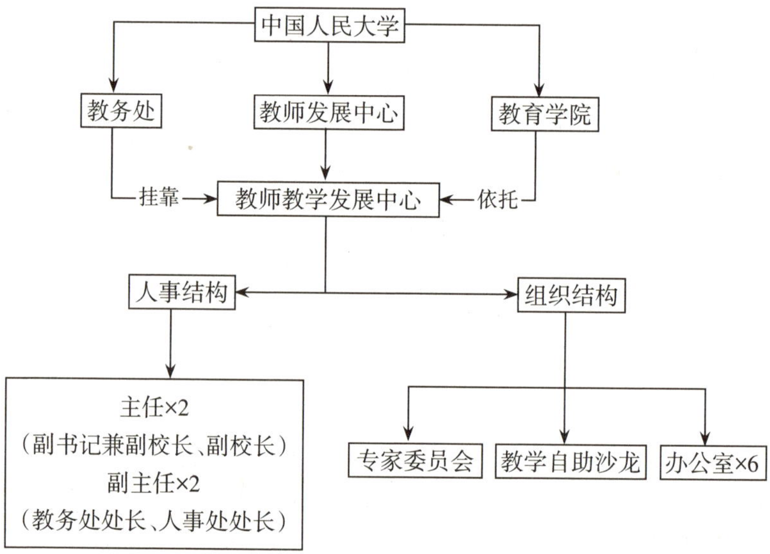

图4-4　中国人民大学教师教学发展中心结构图

2012年30个国家级示范中心中，直属于学校的教学发展中心仅有8个，有10个中心挂靠教务处，3个中心挂靠本科生院，其他中心分别挂靠人事处、教育研究院、学工部等部门。经过5年的发展，截至2018年，30个国家级教师发展示范中心中已有13个中心是独立建制，11个中心挂靠教务处，5个中心挂靠本科生院，1个中心隶属学校党委。教师教学发展中心独立建制增多正是学校重视高校教师教学发展的表现。独立建制的中心在人员配置、工作定位、活动内容等方面都有极大优势。

表 4-4 我国30个国家级教师发展示范中心的隶属关系表(单位:个)

类目		学校	数量
隶属机构	校直属单位	厦门大学、西安交通大学、上海交通大学、西南大学、东南大学、陕西师范大学、北京大学、中国人民大学、大连理工大学、东北师范大学、西南财经大学、北京师范大学、中南民族大学	13
	教务处	重庆大学、清华大学、南京大学、四川大学、华中科技大学、北京交通大学、华南理工大学、华东师范大学、中国科技大学、吉林大学、北京理工大学	11
	本科生院	复旦大学、山东大学、浙江大学、武汉大学、哈尔滨工业大学	5
	学校党委	西南交通大学	1
			合计:30

(三)高校教师教学发展机构的组织结构

教师教学发展中心的组织机构主要包括组织框架、科室设置、科室名称。

1.组织框架

我国教师教学发展中心以分支的业务部门为基础,结构层级较多,其管理方式表现为多部门联动作业;重要行政管理岗位的工作交由兼职人员来负责完成,由教务处或人事处处长兼任中心的副主任;民主的学术决策机构一般多为专家委员会。培训部、研究部、咨询部和评估部几乎是国内教师发展中心必设的业务机构。其中,培训部主要负责教学技能的培训;评估部主要对教与学的效果进行评估;咨询部主要为教师、学院提供咨询服务;研究部主要进行教学产品的开发和教学创新研究。此外,资源保障部主要提供教学设备和教学参考资料,并保障教学发展的优质资源得到共享。通过调研30个国家示范中心,笔者发现,即使教师发展中心的组织架构在细节上会因所处学校环境而有所差异,但在大体设计上仍有相似之处(图4-5)。

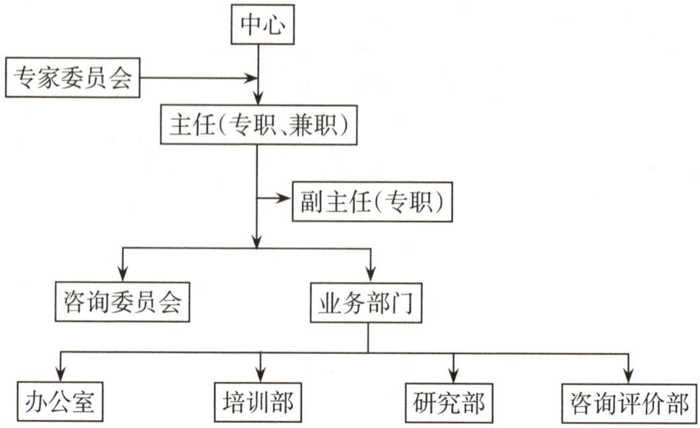

图4-5　我国高校教师发展中心的组织框架

2.科室设置

通过对30个国家示范中心的科室设置数进行统计可以看出,教师教学发展中心科室最少的设置2个科室,最多的设置9个科室;大多数的科室设置数集中在4~5个,设5个科室的教师教学发展中心最多。考虑到每个科室一般会配备一名专职管理人员,那么,若国内中心的科室设置越多,则管理人员的数量也会相应增多。

同时,示范中心的科室设置数与中心的隶属关系密切相关,中心隶属机构的行政级别越大,其科室设置数越多。那么,就国内中心最新或拟将设置的多个科室而言,在一定程度上能反映出大学重视教师教学发展中心的建设;而从整个中心组织机构的纵向设置来看,国内中心的组织机构又不免带有一丝“层次分明,逐级分权”的科层制组织色彩。

3.科室名称

我们对教师教学发展中心的科室名称进行词频排序发现,以“评估”“培训”“研究”“咨询”“技术”“资源”等六个关键词命名的科室较多,但超过半数的中心只有“评估”“培训”“研究”“咨询”四个关键词,这表明大多数教师教学发展中心都设置了“评估部”“培训部”“研究部”“咨询部”四个职能部门。其他设置相对较多的部门是“技术部”或“资源部”,或者是提供“技术、资源、服务”于一体的综合办公室。教育部提出教师教学发展中心的主要任务包括“教师培训、教学咨询服务、教学改革研究、教学质量评价、优质教学资源提供、区域服务与引领”六个方面。如此看来，教师教学发展中心主要以任务为导向设置下属机构。另外，教师教学发展中心科室的设置数也与其行政级别有关。一般而言，校级独立设置的教师教学发展中心科室数较多。[1]

（四）高校教师教学发展机构的人员配置

我国教师教学发展中心的主要岗位设有主任、副主任、办公室主任、业务人员等。中心主任要么是学校教学的领导或德高望重的教育专家，要么由其隶属机构的行政领导兼任，如由教务处处长、人事处处长或挂靠学院的副院长来兼任。中心一般设一名副主任，副主任一般要管理多个领域的事务，他们的权力大小呈现出一定差异。办公室主任的工作内容涵盖了日常管理、内部管理、公共服务管理在内的诸多事务。日常管理主要是负责项目工作的安排，负责制订并不断完善有关教师教学的发展规划及管理的规章制度；内部管理主要是负责对中心人事、财务进行管理和对课题研究任务的全面实施；公共服务管理主要是负责组织课题、学术交流活动，向学校领导、上级党政机构及主管部门汇报教师发展状况的调查结果报告，协调项目工作，承担组织中心的检查、评估工作。业务人员有专职和兼职人员，其工作职责主要是协助领导进行相关的行政及业务服务工作，其工作任务安排一般听从领导的嘱咐，工作内容比较烦琐，岗位的工作权责比较笼统，一些教师教学发展中心往往会由于工作内容过于浮泛而出现不同岗位工作人员重叠的现象。随着教师教学发展中心的不断发展，每个中心的业务分工逐渐明确，业务人员的工作职责也更加清晰。除此之外，中心还有一个特殊的团体，即“咨询委员会专家”，他们大多是教学名师、教育专家、培训专家及教育技术方面的专家，基本以兼职为主，以项目研究或者培训项目的形式服务于中心。

相比之下，美国教师发展中心的主要管理岗位设有主任、副主任、助理主任及教学咨询顾问、项目协调员、技术协调员、项目助手及负责联络教师和学生的研究生助教等服务人员。主任是专职人员，对外代表中心，有一定的话语权，有时会由于在中心做出的显赫成果而被提名为副校长。中心设的副主任、助理主任的人数比较多，都是专职人员，权力在各主任之间分散。他们之间有明确的分工，主要分别负责中心的各大类属项目的全面实施，安排和管理各类行政及学术

[1]李红惠.教师教学发展中心组织的建设趋势研究——以30个国家级教师教学发展示范中心的陈述稿为分析样本[J].复旦教育论坛，2013(1):29-33.

事务。具体来说,中心主任的职责主要是负责中心工作的综合协调,向校领导、上级组织或主管部门汇报工作;副主任和助理主任的职责主要是分工进行教学学术管理,为保障中心的运作制订相关的规章制度;其他服务人员的工作围绕教师发展项目和学生发展项目而展开,分别提供教学咨询服务及其他教学支持服务的相关专业服务。其他服务人员是专兼职相结合的。其中,教学咨询顾问负责教学咨询与指导;由项目协调员、技术协调员提供专题性领域的支持保障服务;项目助手或研究生助教、联络员负责与教师和学生进行沟通,了解更多师生的个性化需求。美国把教师发展中心的工作人员称为“高校教师发展工作者”,他们大多是来自多个院系或学科领域的专家和优秀教师。[1]

(五)高校教师教学发展机构的管理模式

高校教师是从事教学活动和学术职业的特殊群体。在其教学生涯中,许多教师在职业道德、工作满意度和专业发展等问题上存在不同程度的困扰,这些问题如果处理不当,易导致教师群体或个体士气低落、固步不前、创造力锐减。[2]因此,针对不同高校学科与师资结构的不同,以及教师在教学发展与成长阶段中遇到的各种问题,不同教学发展中心采取不同的管理模式。

1.学术人员主导、行政人员支援的“直线—职能”式

从形式上来看,这类学术人员主导、行政人员支援的“直线—职能”式教师发展中心运行机制,设教师发展中心管理或指导委员会,由校长本人或学术高层担任主管,下设教师发展中心对教师发展层次把关,这也符合美国教师发展组织模式中的校园中心模式的许多特征。这样主要由学术人员主导、行政人员支援的系统,在行政力度的支持下,使中心在学校行政管理层次中处于较高位置。

2018年30个国家级教师教学发展中心已经有22个中心采取学术人员主导、行政人员支援的“直线—职能”式管理模式,即中心由分管副校长或学术带头人任主任,有一名专职副主任,设学校教师教学发展专家委员会,由教师教学发展中心统领全校,对教师发展层层把关。这样的管理模式由学术带头人引导,行政负责人支持,在强有力的行政支持下,中心在学校居于较高管理层。中心设置

[1]龙江莉.中美大学教师发展中心组织架构研究[D].陕西师范大学硕士学位论文,2014:23.

[2]林杰.美国大学教师发展的组织化历程及机构[J].清华大学教育研究,2010(2):49-55.

又由“教学发展咨询委员会”和“业务部门”两个部分组成。教学发展咨询委员会为全校的教学发展咨询服务，主要负责提供中心发展规划建议，指导中心开展教学培训、教学交流、教学研究、咨询评价、示范辐射等工作。业务部门在咨询委员会的指导下，内设办公室、培训部、研究部、咨询评价部等部门。

例如：厦门大学教师发展中心为学校直属机构，设主任1人，由主管本科教学的副校长兼任；常务副主任1人；副主任2人；成员10人。这样，保证了中心在行政管理层中处于一个比较高的位置，在得到行政资源的强力支持下，中心的服务工作能够更有序和顺利地开展。中心由“学术顾问委员会”和“业务部门”两个部分组成。学术顾问委员会主要负责研究制订中心重大发展建设规划、中心教学人员选聘以及中心重大资金计划安排等决策，业务部门在学术顾问委员会指导下开展工作。业务部门内部设教学研究开发部、教学培训推广部、教学咨询交流部、教学质量保障部四个部门，开展中心的教学研究、培训、评估和咨询工作。这样，由校长设“学术委员会”主管对业务部门开展工作进行指导的中心运行在一定程度上提高了中心的管理层次，但是通常容易忽视中心人员的参与权和决策权。

2.多个部门密切合作、相互配合的“矩阵组织”式

我国高等教育组织机构中的“矩阵组织”结构形式特征之一就是由多个部门组织机构合作进行组织管理。这类中心根据职能设置从全校各单位挑选相关职能的工作人员，这些人员既归中心负责人领导，人事关系又属于原来的部门。这种管理模式的优点在于调动全校有效资源，最大限度地利用学校人力资源，丰富中心的各项职能，以发挥高等学校综合性的优势。然而，其缺点在于领导关系的双重性导致工作效率不高，分工协调不明，容易产生矛盾。2012年，30个国家级教师教学发展中心中，有16个中心采取“矩阵组织”的管理模式，即中心由多个部门组织机构合作进行组织管理。2018年只有8个中心采取此种形式。

例如：北京理工大学教学促进与教师发展中心属于学术与教学服务机构，设主任1人，副主任3人，工作人员7人配合教务处进行教学质量评估，以教育研究院为依托开展教师发展研究和咨询服务。中心由三支队伍组成：工作指导委员会——由教学副校长，教育研究院、教务处、人事处、国际交流合作处、现代教育技术

中心、工会等部门负责人组成，负责中心顶层设计、统筹规划和工作指导；专家委员会——由校内外、境内外、不同学科专业的教学名师、著名学者共23人组成，负责中心的督导咨询、教师培训、教学研究等工作；日常工作机构——由教育研究院、教务处、人事处、现代教育技术中心等专兼职人员组成。这样中心通过和各个职能部门共同参与，密切配合，相互合作，开展教师发展工作，从而达到资源的合理利用。[1]

[1]徐延宇，陈海莉.大学教师发展组织功能定位与运行机制研究——基于对30所国家级教师教学发展示范中心的分析[J].黑龙江教育(高教研究与评估)，2014.(6)：63-66.

三　高校教师教学发展的活动类型

随着高校教师教学发展理念的普及和推广，世界各国都在努力构建促进教师发展的有效运行机制，逐步推动高校教师教学发展的组织化和制度化，其中最为直接的表现是纷纷建立国家层面、社会层面以及学校层面的组织机构，不同组织机构开展各种活动促进教师的教学发展。

（一）高校教师教学发展机构的主要类型

从各国高等学校所建机构的主要功能来看，高校教师教学发展的组织机构呈现出如下三种类型。

1.以教学发展为主，提高教师教学能力

在高校从外延发展转向内涵发展和质量建设的今天，教学发展成为教师发展的核心。1991年，美国教育联合会对教师发展做出全面界定：教师发展基本围绕四个目的，即个人发展、专业发展、教学发展和组织发展。从世界各国高校教师发展的整体状况来看，虽然都不同程度地强调了个人发展、专业发展、教学发展、组织发展等多个方面，但大多数高校都把教学发展作为高校教师发展的重点领域和核心内容。因此，教学发展型的组织机构重视教师个体的专业成长，强调围绕教师教学能力开展教师发展活动和采取系列措施，最终促进高校的教学质量，是高校教学质量保障和发展的统筹和实施机构。[1]从行政隶属关系来看，这类中心大多数都下属于学校教务处、人事处，由教务长或分管教学的副校长直接领导，有的中心作为学校的直属单位独立建制。

既然侧重教学发展，此类机构在人员配置上也有明显特点，首先是挑选热爱教学并有志于教学研究的资深教师，其次是人员自身的教学与研究能力。因此，中心主任或负责人必然是在某一学科领域享有一定威望的高级职称专业教

[1]陈时见，李英.高校教师发展的机构建设与实施途径[J].教育研究，2013(6):72-79，100.

师，其他成员也普遍是具有博士学位的各学科专家，这样的人员配备被认为更具有“推动全校各学院的卓越教学与创新”的能力。此外，教学发展型机构的服务对象明确而集中，主要针对处于不同职业阶段的专业教师，包括研究生助理、新教师、资深教师，并通过专题讨论会、午餐会、讲座等方式为他们提供各种培训、学习和交流平台，从而促进教师更新教学理念，掌握必要的教育技术、教学技能，提高教学能力、教学方法和教学策略等。

总体来看，美国、英国、澳大利亚、加拿大以及包括中国在内的部分亚洲国家的高校教师发展机构大多数属于教学发展型，他们对教师发展概念的理解多集中在改善课堂教学方面，因此以开发和提高高校教师教学能力为重，在推动高校教学改革与发展中发挥了重要作用。

2.以研究促进为主，强调教师科研能力

科学研究一直以来都是高校肩负的重要使命，高校教师同样承担着身为科学家、研究人员和学者的专业责任，社会期望他们在重视研究的前提下促进教学与研究的整合，因此教师被寄予了学术发展的厚望，这就必然要求学校要培养教师的科研意识和能力。加之教师发展概念在世界范围的推广，越来越多的人对它的理解逐渐超越了教学范围，对高校教师发展最宽泛的理解是指作为一种全面发展的人，包括作为专业人员和学术界成员的发展。秉承这种理念的高校教师发展机构开始着眼于通过培养教师的研究能力以及提高学术生产力来提升教师素质，改善教学质量。我们可以把这类侧重研究与教育相结合，努力为教师搭建学术研究平台。不断推动高校科研发展的组织机构被称为研究促进型教师发展机构，其宗旨是基于国际视野开展有关高等教育战略发展问题的研究，不断改进高校教育水平，并发展与此相关的高校管理制度、教师培训、学术研讨等。

从行政隶属关系来看，与教学发展型机构相反，大多数学术发展型机构都是作为学校独立建制的组织存在，有少数附属于学校其他部门或学院。从人员配置方面来看，这类机构人员编制比教学发展型机构更具多元性，它们更加看重成员的学历水平和科研能力。

由于集研发与教育功能于一体，机构内部普遍下设研究部门、刊物出版组等其他研究性部门，如日本京都大学“高等教育研究开发推进中心”(Center for The Promotion of Excellence in Higher Education)设置了“核心课程设计部”“信息和媒体研究设计部"，与教学研究型机构将课程作为教学工具加以利用有所不同，研究促进型机构是将课程作为研究对象来进行开发和设计。[1]从机构运行方式或者活动的实施策略来看，研究促进型机构侧重进行课程开发、开展项目研究、组织学术会议，它们不仅是教师发展机构，也是学校重要的科学研究部门，承担着通过学术研究为学校和政府出谋划策的职责。

3.以综合服务为主，重视服务学校师生

把研究、教育、学习三者协调统一起来是高校组织的命题，也是教师发展的最终目标。高校的教育功能不可能仅仅依靠教师的学术研究，即试图通过促进知识发现的研究功能来实现，只有在知识重建过程中确保教师的"教"与学生的"学"相互协调、相互统一后才能最终实现。在高校教师发展活动的实践过程中，部分教师发展机构注重根据教师的需求开展活动，服务的意识和理念渗透在教师发展活动的方方面面，它们将关注教师的能力发展扩展到关注教师的个体需求以及学生成长的需求上，服务师生、让师生满意成为其存在和发展的宗旨。例如美国华盛顿大学"教学发展和研究中心"（Center of Instruction Development and Research）就将自身视为学校各院系和部门中的服务性公司，并借鉴市场中的商业服务理念来促进中心完成教师专业发展的目标。[2]从机构设置来看，有的以服务项目的类别划分部门，如日本爱媛大学"教育和学生支持中心"（Institute for Education and Student Support）下设"基础教育中心""英语教育中心""学生支持中心""招生中心""教师职业教育中心"和"教育企划室"；有的则以服务对象分类下设部门，如中国台湾地区逢甲大学"教学资源中心"下设"教师教学成长组"和"学生学习辅导组"。较之前两种类型的教师发展机构的人员配置，此类机构的人员专业背景更加多元化，既有学科专家，也有行政管理人员，还有计算机、心理学、就业指导、职业生涯规划等方面的专业技术人员。[3]

（二）高校教师教学发展机构的主要活动

高校教师的教学发展是一个终身学习、不断解决问题的过程。在高校开展

[1]陈时见，李英．高校教师发展的机构建设与实施途径[J]．教育研究，2013(6):72-79，100.

[2]徐延宇．高校教师发展——基于美国高等教育的经验[M]．北京:教育科学出版社，2009:215.

[3]陈时见，李英．高校教师发展的机构建设与实施途径[J]．教育研究，2013(6):72-79，100.

教师教学发展活动要遵循一定的模式，以培养教师精深的专业知识、良好的教育理念、过硬的教学技能、科学的创造能力和时代的奉献精神。高校教师教学发展中心的基本活动类型主要有以下几种（表4-5）。

表4-5　我国高校教师教学发展中心基本活动类型

中心名称	基本活动类型
中国海洋大学教学支持中心	教学研讨会、教学咨询、教学观摩、教学卓越奖等
首都经济贸易大学教师促进中心	一对一的教师私密性帮助、教学与科研潜能开发课程、教学与科研培训、教师职业生涯规划、教学技术培训、助教和助研培训
北京理工大学教学促进与教师发展中心	教师培训、质量评估、研究交流、咨询服务
河海大学教师(教学)发展中心	教学工作咨询室、定期举办教学能力培训班和教学方法研讨会
西南大学教师教学发展中心	教学能力提升、教学交流研讨、校本教学研究、咨询评价服务、区域示范辐射
南京师范大学教师（教学）发展中心	新教师研习营、教学沙龙、名师工作坊、教学咨询室
西南财经大学教师教学发展中心	新入职教师培训、教学咨询、教研沙龙、微格教学、课堂观察、早期评价等
江南大学教学评估与教师卓越中心	卓越讲坛、精品展坛、互动论坛、卓越评坛、微格教坛、江南高校教师卓越工程
东北师范大学教师教学发展中心	组织研修、主题报告会、专题研讨会、系列讲座、教学评价、研究性教学观摩、个别咨询与指导、对外交流

1.教师培训与教学比赛

开展教师培训与教师技能比赛，是各中心开展的首要工作。由于绝大部分新教师不是师范类专业出身，未接受过专门的教学培养与锻炼，为使新教师快速适应教学环境、进入新角色，在教师培训方面以新教师为主，以提升教师教育知识、掌握必要的教学方法和教学技能为主要内容。中心在继承师资培训中心或本校相关部门培训经验基础之上，改善以往培训内容重科研、轻教学，培训方式单一，培训对象覆盖面小等问题，开始以教师实际教学操作能力为重点，具体教授课程设计和教学法（如PBL教学方法、Sandwich教学方法）、现代教育技术（如Flash动画制作、课件设计与制作、音频视频处理及编辑）、文献检索和教学论文撰写等多项内容，开展集中授课、短期研讨班、模拟小课堂、教师经验分享会、精品课程教学观摩、理论研讨会、名师示范教学等多种培训方式，并多以各院校教师培训机会均等为原则，切实激发教师培训热情，提升培训质量。如重庆大学教师教学发展中心于2015年起，在国内高校中率先开展EMI教师发展项目，以英语作为交流媒介，帮助教师建立"以学生为主体"现代教学理念；厦门大学教师教学发展中心在青年教师教学比赛基础上，打造了英语教学比赛和"反转课堂"比赛；浙江大学教师发展中心组织开展浙江大学优质教学奖评选活动，表彰和奖励教学业绩突出的教师。

2.教学研究

中心下设的教学研究部门，将开展多方面的教学研究，如人才培养模式、教学方法、学生学习和发展状况研究，为教师教学提供专业指导与建议。组织开展教学发展需求调研，对基层教学组织活动进行调研评估，加强教学效果测评和学生评教信息反馈，以评促发展；完善教学基本状态检测评估制度，提高教学培训、支持工作的针对性；设立与高校教师教学发展相关的专项课题，提高学校教师教学能力和教学改革的研究能力。

近年来，随着教师教学发展中心的越发成熟，各高校更加重视高校教学研究的主导地位。教师教学发展中心越来越重视教学研究职能，通过设立教学研究专项、教学改革专项，如复旦大学教师教学发展中心每年立项"本科教学研究与改革实践项目"，中国人民大学教师教学发展中心每年立项"教师教学发展项目"，组织研究团队开展针对本校师资队伍教学发展的实证研究，调研师资队伍的基本情况，分析存在的问题并制订解决方案，为有针对性地开展培训工作提供理论引领与政策咨询。除了立项研究，有些教学发展中心根据自身学科优势，立足教师教学发展工作，自主研发高校教师教学系列教材，用于支持开展本校教师教学能力培训。如西南大学教师教学发展中心组织编写出版了《高校教师教学手册》《高校教师教学发展中心工作指南》以及高校教师教学系列教材。

3.学术交流活动

中心还举办各类教学研讨与交流活动，针对教学具体问题，有主题、有目的地开展活动。这使教师教学不再是个人活动，而是一项集体活动。教师在教学内容、方法、评价等方面遇到的问题能够及时得到专业人员和教师同事的指导和帮助。各成员进行集体讨论、相互听课、沟通、协商，以集体智慧共同解决教学问题。如以新教师培训为主的培训包括新教师入职技能培训、首开课教师培训、助教教学培训，活动形式以示范课、微格教学、课程辅导设计、一对一咨询、工作坊的座谈和讨论、教师档案袋的建立等为主。以教学竞赛为主的培训包括教师教学比赛、多媒体课件比赛，活动形式主要以教学方法更新、教学活动设计、教学工具革新等进行。教学研讨主要以教学交流的形式进行，包括教学沙龙、教学研讨会、午餐会、课堂观察、名师工作坊、主题专家讲座等。这些活动为专业相似、研究领域相近、兴趣相投的教师提供了更多交流机会，让他们及时沟通信息，帮助教师拓宽研究视野，掌握前沿资讯，弥补教材更新慢、跟不上学科发展速度的问题，不断提高教师学术水平，改善教学内容。

4.教师职业发展规划

教师职业发展规划是教师和所在学校在综合教师与学校实际情况，对决定教师个人职业选择的主客观因素进行分析和测定，确定教师奋斗目标，实现教师个人与学校发展统一的过程。[1]在当前高校客观环境短期内难以改变的形势下（如高校在校生人数激增，教学难度提高；科研成果作为高校实力的重要指标，学校对教师提出严格的科研要求），教师应选择可行的解决方式，积极面对职业压力。

教师职业发展规划就是一种良好的解决途径，不仅能使教师清晰地认识自身优缺点、所处社会环境和发展需要，适时调整心态，形成积极的职业观，促进教师反思与行动，还可以帮助学校有效进行人力资源管理，降低师资流动率，增加教师对学校的向心力与忠诚度。随着研究的深入，教师职业发展规划对于教师与学校发展的重要性正逐渐为各高校所认识并重视。多数高校教师教学发展中心依据教师不同职业发展阶段需求，为教师提供职业发展早、中、晚期规划，把职

[1]刘尧.大学青年教师职业发展规划研究纵观[J].大学·研究与评价，2009(Z1):54-56.

业发展规划纳入教师激励机制。其中，教师专业化发展的体系构建是教师教学发展中心未来的热点和难点。西南交通大学教师教学发展中心全阶段教师发展路径，从新教师的入职培训、助教培训，到首开课教师培训、研究生导师培训，再通过海外进修项目培养卓越教师。西南大学教师教学发展中心确立三级教师教学发展标准，根据教师专业成长阶段的不同，依托教师教学发展研究团队，开展教师教学评价研究和教师培训。

5.教学咨询

教师教学发展中心对有教学疑惑和问题的教师提供教学咨询、诊断和建议等方面的服务。中心聘请教学经验丰富的教学专家通过课堂观摩、沟通交流、案例教学、个性指导等方式，对教师教学质量、教学方法、教学能力进行诊断，为其订制个性化的教学能力、教学效果改进方案，并追踪改进情况，帮助教师改进和提高教学质量，提升教学能力。

中国矿业大学教师教学发展中心教学咨询工作程序[1]

1.确定咨询对象阶段。通过学院推荐、教学督导专家推荐、教师个人报名等选择确定教学咨询工作对象。

2.形成咨询工作小组。根据学科相近的原则，由现聘教学咨询专家组成人员自行组合，3~4人为一组，分层次，分类别，不定期开展教学咨询工作。

3.教学观察阶段。咨询工作小组根据咨询对象上课情况进行不定期听课，掌握咨询对象授课过程中存在的问题和不足。

4.指导诊断阶段。咨询工作小组在听课过程中，对咨询对象授课过程中出现的问题和不足进行综合诊断，根据诊断结果，为教师订制个性化的教学效果改进方案并第一时间反馈给教师本人。

5.改进阶段。教师通过自我钻研，参加教学沙龙或教学法研讨活动等方式，改进教学能力，提高教学效果。

6.成果验收阶段。改正期后，教学咨询工作小组专家再次听课，给出最终结论，并报教师教学发展中心，记录在案。

6.教学质量评估

在教学质量评估方面，中心主要开展年度校内教学评估，为学校改进教学提

[1]中国矿业大学教师教学发展中心.中国矿业大学教学咨询工作实施办法[EB/OL].[2018-7-21].http://cumt.ctld.chaoxing.com/pubcontent/info?id=347.

供方向指导；开展课程教学评估，为教师提供个性化教学诊断服务；定期进行教学检查和领导听课；组建老教授调研组对教师教学状况进行深入调研；建立教学状态数据库，定期发布年度教学质量报告。在教学质量评估过程中，中心将逐渐摒弃以往课程部分覆盖、单一评价主体、以终结性评教为主的评价体系，开始实行课程全面覆盖、多元评价主体、以发展性评教为主的新评价体系。

表 4-6 教师与课程评估系统测算指标

一级指标	二级指标	三级指标
课程管理	课程组织与课程结构	阅读、书写、作业、视听材料
	教学作业与相关材料	
	评分与考试	
	工作量	工作要求、工作难度
教学的学生成绩	认知	
	情感	
	参与度与努力	
教学特色与风格	沟通技巧	热情与动力、知识性、表达清晰度、性格
	激发思维	
	对学生的热心和关心	
教学环境	社会环境	师生互动、学生互动、主动学习
	硬件环境	
学生偏好的教学和学习风格		

7.微格教学

微格教学(micro-teaching)是一种以现代教育理论为基础，利用现代化教学技术手段，依据反馈和教学评价原理，分阶段、系统培训教师教学技能的活动。它实际上是一个缩小了的、可控的教学环境，使日常复杂的课堂教学得以精简，并能使练习者有可能获得大量的反馈意见和集中掌握某一特定的教学技能与教学内容。本项目主要是通过一些简短的、小型的模拟教学情境活动，帮助教师克服紧张情绪、学会发现教学重点、界定相关教学问题以及客观地认识自我，同时也为资深教职员工提供一个观察教学研究员、研究生助教教学能力与特点的机会,以期达到互帮互助的作用。一般来说,由教学促进机构提供专业人员和设备对教师进行课程录像,教学结束后,及时组织专家和授课教师重放教学录像,授课教师自我分析,指导专家集体评议,找出其不足之处,提出改进建议。微格教学针对性强,反馈及时,可以反复观看,以便发现问题并及时改进。微格教学的培训方法效果显著,在教学领域具有广泛影响。

8.学术午餐会

学术午餐会是高校教师教学发展中心推出的较有特色的重要活动之一,借鉴了国外以及我国台湾、香港等地区高校的成功经验,旨在利用午餐时间,为全校教师提供一个开放的、自由的、互动的学术交流探讨平台。首都经贸大学教师促进中心从成立以来举办了近三十次学术午餐会活动,活动内容包括促进教师与学校共同成长、案例教学的组织、教学艺术、教与学对话、互动式教学、多媒体教学、学术研究、课题申请等多方面。参与者包括大批青年教师,也有许多教授、副教授。学术午餐会的参会教师一般都是自愿参加,在一种轻松活泼的氛围中进行有关教学问题的探讨,教师互相交流,激发教学智慧,帮助教师解决一个个在实际工作中碰到的困难和问题。[1]

9.教学研讨会

研讨会形式多样,包括教学沙龙、名师讲坛、教学工作坊、主题报告会、系列讲座等,针对教育教学问题、教学技能技巧、教育热点话题等进行多方面的讨论,以示范课观摩、教学案例分析、微格教学等项目引导教师教学发展。例如,上海交通大学教学发展中心举办的“大学教学实用策略”系列教学工作坊,挑选该校教师比较感兴趣的教学话题,开展主题研讨。通过互动、参与式研讨等形式,尽可能激发教师对教学的关注与探讨。

---

[1]孙美静. 高校教师发展:对教学促进机构的调查报告[J]. 北京城市学院学报,2012(2):63-68.

西南大学2018年春季学期师元教学沙龙主题[1]

第42期：大型混合式在线开放课程的建设与教学

活动时间：2018年3月29日（星期四）15:00~16:30

第43期：体验式教学在美国教学中的运用

活动时间：2018年4月26日（星期四）15:00~16:30

第44期：国外大学课堂中的参与式教学

活动时间：2018年5月31日（星期四）15:00~16:30

第45期：美国混合式教学设计与实施

活动时间：2018年6月28日（星期四）15:00~16:30

表4-7　上海交通大学教学发展中心2018年春季学期教学主题[2]

形式	日期	主题
教学工作坊	2018/3/29	激发学生的学习动机
	2018/4/26	促进学生的自主学习
	2018/5/10	如何提问
	2018/5/24	跨学科合作开展教学学术研究和成果发表的策略
	2018/5/31	如何评估学生的创新性
教与学讲坛	2018/3/15	工科之“新”的文化高度
	2018/4/06	领导力的提升和价值观的梳理
	2018/4/12	教在大学
	2018/4/19	怎样做教育研究——基于期刊编辑的视角
	2018/5/15	案例编写的原理与方法
	2018/5/17	如何上好通识课
	2018/5/22	教学与科研的平衡

（三）高校教师教学发展机构的保障形式

构建多元化保障机制，推进教师教学发展中心建设的规范化发展，不仅需要

[1]西南大学教师教学发展中心.关于2018年春季学期师元教学沙龙安排的通知[EB/OL].[2018-6-23]. http://ote.swu.edu.cn/s/ote/index3/20180319/2377218.html.

[2]根据上海交通大学教学发展中心主页的活动公告进行整理。

转变观念，正确认识教学发展在高校教师职业生涯中的重要性，还要依靠教育主管部门和学校职能部门的政策保障。同时，组织保障和资金的支持，也是高校教师教学发展中心建设不可或缺的条件。

1.思想观念的转变

(1)高校对教师教学发展中心的认识

进一步转变传统观念，提高认识是教师教学发展中心建设的内在需要。由于我国高校教师教学发展中心建设是一个新事物，许多高校"摸着石头过河"。不少高校教师教学发展中心的建设还是进行时，并非完成时，也没有真正投入使用，致使高校对中心的认识严重不足。加上有些高校教师教学发展中心是非独立建制的虚体机构，缺乏专业的管理人员，不能有效地指导教师教学发展中心的工作，导致教师教学发展中心流于形式，起不到实质性的作用，失去建立的意义。长此以往，教师会质疑教学发展中心的功能，认同度降低，所以就不愿参与教学发展中心的建设，阻碍教学发展中心建设的步伐与推广。[1]此外，高校普遍存在"重科研，轻教学"现象，盲目追求科研成果，忽视教师的教学，更不能清醒地意识到教师教学发展中心对教学的指导作用，致使高校对教学发展中心建设重视不够，制约了教师教学发展中心的进程。因此，各高校要在思想层面引起重视，夯实高校教师教学的基础地位，提高对高校教学重要性的认识，努力提高教学质量；要提高教师教学发展中心的地位，加强中心指导思想建设，改变传统教学观念，将"以学生为教学根本"落到实处。教育部部长陈宝生在全国高等学校本科教育工作会议上强调，人才培养是大学的本职职能，本科教育是大学的根本。本科教育的保证需要落实到本科教学中，因此学校要重视教师的教学技能和教学发展。

(2)高校教师对教学发展中心的认识

在我国，高校教师教学发展中心建设处于初创期，发展还不成熟。有的大学教师仅仅听说过"教学发展中心"的名字而已，并没有身临其境感受教学发展中心浓厚的教学氛围，更没有了解教学中心的运行机制。他们对教师教学发展中心的认识存在一定的偏见，错误地认为教学发展中心就是一般的"师资培训机构"的翻版，只是二者的名称不同罢了，把教学发展中心完全等同于"师资培训机

[1]李若冰.高校教师教学发展中心建设研究[D].广西师范大学硕士学位论文，2014:38.

构”。其实,教师教学发展中心和原有的教师培训机构不是同一个概念。先前的教师培训机构是对教师短暂的职前培训或职后进修培训,培训内容和形式单一、落后,缺乏系统性、自主性和个性化。而教师教学发展中心是引领教师教学发展的专业化机构,针对教师教学发展的需求,帮助和指导教师教学,集“研究、教学、咨询、服务”等职能于一体,以提升教师教学水平和能力,从而保证培训标准化。与此同时,部分教师习惯于传统的教学模式和方法,对中心提供的服务发展项目持漠视态度,不愿意接受新事物。即使有时被动地接受了某些中心项目的教学培训,动机也不纯,功利色彩较浓,如迫于提职、晋升方面的考虑。所以,高校教师要转变从“教师培训”到“教师发展”的观念,树立教师教学发展理念,为教师教学发展中心的建设扫除观念上的障碍。

2.制度规范的保障

实现高校教师教学发展中心建设的正常运行需要一套行之有效的政策制度。大到教育主管部门的方针政策,小到学校的管理制度,每一步都要做到有章可循,管理到位,使教师教学发展中心建设的工作规范化、科学化、制度化。

(1)教育主管部门建立外部保障机制

教育主管部门应高度重视高校教师教学发展中心建设,从宏观层面通过政策制度、资金支持等方式引导和鼓励高校教师教学发展中心的建设。一方面,国家层面已于2018年2月出台了《教师教育振兴行动计划(2018—2022年)》,要求通过“高水平教师教育基地建设行动”等措施,“制定县级教师发展中心建设标准”,教师教学发展中心必将迎来蓬勃发展阶段;另一方面,省市级教育主管部门积极响应国家号召,也投身于统筹、指导教师教学发展中心建设的行列。通过一系列的政策文件来规范中心建设,为教师教学发展中心创造良好的外部条件。[1]

例如,《北京市教育委员会关于开展北京高等学校教师教学发展中心建设的通知》中明确提出指导、统筹协调中心建设。“北京高等学校教学质量与教学改革深化工程”对示范中心建设给予专项支持,加强对示范中心建设的验收。健全高校教师教学发展中心建设的实施、管理和监督机制,加强对教师教学发展中心建设工作过程与结果的监控与评估。教育部要对国家级教师教学发展

[1]李若冰.高校教师教学发展中心建设研究[D].广西师范大学硕士学位论文,2014:39.

中心进行检查、跟踪，阶段性综合评比，以确保教师教学发展中心建设工作的顺利开展。

(2)学校建立内部保障机制

高校作为教师教学发展中心建设的重要实施者，需依据国家和教育部门的政策，制订和完善适合本校特色的教师教学发展中心建设的内部保障机制。首先，要在思想层面夯实高校教师教学发展中心的思想文化基础。在全校范围内广泛进行教学发展文化的宣传，对教师开展教学思想引导，与校内党政各部门和院系充分沟通合作，达成有关教师教学发展的共识，是高校教师教学发展中心建设的重要前提和基础。

其次，学校应出台相关教师继续教育或教师教学发展的制度文件，从学校管理层面和制度层面保证教学发展的参与性与可持续性。例如，中心在现有培训体系的基础与经验之上，进一步健全校内培训体制，从制度保障和组织形式等方面完善教师教学培训体系。制度保障上，学校出台教师教学继续教育学分相关文件，校内教师在四年内完成一定继续教育学分，学分与教师职称评审挂钩。继续教育学分由教师教学发展中心、教务处、人事处、研究生院以及各二级学院共同承担，学分权重按比例分配，保障校内教师培训的制度化。组织形式上，建立校内教师教学发展档案袋，建立新教师(入职3年)教学技能跟踪评价体系与数据库，对教师教学开展发展性评价，并作为培训课程设计及教学咨询性评价的重要依据之一。实行教学调研制度，每学期分人文、理工、艺体等不同学科群，通过学生调研、教师访谈等多种形式开展教学质量座谈会，了解青年教师教学状况与培训效果等。

3.专项经费的支持

(1)经费来源渠道

教师发展需要通过教师培训、教学交流的渠道开展，需要有雄厚的资金支持，这也是保证教师教学发展中心顺利开展工作的坚强后盾。经费支持是教师教学发展中心整个保障机制的基础，经费的投入是中心工作开展的前提。[1]经费投入的能力决定了中心工作的项目运行、规模大小、推进速度和包含内容等。要加大经费保障力度，确保教师培训制度有序开展。由此在高校教师教学发展

[1]李若冰.高校教师教学发展中心建设研究[D].广西师范大学硕士学位论文，2014:66.

中心建立过程中，高校内常规预算就成为中心较主要的经费来源。2012年教育部高等教育司启动国家级教师教学发展示范中心建设工作，对30个国家级示范中心提供500万元的建设经费，政府直接拨款成为促进国家级教师教学发展中心建设的主要经费来源。此外，部分省教育厅对省内教学发展中心提供资助，如2013年陕西省教育厅提出，通过评估择优对省级教学发展中心予以奖励性资助。此外，学校也可以通过设立教师教学发展专项、专款专用提供经费保障；学院和系、教研室为教师教学发展活动提供足够的时间和场地保障，教师参加教学相关培训、比赛应该计入教师绩效工作量；学校应按年度在教学研究、成果和发展等方面对表现优秀的人员给予物质奖励和荣誉奖励。[1]

如今，经费问题成为阻碍我国高校教师教学发展中心建设面临的主要瓶颈。经费方面存在两大难题：一是经费来源渠道单一，造成经费支持力度不够；二是经费使用不当，造成经费资源的紧张。因此，经费投入不足、使用不当是高校教师教学发展中心建设的制约因素，可能使高校建设教师教学发展中心“可望而不可即”。

我国的教育管理体制是“自上而下”政府主导的校长负责制，教育经费主要是学校预算。其次是教育部门的财政拨款，社会力量几乎很少参与。教育行政部门、教育主管部门以及高校是高校教师发展工作经费的主要来源渠道，实际操作中，学校、政府部门以及教师个体按比例分担。可以看出，我国高校教师发展工作的经费来源单一，这就可能造成经费支持力度不足，容易使教师教学发展中心建设止步不前甚至中途“夭折”。

(2)经费使用规划

高校教师教学发展中心建设的经费使用也是一个值得关注的问题。一是经费使用缺乏合理的预算。中心建设需要专款专用，这就要求专业的财务人员核实预算，但由于人为因素，财政预算很可能不合理，造成经费使用不当。二是经费管理使用不严格。由于受当今社会不良风气的影响，一些领导法制观念淡薄，功利主义浓厚，滋生腐败心理和违规违纪现象，私自挪用经费专款。三是经费使用的监管失调。这与我国的监督管理机制缺失休戚相关，受人力、物力、财力等各种因素的限制，政府和学校对中心建设的经费使用没有做出具体的规定，没有对每一笔经费支出进行监督，更没有以法律条文的形式规定经费使用不当会带

[1]汪霞，崔军．本科教学质量保障：大学教学发展中心的建设[J]．江苏高教，2013(3)：34-37.

来的后果。资金规划没有明细，容易使经费流失。所以，经费问题是我国高校建设教师教学发展中心面临的一大挑战。

4.继续教育的实施

规范教师教学的机制建设，就要出台高校继续教育制度，纳入学校聘期考核。学校应出台教师教学继续教育学分相关文件，校内教师在一个聘期内完成一定的继续教育学分，学分与教师职称评审挂钩。

机构设置上，继续教育学分由党委教师工作部或人事处相关职能部门牵头，出台学校层面的继续教育制度文件，宏观把握教师师风师德建设和思想引导，教师教学发展中心负责业务培训，包括继续教育的学分比例、培训内容、课时开赛、活动类型、学分认证等，教务处、研究生院等职能部门通力配合，各二级学院共同承担，学分权重按比例分配，保障校内教师培训的制度化。

组织形式上，建立校内教师教学发展档案袋，建立新教师（入职3年内）教学技能跟踪评价体系与数据库，对教师教学开展发展性评价，以此作为培训课程设计及教学咨询性评价的重要依据，同时，教师教学发展档案袋的学分获得情况直接影响教师本聘期内的考核。

活动方式上，首先，前期实行教学调研制度，每学期分人文、理工、艺体等不同学科群，通过学生调研、教师访谈等多种形式开展教学质量座谈会，了解青年教师教学状况与培训效果等。设计适合不同学科、不同职业生涯阶段的继续教育素质拓展活动。[1]其次，教师教学发展中心依托各学科群优势学科，积极建立教师教学发展分中心，充分利用学校的优势学科和特色专业。分中心发挥各学院（部）学科特色在教师教学发展中的积极作用，开展模式探索、团队建设、教学培训、研讨交流、教学研究、咨询评价等方面的工作。如此，形成校中心着眼全局，制订素质拓展的发展规划和确定工作重点方向，分中心促进交叉，带动相关学科群开展活动，学院着力专业，重点发展专业建设，提高教师的教学水平和专业素养，三级联动管理体制，力求从顶层设计到学院落地都到位，不同职业发展阶段的教师在继续教育的素质拓展中都能有所收获，提高教师教学水平，探索教师发展的可持续之路。

[1]吴能表，陈时见．高校教师教学发展中心工作指南[M]．重庆：西南师范大学出版社，2016：29.

CHAPTER 5

第五章

高校教师教学发展的队伍建设

自20世纪教师专业化提出以来，“教师专业发展”逐渐成为教师教育改革的重要内容。世界各国对教师专业化提出了明确要求，并进行了大规模的教师教育改革。受此影响，高校教师教学发展逐渐成为一项复杂的系统工程，涉及教学、学术研究、教育技术以及教师管理等多个方面。教师的专业化发展需要若干高素质的专业队伍做保障。

一　高校教师教学发展的专家队伍

自教师专业化运动兴起以来，世界各国均把提高教师素质的目标和手段定位于如何促进教师专业发展上。由于“教师教育”这一知识领域近乎天然地具有学科与教育、理论与实践、科研与教研等二元制度特征，因而在当今的教师发展中，培养和提高教师教学技能已不再是我们关心的唯一内容，其核心目标应是促进教师专业发展。鉴于此，培养、建设教师教学发展的专家队伍，以其作为培养高素质专业化教师的“示范”和“引领”，成为目前教师教学发展队伍建设中的重要内容。

（一）专家队伍的内涵与结构

专家队伍是教师教学发展队伍建设的重要组成部分，其身份是“教师”，更是“教师”之“教师”。专家队伍这一身份也决定其比普通教师具有更丰富的内涵与更为专业的素养。

1.专家队伍的内涵

对于教师发展而言，专家队伍不仅意味着其是一种榜样，是一种发展的阶段，更是教师的一种境界。在教育领域内，基于各专业的不同，在各学科领域具有精深造诣的人被泛称为各学科领域的“学科专家”。值得注意的是，人们往往容易将学科专家视为教学专家，而事实上，教师发展中的专家既不等同于学科专家，也不等同于学者。在教师教学发展中，专家队伍有着更为丰富的内涵。

首先，在教师教学发展中，专家队伍的关键词在于“专家”，因此，其首先便具有了专家的内涵。专家，一般是指有某种特长学术、技能的人。从广义上讲，是指因具备某种特殊技能在某一职业领域内能被同行或相关人群认可的人；从狭义上来说，专家是指具有高深的学问以及能产生被社会公认的研究成果的人。根据这一定义，我们可以认为教师教学发展中的专家队伍是具备教育专长、教学专长或教研专长的人。

其次,教师教学发展中专家队伍的另一身份在于其作为“教师”的身份。作为在教学领域“具有专门研究和擅长某种技术的人”,“专家”便自然具有了教师的内涵。所谓教师,广义上而言,“是指有目的地增进他人的知识和技能,影响他人的思想品德及身体、心理的形成和发展的人”[1]。那么,在教师专业化发展背景下,这一内涵得到了更深的延展。“一个专业既是一种高度复杂和熟练的工作,又是一种根植于知识的职业行为。”[2]作为专业化的教师,其不仅具备从事专业教学工作所要求的基本理论与专业知识,而且也包括如何教授这些知识的技术和方法。从这一点出发,我们便看到了作为专家的教师与一般意义上的学科专家的区别所在。正如韦伯所指出的那样,“两者并不是完全相同的事情,一个人可以是一名‘杰出学者’,同时却是个‘糟糕透顶的老师’”。[3]因此,“专业化的教师”成为专家队伍内涵中极其重要的一个方面。

最后,作为教师教学发展中的专家,还有另一重重要的身份,即应作为“教师”的“教师”。换言之,专家队伍的内涵中还包含了“教师教育者”的意蕴。“教师教育者”与“教师教育”以及“教师专业化”概念的提出密切相关。随着教师专业化的推进,教师的专业化发展是一个长期的过程。要完成教师的专业化发展,就需要对其进行持续的、专业化的培养。如果教师长期滞留于专业化发展的初级阶段,那么其充其量只具备各自学科领域内的“学科教育学”与“学科教学法”的视野,而缺乏更深层次的“课程理论与技术”等的思考与素养,难以成为一名真正专业化的教师。正如霍勒斯曾在《教师角色》中所指出的那样,专业化的教师应“履行重要的社会服务,接受系统的知识和实践训练,拥有持之以恒的理论与高度的自主性,接受经常性的职业教育,以及信守团体的伦理规范”[4]。因此,作为在教育教学领域具有教育专长及教学专长或教研专长的专家,理应承担起教师职后教育的重任。

综上所述,我们可以看到教师教学发展中的专家队伍不仅具有专家的内涵,

---

[1]张大均,江琦.教师心理素质与专业性发展[M].北京:人民教育出版社,2005:5

[2][美]李·S.舒尔曼.理论、实践与教育的专业化[J].王幼真,刘捷,编译.比较教育研究,1999(3):36-40.

[3][德]马克斯·韦伯.学术与政治:韦伯的两篇演说[M].冯克利,译.北京:生活·读书·新知三联书店,1998:21.

[4]柳海民,史宁中.专业化教师教育课程的理论样态与基本结构[J].课程·教材·教法,2004(10):72-77.

也具有教师以及教师教育者的内涵。据此，我们也可以认为，教师教学发展专家队伍不仅是准教师的指导教师，同时也是能为在职教师提供继续教育的教师。他们是具有精深的专业知识、教育教学知识，不凡的教学技能、独特的从教智略等特质，以及具备创造性研究能力的一个群体。他们为各类教师提供教学、引导或实质性的帮助，使其不断成长为专业化人员。在教师专业化教育改革中，专家队伍的专业素养逐渐成为影响教师教育活动能否达到专业水准的最重要因素，也成为教师教育改革成败的决定性因素。

2.专家队伍的构成

随着教师教育的不断发展，教师教育与其他学科间的交叉与渗透程度越来越深，而且，教学领域中的教师也各自承担着不同学科、专业的教学任务。因此，专家队伍成员不仅应来自教育学相关领域，也应来自其他各学科、专业。由此，专家队伍便主要由两大类人员构成。

第一类是学科带头人。一般而言，学科带头人是指某一学科、专业内具有很高声望、在国内外被公认为学术造诣高深，并在该学科、专业的建设和发展中有重要影响甚至起主导作用的高级学者，[1]或是在科学共同体成员中，对推动该学科发展能做出重要贡献者。因此，教师教学发展专家队伍中的学科带头人主要指教师教育领域以及其他各类学科、专业的高级学者。他们具有丰富的想象力、敏锐的观察力、创造性思维能力，并在专业生活中能不断自我完善和发展，在教学上能培育出有竞争力的人才；同时，在学风上严谨正派，有科学奉献精神。总体而言，教师教学发展专家队伍中的学科带头人是各学科发展的引领者，是学科资源的整合者，是各学科教师的指导者，在专家队伍中具有核心作用。

第二类是各学科骨干教师。一般而言，骨干教师应具备以下素质：坚定的社会主义理想信念、高尚的道德情操；善于学习、掌握现代化渊博的科学文化知识，适应现代教育要求，具备教育、教学、科研能力；良好的心理素质。同时，还必须掌握最新的教学方法和教育手段，有较强的教育科研能力和创造力，并形成自己的教学风格，成为教学改革的带头人，突出表现为有强烈的事业心和责任感，有良好的师德，有扎实的专业基础知识，较强的教学能力和科研能力，在一定范围

[1]秦惠民.学位与研究生教育大辞典[M].北京：北京理工大学出版社，1994:176.

内崭露头角并产生一定影响。[1]他们是促进教师教学发展的中坚力量，在专业技能、师德修养等方面相对优秀，能对普通教师起到示范作用和带动作用，也能够支撑一定范围内的学科教学研究工作。较之于普通教师，骨干教师更容易接受先进的教育思想，也更容易将新理念、新理论与教学实践相结合，从而有效提升教育教学质量。此外，骨干教师所具备的优秀特质会引起普通教师的模仿和效法，进而得到内化，使普通教师形成一定的教育教学理念、教学技能等，从而促进自身的教学发展。

（二）专家队伍的基本素养

专家队伍对于教师的教学发展具有不可替代的作用。但是，关于专家队伍究竟应具备何种素养，目前尚无定论。笔者认为，基于专家队伍的内涵，专家队伍成员应具有良好的专业道德、广博精深的知识结构以及卓越的教育研究能力。唯有此，专家队伍才能真正发挥其在教师专业化发展中的示范和引领作用。

1.良好的专业道德

育人为本，以德为先。教育作为指向使人向“善”的一种社会活动，天然具有道德的属性。特别是在教师专业化的时代背景下，教师专业道德不仅是教师专业发展的核心内容与动力支持，更是检验教师是否完成专业化的重要标志。专家队伍作为“教师”之“教师”，其行为必须具备道德性质。

首先，教育之责在育人，作为教师之教师，专家队伍成员更应如此。一切教育的最终目的都在于形成完善的人格，因而教育必然包含善的意图或道德的目的。教学如果没有进行道德教育，只是一种没有目的的手段。[2]在教师专业化的要求下，教师已不再局限于知识传递，而是需要对受教育者施以品性熏陶；教师的专业化意味着教师对社会、对教育事业具有更强的道德义务，承担着更大的社会责任。作为教师中的专家人员，教师专业道德更是与其专业行为密切相关，而非游离于专业行为之外的一种装饰。正如叶澜所指出的那样：“对人类的热爱和博大的胸怀，对学生成长的关怀和敬业奉献的崇高精神，良好的文化素养，复合知识结构，有富有时代精神和科学性的教育理念指导下的教育能力和研究能

[1]倪传荣，周家荣.骨干教师队伍建设研究[M].沈阳：沈阳出版社，2000:230.

[2]曹孚.外国教育史[M].北京：人民教育出版社，1979:172.

力，在实践中凝聚生成的教育智慧是未来理想的教师所必须具备的条件。”[1]

其次，教师专业化发展是顺应我国教育现代化发展的要求，为了提升教师队伍的质量而提出的。但审视我国目前的教师教育可以发现，我们对于教师的专业理论知识、教学技能等专业素养的培养已有足够的重视。但是，这只是更多地停留在外显层面，而对专业道德等内在问题却缺乏关注。长期以来，教师的精神空间被具有实用性的知识、技能、能力等所掩盖。这实际上违背了教师专业化发展的应有之义。教师专业化发展的根本目的在于，提高教师队伍的整体素质和教育工作质量，使曾经仅仅是普通职业的教师变为一种专业性更强的职业。而教师的专业化，并非单一的技术主义取向的教师专业化，更在于教师道德的专业化。教育本质上是一种导善、劝善活动，本身具有道德性，因而“教学不仅是一项技术，它更是一项道德的事业”[2]。教师教学发展的专家队伍成员和其他普通教师同样需要亲临教学第一线，而且作为教师中的示范者，其言行举止更是其他教师的范本。专家队伍应引导未来之教师或当今之教师过一种道德向善的生活、成长为真正的专业化教师，这是教师教育寻求的根本。在当今的教师教育中，专家队伍成员承担的任务不仅仅是对普通教师的“授业、解惑”，更重要的是要用自己的知识、智慧和人格魅力去引导普通教师在成长道路上获得真正的专业化。

2.广博精深的知识结构

在倡导教师专业化发展的今天，教学既然被视为一种专业，那么教师必须掌握专门而完善的知识结构和体系。专家队伍成员作为较之普通教师专业化程度更高的引领者，其所掌握的专业知识应更为广博与精深。

斯腾伯格（Robert J. Sternberg）曾指出，专家型教师与普通教师相比，其拥有广泛的知识，并在教学中可以随时提取。除了有关学科内容和教育学知识外，专家型教师还应具备与教学发生联系的社会和政治背景知识，这种知识使得专家型教师能够对所在领域的实际限制因素随机应变。舒尔曼认为教师的知识包括：学科内容知识、一般教学法知识、课程知识、教学法知识、学生及其特点的知识、教育情境的知识和有关教育宗旨、目的和价值以及它们的哲学和历史基础的知识。而学科教学法知识的提出确定了教学是与其他学科不同的知识群，体现

---

[1]叶澜，等.教师角色与教师发展新探[M].北京：教育科学出版社，2001:26-27.

[2] Tom，A. R. *Teaching as a moral craft*[M]. New York: Longman，1984:146.

学科内容与教育学科的整合，是最能区分学科专家与教师的不同的一个知识领域。[1]考尔德海德（Calderhead）则把教师的知识作为专家型教师的“个人专业因素”核心要素之一，认为对于学科教师而言，“学科内容”和“学科教学法知识”显得更加重要。综合这些观点，我们可以认为，专家队伍成员的知识具有在特定领域内形成的专门化的、有组织的而且大部分是缄默知识等特征。这种缄默知识难以形式化和通过他人的直接教学来获得，而只能由当事者本人在特定领域内完成任务的经验中去构建或创造。[2]

专家队伍成员在学科知识、教学法知识、课程知识、学生知识和教育情境知识方面优于普通教师。他们往往能够准确地把握教学的重点和难点及教学内容的内在逻辑关系，对本学科内容和知识的理解也更加深刻，因此，他们常常能以明白易懂的方式将知识传授给受教育者。正是因为专家队伍成员有着深厚的学科知识基础，才使得他们在作为教师之教师的时候，能够充分发挥应有作用。此外，专家队伍成员还善于根据普通教师的认知特点和已有知识水平为其提供多样化的知识表征方式，以促进普通教师新知识的主动建构。

3.卓越的教育研究能力

作为教师中的示范者，专家队伍成员较之于普通教师“不仅要具有内容知识——要教的学科内容的知识。除此之外，专家型教师还需要有教学法的知识——如何教的知识，如何设计和实施测验的知识等。最后，专家型教师还需要与具体内容有关的教学法知识——如何专门针对具体要教的内容施教的知识。它包括如何阐明某一概念（如怎样解释负数），如何用实例说明和在理论上解释解题的步骤和方法，如何更正学生有关学科内容的朴素理论和错误概念”[3]。因此，坚持走“教学科研型”之路，探索成为“研训一体”特征的复合型专家，对于专家队伍成员而言，不仅是其自身发展的重点，也是其必须具备的专业素养。专家队伍成员不仅应具备一般意义上扎实的教学能力，还应具备良好的教育研究能力，以能够在专业实践中更大程度地发挥引领示范作用。

较之于普通教师，专家队伍成员需要更多地参与教育科研工作，这也意味着

[1]刘捷．专业化：挑战21世纪的教师[M]．北京：教育科学出版社，2002:225.

[2]叶澜，等．教师角色与教师发展新探[M]．北京：教育科学出版社，2001:223-224.

[3][美]R.J.斯腾伯格，等．专家型教师教学的原型观[J]．华东师范大学学报（教育科学版），1997(1):27-37.

专家队伍成员并非仅仅承担着知识传递的任务，而是更需要其在专业实践中进行研究和探索。因此，一般意义上的教师素质不是专家队伍成员具备的唯一素养，专家队伍成员还必须具备良好的教育科研素养——"有求知欲、主观能动性和自学愿望，有合理的工作方式的知识，有演绎、归纳和类比的能力；在进行一项活动时具有确定其不同阶段所必须遵循的逻辑顺序能力；有形成和修改假设，拟定观察计划或实验计划以及理出事实与现象之间联系的能力；对收集到的数据材料能够加以处理，使之系统化，并且予以说明，从而得出结论；有独自做出科学根据的决定的能力；有清楚、确切、简洁的表达能力"[1]。

由此可以看出，专家队伍成员是"教学科研型"的复合型教师教育者。专家队伍成员不能仅仅停留于"教学型"这一层面，其还必须是"科研型"专家。专家队伍成员作为"教师之教师"时的教学能力在一定程度上由其科研素养所决定。教学只有建立在科研之上，才更具有丰厚的底蕴与坚实的基础，也才更具有活力与魅力。因此，成为一名优秀的兼具"教学"和"科研"素质为一体的"教学科研型"专家，是专家队伍成员必备的素质要求，更是教师教育事业发展的客观要求。

（三）专家队伍的功能

国际21世纪教育委员会认为："教学质量和教师素质的重要性无论怎样强调都不过分"，因此，"提高教师的素质和动力，应该是所有国家优先考虑的问题"。如今，世界各国在推行教师教育改革的时候，无不把提高教师专业素质，实现教师的专业化发展作为核心问题来考虑。而在推动教师教学能力的提升、促进教师专业化发展的过程中，专家队伍无疑发挥着重要作用，专家队伍的建设更是具有深远的意义。

教师专业化是一个连续的过程，不仅包括了接受师范教育阶段，职后发展时期更是其专业化的重心所在。在教师职后发展阶段，专家队伍不仅能提升其专业知识与专业技能，而且能在很大程度上辅助教师获得专业成长。因此，专家队伍与教师队伍的整体成长有着密切的关联。

1.提升教师专业知识

作为一种知识类型，教师专业知识是教师必须具备的专门知识，是教师专业

[1]华东师范大学教育科学资料中心.当代国外教育研究[M].上海：华东师范大学出版社，1986:207.

化发展的重要组成部分。从某种意义上讲,我们可以将教师专业知识积累的过程视为教师专业化发展的过程。教师专业技能的提高,实际上来源于其在真实的教学情境中感知教育理论知识,并不断反思和研究应用理论知识这一过程。教师只有积累并掌握了大量专业知识,并能在教学实践中不断融合先进的教育理念和教学内容,才能真正意义上推动自己的专业化发展。

舒尔曼曾构建出一个包含七种知识类型的教师知识结构模型,这七种知识类型分别是:一般教学知识;学科内容知识;课程知识;教学内容知识;学生及其特点的知识;教育环境的知识,包括从班组或课堂的情况、学区的管理和经费分配,到社区和文化的特征;教育的目的、目标、价值以及它们的哲学与历史基础的知识。[1]格拉斯曼(Grossman)在此基础上重构了教师的四种知识类型:一般教学知识、学科知识、学科教学知识与背景知识。[2]之后,也有其他研究者对教师的知识结构进行了相应的分类,总体而言并无太大差异。由此我们也可以看到,教师的专业知识极其复杂,其由多方面构成。因此,对于教师而言,专业知识的发展与提升并非一蹴而就,其发展是一个对量的不断积累从而达到质变的过程。专家队伍对普通教师的培训就是量变的积累方式之一,要缩短这一量变的积累过程,专家队伍就要充分发挥各种培训方式方法的促进作用。在对普通教师的培训中,专家队伍可以通过创建学习型组织、实施校本培训、开展教学反思与微格教学及有计划地组织观摩交流活动等全方位、多层次、灵活多样的培养模式,加快实现普通教师的专业化发展。普通教师通过专家队伍所提供的各种类型的培训,不断获取新知识、新信息,形成多元化的专业知识结构,以此推动教学能力的提升并最终获得真正意义上的专业化发展。

2.提升教师专业技能

教师的专业技能是教师专业化发展过程中不可忽视的内容,它是教师在教学过程中不断收集教学信息、不断进行经验反思、不断对教学技能进行调整从而获得提升。对于教师的专业素质结构而言,专业技能是关键要素。因此,提高教师专业技能水平就成为教师教学发展专家队伍的重要功能之一。

---

[1] Shulman L.S. Knowledge and Teaching: Foundations of the New Reform[J]. Harward Educational Review, 1987, 57(1):1-22.

[2] Grossman L.P. *The making of a teacher knowledge and teacher education*[M]. New York: Teachers College Press, 1990: 5.

专家队伍一般可以通过多种形式对普通教师进行专业技能提升:(1)专题讲座。专家队伍对普通教师进行集中培训,针对教学与研究中的理论和实践问题,精心设计、灵活安排专题报告,为普通教师了解和接触本学科发展最前沿的动态提供机会。(2)一对一帮扶。根据教师的发展方向,专家队伍成员对普通教师进行一对一的辅导与帮助,以及进行有针对性的个别指导。同时,尽可能地为普通教师提供理论学习与教学实践相结合、课题研究与教学实践相结合的条件,促进其专业技能快速提升。(3)实践指导。教师的实践技能是教师职业成熟度和专业水平的主要标志。专家队伍对普通教师的实践指导有多种方式,其中包括组织实践课堂,进行课堂教学测验与互动评议;对普通教师进行教案的指导,反复进行实践教学、教学反思与教学评议等。此外,专家队伍还可以通过组建教学团队、开展专题研究等方式提升教师专业技能。通过多形式多维度的指导,普通教师不断体验和感悟先进的教学理念和教学技能,不断实现专业素养的提升,从而获得专业成长。

3.促进教师专业成长

根据“认知不协调理论”,人总是回避同自己原有认知要素对立的不协调的信息,而积极接受与之协调的信息。[1]根据这一理论,我们可以认为如果专家在对普通教师的指导中仅仅采取单一的“讲授式”,那么未必能有效促进教师的专业化发展。在这种方式下,专家不仅有可能导致普通教师的自主性和创造性难以得到提升,而且普通教师亦有可能在一种学术权威下感到无所适从。因此,如何多方面辅助教师获得专业成长也成为专家队伍非常重要的功能。

在直接指导的方式下,虽然专家的指导与帮助能使部分教师产生一种“顿悟”,但由于这种顿悟与实际的教学还存在一定距离,因而并不能产生多大的实际效果。事实上,教育是一个“回头”(即顿悟)的艺术,其目的就是要从自我内部“引出”智慧的内核。[2]换言之,教师的学只能被辅助而不能被教。这如同苏格拉底的“产婆术”,教师必须在亲身参与中,以自己的问题和经验作为基础来进行学习,并在问题的解决过程中不断获得真正属于自己的知识。以这种方式获取的知识才具有牢固性与应用性,也最具持久性。因此,专家队伍对普通教师的引

[1]“创建以校为本教研制度建设基地”项目组.校本教研在行动[M].北京:高等教育出版社,2006:10.

[2][德]雅斯贝尔斯.什么是教育[M].邹进,译.北京:生活·读书·新知三联书店,1991:8.

领与指导，并非仅仅着眼于技术指导层面，重点应在于使教师获得发展空间从而不断地自我成长。从另一角度而言，这种成长的动力本就存在于教师的身心中，而专家则是协助教师将这种动力激发出来；同时，专业也为教师提供释放这种动力的路径，使教师在这一过程中得以独立成长。

4.引领教师教育文化

“文化与制度的相互制约与促进的机制是社会发展的根本动力之一，文化可以影响对制度的选择，而制度又反过来改变或强化人们的文化理念，并最终影响社会发展中的某些关键要素，进一步影响社会和经济发展的模式选择。”[1]学者们在对影响教师教学能力因素的有关研究中，无论是“以教师为坐标把影响因素分为个人因素和非个人因素”[2]，还是“从心理学角度把影响因素分为个体特性、制度与环境、个体实践等因素”[3]，教师教育文化始终是理论界关注的重点。

所谓教师教育文化，是指教师教育领域中所有物质财富和精神财富的综合。进一步而言，教师教育文化不仅包括教师教育的理论成果，也包括教师教育的环境与氛围，以及教师培养机构和教师教育的教学价值取向与行为方式。教师教育文化是促进教师专业化发展的关键要素，对于教师教育将产生具有决定性的影响作用。长期以来，我国对教师教育文化的重要性并未引起足够重视，缺少专业文化意识是各级各类教师培养机构发展过程中普遍存在的问题。人们往往对教师专业化发展的各类问题予以简单化对待和处理，教师也同样固守传统的教学模式，以保守、陈旧的眼光看待自身的专业行为。这些问题产生的根源便在于教师教育文化长期得不到各方面的重视，导致教师教育文化缺少相对独立的地位和影响力，从而成为学科文化的一种附属品。由此，也导致教师专业化发展难以得到有效的保障，教师的发展往往陷入“一亩三分地”式的教学困境，因而人才培养质量的基础愈发不牢固。

那么，建设内涵丰富、凝聚力和感召力强大、影响深远的教师教育文化，是教师培养机构陶铸文化精神、提高教师专业化进程的必由之路。而在这条道路上，专家队伍具有义不容辞的责任。专家队伍可充分发挥自身的优势，一方面，加强

[1]张勇，古明明，Dwright Perkins.文化变迁、制度演进与改革和发展——制度与文化变迁视角的社会发展机制和改革发展比较分析[J].北方论丛，2008(5):143-147.
[2]刘洁.试析影响教师专业发展的基本因素[J].东北师大学报(哲学社会科学版)，2004(6):15-22.
[3]张大良，纪志成，周萍.高校青年教师教学能力的评价体系与影响因素研究[J].贵州社会科学，2009(9):91-96.

对普通教师在教学理论和实践研究上的引领，使教师不断产生丰富的教学理论研究成果；另一方面，专家队伍还可创造、利用各种有利条件，展开各种教育活动消除教师对专业化发展的误解和偏见，从教育理念、教学思想上对教师的专业素养进行更新，使其认同专业化发展并在自身的教学活动中牢固确立专业化发展的核心地位；同时，通过组织学术研讨、经验交流、技能培训等活动，使教师专业文化的关注度和影响力不断得到提升，从根本上促进教师的专业化发展。

（四）专家队伍的建设策略

专家队伍的建设在教师教学发展的队伍建设中可谓是重中之重。没有一支高素质专家队伍的引领，教师专业素养的整体提升将会困难重重。因此，在专家队伍的建设过程中，如何优化专家队伍成员结构；完善专家队伍，建设配套系统；以及加强专家队伍后备力量的培养是我们应重点关注的内容。

1.优化专家队伍成员结构

专家队伍成员的结构需要重点把握年龄结构与专业结构两个方面。在年龄结构方面，专家队伍的组建需要老、中、青年人员适度配置，形成良性梯形态势，从而有利于各教师培养单位着眼于长远培养符合自身规格要求的后备力量。在专家队伍组建中，尤其要特别注重中青年人才。相关研究显示，人的创造力最为旺盛的黄金时期是在25岁至45岁之间。因此，处于这一时期的中青年人才是专家队伍的最佳候选人与后备力量。中青年教师较容易掌握先进的教育理念，较容易形成新的教育思想，不愿受传统教师教育观念的约束。中青年专家的这一优势，能在很大程度上使其自身与当今的教师专业化时代保持同步发展，并为教师队伍的整体发展提供良好的智力保障。

在专业结构上，更应该注重专业搭配的多样性与合理性。一方面，这是教师专业化发展的需要。长期以来，我国的教师专业化发展唯“技能主义”至上，教师专业化陷入了“技术化”的误区。而事实上，教师的专业化所涵盖的内容并不止于此，其包括了专业精神、专业伦理、专业知识、专业技能等多个方面。某一方面的专家并不能对普通教师产生完整而有效的示范与影响。因此，教师专业化的实现，不仅需要教学技能相关专业的专家进行引领，也需要专业伦理、专业知识等方面的相关专业专家对普通教师做出示范与指导。另一方面，对于教师教学发展的指导、研究，也涉及教育学类多个专业，如教育学原理、课程与教学论、高等教育学等等。因此，一支完整的专家队伍并非单一的由某个专业的专家构成，而应由若干教师教学发展相关专业的专家按一定比例进行组建。如此，不仅使得专家队伍的专业结构更趋于合理，也可有针对性地发挥不同专业专家的优势，使教师教学发展更具系统性和科学性。

2.完善专家队伍，建设配套系统

教师教学发展专家队伍的建设，不仅需要建立完善的人事制度，也需要完善专家队伍建设支持的保障条件。具体而言，专家队伍建设的配套系统可从建立专家库、制订专家工作规划、完善专家工作条件和建立专家工作表现评估制度四个方面入手。

第一，建立专家库。建立专家库是将相关专家的相应指标数据进行统计、分析，并在数据库中进行集中展现。专家库不仅反映了专家队伍的构成，也包含了专家队伍成员各方面的详细情况，对于专家队伍未来的工作规划以及为专家队伍成员提供良好的工作环境具有重要的参考价值。一般情况下，专家库主要由三个部分构成：(1)总量数据。总量数据主要包括相关专家的总人数、相关专家一定时期内的研究成果、相关专家一定时期内在指导普通教师方面的工作量等宏观数据。(2)分类数据库。分类数据库主要包括专家的年龄、职称等按具体指标进行分类统计的数据。(3)个体数据。个体数据主要从每位专家的专业、学历、年龄、职称、研究成果等方面进行统计展示。

第二，制订专家工作规划。制订专家工作规划是对专家库中的专家按不同级别和职位，进行工作职责、工作目标等方面的规划。在制订工作规划中，应根据实际需要，按级别和职位的不同对专家做出职责、成果等方面的不同要求，并以此形成详细、系统的规划手册。工作规划的制订在保障系统中起着指导性作用，为完善专家工作条件及建立专家工作表现评估制度提供了标准和依据。

第三，完善专家工作条件。专家工作条件是一个具有广泛含义的概念。它主要包括两方面：一是专家工作的物质条件、学术条件，即专家队伍成员进行教学培训、学术研究的经费投入、设备配置，成员之间的信息交流、合作和自身接受再培训的条件；二是专家的薪酬，包括专家队伍成员在本团队中的相关福利待遇等。这两方面条件的提供将对专家队伍工作成效的高低有着直接的影响。

第四，建立专家工作表现评估制度。专家工作表现评估是对专家的工作态度、工作表现、工作数量、工作质量和效率等方面的综合考核与评价。专家队伍的建设，需要依据已制订的工作规划对专家的实际工作情况做出准确的评价，并将评价的结果作为对专家进行工作鉴定的重要参考资料。它既是对专家过去工作的认可或否定，也给其未来工作提供无形的动力和压力。

3.加强专家队伍后备力量的培养

教师教学的发展，不仅需要充分发挥现有专家队伍的示范引领作用，同时也需要不断为专家队伍注入新的教学、研究力量。因此，在专家队伍的建设中，加强对专家队伍后备力量的培养，使其尽快充实到专家队伍中，是专家队伍不断壮大和提升整体水平的重要途径。

首先，培养后备成员教师专业知识。对后备成员的培养不仅包括对教育教学方面专业知识的培养，也包括对关于教育对象的知识（如教师的需求、学习规律等方面的知识），以及关于教师教育领域内相关的组织和管理知识等的培养。这些专业知识又可概括为理论知识和实践知识两大类型。

理论知识包括三个方面：(1)本体性知识。本体性知识也指学科专业知识，是指专家队伍后备成员在自身专业学科领域内应具备的专业理论知识，是其未来为其他教师进行专业性培训工作的重要前提。作为对未来教师之教师的培养，应首先使其掌握所教学科的基础性知识、高层次知识以及学科未来发展趋势，并能以该学科所提供的独特视角、工具和方法去认知世界。(2)条件性知识。条件性知识也指教育学专业知识，它涉及专家队伍后备成员在未来对其他教师的培训过程中“教什么”“为何而教”“怎样教”等核心问题。(3)扩展性知识。扩展性知识主要指其他科学文化知识。专家队伍后备成员的未来的专业特性需要广博的科学文化知识作为根基。只有拥有了广博的科学文化知识，在对教师的职后培训中才能更加科学、系统地完成培训的计划和目标，取得最佳的培训效果。

与理论知识相对应的则是实践知识，它是指以深入理解和掌握理论知识为基础，进一步清楚应该“教什么”和“怎样教”的知识形态。实践知识是专家队伍成员在专业工作中形成的各种能力的综合体现，也是其在未来对其他教师进行培训的知识基础。

其次，培养教学科研能力。对于一名已完成专业化的教师而言，其除了掌握学科知识、教学技能之外，还必须拥有一种“扩展专业的特性”，即通过系统的自我研究、通过研究别的教师和通过在课堂研究中对有关理论的检验实现专业上的自我发展。无论是斯腾豪斯(Stenhouse，L.)、埃利奥特(Elliot，J.)，还是凯米斯(Kemmis，S.)等人，都提出了教师专业化过程中教学科研能力的重要性。因此，一定的科研素质为教师教学发展专家队伍的成员所必需。而且，在教育学、教师教育面临深刻改革的今天，提升专家队伍后备成员的科研能力，也能促进教育科学的发展。教师的教育科研活动从解决工作中的实际问题出发，“必须牢牢地植根于学校和课堂，必须和教师的各个方面有直接的、切实的联系”。从此意义上讲，教学科研能力的高低与教育科学的发展直接相关。

此外，专家队伍后备成员在未来的专业工作中，面对的是广大的普通教师群体。而在如此庞大的教师群体中，科研能力的缺乏并非一种个案。正如皮亚杰(Jean Piaget)曾经所指出的，“传统的教育制度对整个教育造成致命后果。首先，它已经使未来的中学教师根本不知道有从事教育科学研究的可能。其次，它已经使小学教师成了一群单独的具有内向性的知识阶层，受不到社会公正的承认，小学教师因此事实上脱离了当前的学科倾向，缺乏研究试验的气氛而使他们所遭遇的情境变得更坏”[1]。事实上，这种状况在今天也并没有得到多大的改善。因此，通过提升专家队伍后备成员的研究能力，使其在未来带动其他教师群体科研能力的提升，是专家队伍建设中不容忽视的问题。

[1]陈翠荣.对培养专家型教师的思考[J]集美大学学报(教育科学版)，2002(4)：8-11.

二　高校教师教学发展的研究队伍

随着教师专业运动的深入实施，新时期的教师教育正面临着一场深刻的变革。但是，很少有人认为“教学”是教师的一项专门“技术”，并愿意对“教学”本身进行研究。教师往往认为：“掌握了学科专业知识就等于学会了教学。”[1]而事实上，教师教育作为一种较新的教育体系，与传统的师范培养相比，其在教育理念、教育思想、教育目的、教育内容、教育方法等方面已经发生了重大变化。这个教育体系的建立绝非易事，它需要广大教师教育工作者不遗余力地去探索，研究新问题，构建新模式，总结新经验。如果教师教学发展缺乏一种深入的、全方位的研究，教师的专业化发展也将是一纸空谈。因此，新一轮的教师专业化运动亟须一支高素质的研究队伍来进行引导与推动，以此加快教师专业化发展的步伐。

（一）研究队伍的内涵与基本构成

研究队伍作为推动教师教学发展的重要力量之一，其不仅具有一般意义上的教学职能，也承担着以教学研究推动教学发展的重任。因此，研究队伍应是一支集教学与科研于一身的共同体，教师教学发展研究队伍也由此具有了自身独特的内涵。

1.研究队伍的内涵

“研究”之本义，其包括两方面，一是具有探求事物的真相、性质、规律等之含意；二是具有商讨与考虑之意。那么，作为教师队伍中的研究型人才，其又有何种内涵呢？目前，关于何谓教师中的研究者，较有代表性的观点主要有三种：第一种观点侧重强调其行为特征，认为“是用科学方法探求教育教学本质和规律的教师”；第二种观点侧重突出其能力特征，认为“是能高效解决教学中的各种问题，富有职业的敏锐洞察力和创造力的教师”；第三种观点侧重凸显专业行为的反思特征，认为“他们既是教育工作的实践者，又是教育理论的探索者，是具有创

[1]周钧，朱旭东.美国教师教育大学化形成的路径研究[J].高等教育研究，2005(12)：57-63，68.

造力的反思者和具有实践能力的反思者"。从这些观点看,尽管定义不同,但有一点是共同的,即一致注重强调研究型教师的研究素质与研究活动。

教育学专业的培养目标是研究型教师。所谓研究型教师,首先,他是专业教师,能够胜任教学工作;其次,他是教研人员,能够胜任教育研究工作。概括地讲,他是合格教师与教研人才的整合。所以,教育学专业所培养的人才,能够如同其他学科专业人才一样胜任教学工作,甚至成为优秀教师;同时他又能够站在教育研究的角度审视自己与他人的教育教学工作,提出改进的对策,特别是他能够以优秀教师的身份,以教研专家的身份展开自己的教育研究,带动身边的教研,活跃在教师说课与评课、校本研究与区域教研战线。[1]作为研究队伍成员的教师,意味着他不再是一个教师教育改革的旁观者,而是应通过持续的研究,产生研究成果以促进教师教育改革的发展。只有当教师教学发展的实践与研究交融在一起,教师教育的内涵才更富有理性。当教师能够以研究者的目光审视教师教学发展中的实际问题,能够创造性地找到解决问题的新角度,并形成新思想和新观点,就能推动教师队伍整体的专业化发展。

由此,我们可以认为,教师教学发展的研究队伍是指以教师专业化发展为目的,以教师教育相关理论研究和开发为内容,由专业互补、具有共同的研究目标和价值观并从事教师教学发展研究的专业研究群体。教师教学发展研究队伍是教师教学发展中心的重要组成部分,是推动教师专业化发展不可替代的一个群体。

2.研究队伍的构成

作为教师教学发展的研究队伍,承担着发展教师教育基本理论,为各学科、各专业教师的教学发展提供理论指导的重任。因此,教师教学发展研究队伍应以各学科各专业的学术带头人作为核心,以具有较高研究能力的研究型教师作为中坚力量,共同推进教师教育的理论发展。

(1)学术带头人

进行教师教学发展研究的根本任务和目标是取得高水平的教师教育科研成果和培养高质量的教师。因此,学术带头人是研究队伍构成的关键要素。一般来讲,教师教育涉及教育学领域内多个不同专业和研究方向,那么,各研究方向

[1]唐智松,易连云.目标定位:研究型教师[J].教育研究,2011(8):85-86.

的核心人物就是学术带头人。学术带头人是教师教学发展研究队伍建设的重中之重。具体而言,教师教学发展研究队伍中的学术带头人是教师教育领域内或各相关学科、专业中具有良好学科素养,广博的科学知识,善于进行创造性劳动并能团结带领学术团队为本领域发展共同奋斗的优秀学者,并在本领域造诣深,能得到国内外同行的肯定与认可。一般来讲,学术带头人具有较完整的知识结构和更新知识的能力,有预见和判断能力,能正确把握本领域的学术研究方向;勇于开拓创新,学风端正,治学严谨,有强烈的事业心和奉献精神。

值得注意的是,学术带头人也并非能仅靠一己之力产生作用。所谓带头,就是率领、组织和影响他人共同工作。学术带头人没有他人的通力合作,没有他人的协调配合,没有必要的外部条件和环境,也难以完成所承担的研究任务。因此,学术带头人在研究队伍中也并非孤立的存在。但不可否认的是,学术带头人在研究队伍中作为核心人物,其作用是无可替代的。

(2)研究型教师

教师教学发展研究队伍的建设,虽然学术带头人是关键,但是,学术带头人在研究人员中所占比例极低,仅仅依靠学术带头人展开研究也是不太现实的。要完成教师教学发展的相关研究,需要一支完整的研究队伍。因此,在教师教学发展研究队伍中还应该有另一类重要构成——研究型教师。所谓教师教育领域内的研究型教师,是指具有深厚的理论素养、丰富的专业知识和一定的研究能力,不断运用先进的教育思想和理论指导实践,始终带着敏感的研究意识在教育实践中自觉地发现问题、分析问题、解决问题,不断反思并富有创新精神的教师。研究型教师与一般教师的主要区别在于:一是研究的自觉性,能自然而然地随时随地进入研究状态;二是眼光的敏锐性,善于捕捉教学实践中的稍纵即逝的瞬间信息;三是思索的条理性,善于从头绪纷繁的现象中梳理分类;四是表达的丰富性,能用口头的或文字的形式准确体现自己的思维。[1]要想推动教师教学发展的相关理论研究,以青年学术人才为主的研究型教师是中坚力量,他们不仅在教学一线不断基于教学实践积累经验,提炼理论,在科研一线更是主力军和生力军。在学术带头人的引领下,依靠研究型教师的研究力量能真正把教师教学发展的理论研究带动起来,从而为现代教师教学的深化和改革提供良好的理论支撑。

[1]黄文龙.加速建设"研究型教师"队伍[J].现代教育科学,2006(2):49-51.

(二)研究队伍成员的基本素养

从上面对研究队伍的内涵分析可以看到,研究队伍成员不仅是教学人员,也是一名出色的教研人员。因此,研究队伍成员应具备的基本素养亦不再是一般意义上的教师素养。"研究"是其基本素养的典型特征。在教师教学发展的要求下,研究队伍成员不仅应具有深厚的教师教育理论素养,还应该具有良好的研究意识与扎实的教学探究能力。

1.深厚的教师教育理论素养

对于教师教育理论,普遍认为其是通过一系列教师教育概念、教师教育判断或命题,借助一定的推理形式构成的关于教师教育问题的系统性的认识。具有较高的教师教育理论素养,才能具有先进的教师教育观念,对教师教育有着自己的理解和看法,能以一种自觉的教育视角来审视教师教育中的现象和问题,积极自觉地反思并探究这些现象和问题。因此,教师教育理论素养对于研究队伍而言,既是基本的素养,亦是不可替代的专业品质。

研究队伍成员的理论水平不仅影响教师教学发展的相关研究能否顺利进行,也影响其在教师教学发展的相关研究过程中是否能取得和能取得何种质量的研究成果。从宏观层面看,教育理论素养对其从事的教育科研实践在总体上起着把握、指导和调节作用。从微观层面来看,理论素养对其从事的教育科研活动的影响是多方面的。[1]首先,教育问题的意识和感悟由教育理论素养的高低直接决定。开展教育科研的起点在于能在教育教学活动中发现问题。如果不能找到问题所在,也就意味着教育科研不可能进行和发展。其次,研究的成败也来自研究者教育理论素养的高低。教育科研过程是一个动态、持续的过程,因而完成一项研究工作要受到多种因素的影响。对这些因素的认识、控制、利用以及如何最大限度避免消极因素的影响,都取决于研究者基本理论素养的高低。

2.良好的研究意识

教师教育研究源于研究者的问题意识。如果作为教师教学发展的研究者缺乏这种意识,那么他无法寻找教师教学发展的价值与意义,也不能发现教师教学

[1]褚远辉,辉进宇.教育理论素养的提升:中小学教师从事科研的主体性条件之一[J].云南教育,2005(28):10-11.

发展中存在的问题。没有问题意识、缺乏探究精神,也就难以对教师教学发展的未来趋势做出准确的判断,更不能寻求教师教学发展的路径,从而影响教师的专业化发展进程。因此,作为教师教学发展的研究者,高度自觉的"研究意识"是其必须具备的基本素养。他应站在研究主体的角度去审视各个时期的教师教育,彻底摆脱被动研究的境地。

那么,若要优化教师的科研素养,就应当使教师的"研究意识"渗透到自身的教育教学活动中。作为教师教学发展的研究者,必须站在理论的高度,形成良好的科研意识,并需要养成能结合自己的教学实践不断进行理论学习的习惯。从另一方面来看,教师教学发展研究者若要提高解决教师教学发展实际问题的能力,也必须加强教师教育研究与教师发展实践之间的紧密联系。只有研究者树立了良好的研究意识,才能在教师教育相关基本理论的学习中具有积极性与主动性,不断促进自身专业素养的优化;也才能以科学的研究态度和勇于创新的研究精神不断地实现知识的更新和吸收,并将新知识、新理念最大限度地转化到教学实践中,以新知识、新理念引领教师的专业化发展,实现理论的升华,进而在"教、学、研"为一体的道路上成为"复合型"的研究者。

3.扎实的教学探究能力

教师教育研究是在教师教育相关理论的指导下,有目的、有计划、有系统地采用科学态度和方法,对教师教育、教师发展等问题进行考察,从而解决一定的教师教育问题,为教师教育实践服务的一种创造性活动。对于教师教育的研究,不同于专业人员的研究,它在很大程度上源于教师教学的实践情境,其目的在于使教师教育既开放性地不断改进,又可通过批判和修正,不断推动教师的专业化进程。因此,我们更愿意用教学探究能力一词来概括教师教学发展中研究人员开展研究活动的能力。具体而言,教学探究能力包括以下四个方面。

(1)问题定向能力

问题定向能力是研究者确定需要研究何种问题的能力,是开展教师教育研究的第一步。现实的教师培养应是教师教学发展研究队伍开展研究的主战场,教师教育的研究始于对教师教育问题的定向。教师教育的种种问题往往潜藏在现实的教师教育活动当中,如何透过纷繁复杂的表面现象,在大量的问题中准确地捕捉有研究价值的问题,是开展教师教育研究的第一步,因而这需要研究者对教师教育的未来走向、发展的种种趋势有着较为清楚的把握和一定的预见性。

(2)分析问题能力

教师教学研究者的分析问题能力是指以理论为指导，分析教师培养的实践，又以这种实践为参照，来分析检验教师教育理论的能力。教师教育问题的出现有其内在的必然的因果关系。往往人们最先看到的是外显的问题，而研究者所要探求的是这些问题的“因”，缺乏严谨而正确的教师教育理论储备是当今教师教育发展缓慢的原因所在。现阶段教育学蓬勃发展带来的教育理论的丰富与深刻为科学地分析教师教育问题的“因”提供了可能性，教师培养的实践性也为更准确地定位相关理论问题提供了依据。如何在众多的理论中寻找可资借鉴的教师教育研究成果以解决教师培养实践问题，需要研究者灵活运用选择、比较、批判和综合等能力做到理论与实践的有机结合。

(3)解决问题能力

这是研究者开展教师教育研究并取得研究成效的一个重要环节。许多研究者研究问题并没有系统的理论依据，传统的“依观察而发现问题、依经验而分析问题、依感性而解决问题”的方式必然导致研究效率的低下。因此，如何通过科学的研究方法与技术解决教师教育问题是研究者开展教师教育研究并取得研究成效的一个重要环节。

(4)协同合作能力

在一个研究团队中，成员的协同合作能力是提升整个队伍研究效率的重要影响因素。每一位研究队伍成员在知识、能力、技术等专业方面各有所长，因而不同的知识能力结构、不同的思维方式、不同的研究风格可以异质互补。由此，使整个研究队伍更具灵活性与适应性，既能承担难度大的研究任务，又能承担针对性较强的应用性研究课题，从而充分发挥团体力量以推动教师教学研究的发展。

(三)研究队伍的功能与意义

自教师专业化提出以来，世界范围内的教师教育发展因缺乏科学理论的指导而难以取得突破性的进展。教师教育自身理论基础的薄弱导致其未获得应有的地位与肯定。教师教学发展研究队伍的建设，不仅能推动教师教育自身理论的发展，同时也以自身理论为基础为教师教育发展指明了方向。在教师专业化发展成为世界范围内教师教育主要改革方向的今天，教师教学发展研究队伍的建设意义重大而深远。

1.研究队伍的基本功能

对于教师的教学发展,研究队伍发挥着重要作用。当前,教师教育普遍存在重实践训练而轻理论研究的状况。事实上,对于教师的教学发展,不仅需要加强对教师的实践培训,更需要我们找到有效提升教师教学能力的方法与途径。研究队伍正是通过对教师教育课程、方法、管理等方面的研究,平衡实践训练与理论研究的关系,推动教师教学能力的提升。

(1)教师教学发展基本理论研究

自教师专业化提出以来,如何在教师专业化发展的进程中提升教师教学能力日益受到人们的重视。但是,我国教师教学发展的相关研究起步较晚,虽然相关理论可以借鉴发达国家的先进经验,但并不能完全照抄照搬国外的理念与做法,我们必须更新教学理念,加快教师教学发展的本土化进程,不断探索与完善符合中国实际情况的教师教学发展理论。对于教师教学发展研究队伍来讲,这既是其存在的意义,也是其应发挥的重要功能。

目前,我国教师教学发展的实践已步入了快速发展的道路,但相关理论研究却呈现出一定程度的落后。虽然我国从21世纪初开始引进欧美等发达国家关于教师专业发展和高校教师发展的理念,并开始探索适合我国国情的高校教师发展策略与机制,但我们实际上在教师教学发展理论领域并未取得突破性进展,特别是在教师教学发展目标、发展内容、发展模式等方面还没有形成较为系统的理论。由此,导致我国教师教学发展难以取得令人满意的效果。那么,在此情况下,教师教学发展研究队伍的组建可谓是恰逢其时。教师教学发展研究队伍对教师教学发展所做出的研究与分析,将有助于我们深化对教师教学发展的认识,有助于我们厘清教师教学发展的思路,从而能在教师教学发展的各个具体方面做出较好的把握,如教师教育的理念、教师职后培训的模式、教师职后培训的机制等方面。研究队伍通过对教师教学发展的多层次、多维度的探索与创新,不仅能从根本上解决教师教育理论基础薄弱的问题,更重要的是能够推动我国教师的专业化发展进程,促进我国各级各类教师专业素养的全面提升。

(2)教师教学发展机构建设研究

教师教学发展机构是促进教师教学发展的重要载体。随着教师专业化的兴起，世界各国为了促进教师专业化发展纷纷建立了相应的教师教学发展机构。当今教师教学发展表现出了一体化趋势，即职前准备性教学发展、入职适应性教学发展和提高性教学发展前后承接，一般还由相同的机构组织并实施，因此，对教师教学发展机构的相关研究是教师教学发展研究队伍的重要功能之一。

教师教学发展机构以管理与服务为要旨，为教师教学发展提供了专业平台，在教师教学发展中起着非常重要的作用。一个完备的教师教学发展机构不仅责任重大，而且其组建与运行涉及多方面的因素。具体而言，教师教学发展机构涉及其组建形式、组织结构、组织运行模式、机构专门项目、国际经验借鉴以及未来发展规划等多方面因素，因而教师教学发展机构的建设是一项极其复杂的系统工程。特别是对我国而言，教师教学发展机构的建立和发展处于起步阶段，不仅缺乏相关建设经验，在机制建设和发展问题上也需进行更多探索。因此，对教师教学机构展开全方位的探索是教师教学发展研究队伍必须承担的重任。研究队伍对教师教学发展机构的组织机构、功能拓展、未来发展规划等方面的探索，不仅能丰富教师教育相关理论研究成果，提高我们对教师教学发展的理论认识，为推动我国教师教学发展积累理论知识，也能为我国教师教学发展的实践提供具体的指导，推进我国教师教学发展机构的建设，使之为提高教师教育质量做出更加有效的服务。

2.研究队伍建设的意义

研究队伍作为教师教学发展主要支撑队伍之一，加强其建设是教师教学发展工作中的一项主要内容。研究队伍的建设，不仅能推动教师教育基本理论的发展，也能以此指引教师教学发展的方向，为加快我国教师队伍的专业化发展做出积极贡献。

(1)推动教师教育基本理论发展

当今之教师教育，教师专业化无疑在其间占据主导地位。所谓教师专业化，简而言之，就是教师职业争取成为专业的过程。但长期以来，我们所倡导的教师专业化似乎只关注了教师教育的实践性，而对教师教育基本理论的构建显得信心不足。教师教育的改革也一直在这两者之间摇摆不定，导致教师教育在一种缺乏科学理论指导的状态下蹒跚前行。时至今日，这样的问题依然困扰着教师教育的发展。

19世纪以前,西方教师职业的专业化趋向,是在不自觉的、被动的、隐性的状态下进行的。此时,其"学徒式"的培养带有很大的盲目性,对于培养的规格、培养的目标等,培养者既无准确的把握,也没有客观的标准。此时的培养,不仅是经验式的,也是墨守成规式的。赫尔巴特(Johann Friedrich Herbart)后来便旗帜鲜明地声称:"教育作为一种科学,是以实践哲学和心理学为基础的,前者指明目的,后者指明途径、手段以及教育成就的阻碍。"即要求教师不但要掌握"教什么",还要学会"如何教"。但是,这样的声音却缺乏相关理论的支撑,忽略了教师教育理论研究的重要性。教师教育理论研究的水平及教师之教师的素质有待提升。如彼得斯(Riehard Peters)所言,许多教育理论学科明显缺乏精确性,很不注重明晰的哲学思考。赫斯特(Paul Hisrt)和泰勒(Ralph Tyler)则认为,教师教育提供给未来教师的是肤浅知识、导师的偏见和三流作品构成的"大杂烩"。教师教育面临的困境,使得教师教育必须考虑如何拥有自己的专业化理论。

由此可见,研究队伍在教师培养机构中并非可有可无,它是推动教师教育发展的不可替代的一支力量。研究队伍竭力使建立在一套程序、高深的知识技能体系之上的传统的教师职业专业化模式从根本上得以改观,从而建立新的教师教育理论体系,推动教师教育基本理论的良性发展。研究队伍通过不断的探索、分析,总结已有的教师教育理论,也不断努力发现新的理论,并以新的理论成为教师教育实践的指导。在这一指导过程中,接受新理论的教师在新理论的指导下,将会不断获得反思,不仅会重新认识自己的专业身份,重新看待自己的专业行为,也能更加深入地了解如何促进自我发展。由此,在研究队伍发掘、产生新的教师教育基本理论的指引下,提高教师个体水平进而提高整个群体的专业化水平。

(2)指引教师教学发展方向

教师教学发展研究队伍建设另一重大意义在于,研究者通过对教师教学基本理论的探索、创新,揭示出教师教育应有的基本规律,并以此引导教师教学发展步入正确的轨道。

揭示教师教育规律以及教师教学发展规律是教师教学发展研究队伍的重要任务之一,这是其应有的定位和取向。正如王策三所指出的:"研究客观存在而不带任何主观随意性的规律,这是任何一门科学要想成为真正科学的根本立足点。”[1]如果想要有效推动教师教学发展,并取得具有实质性的效果,那么就必须遵循一定的教师教育规律与原理。教师教育的理论研究正是指向教师教育的基本原理,旨在揭示教师教育的规律。如果从研究范畴来看,教师教学发展的研究主要针对的是教师教学发展的科学性问题。即透过纷繁复杂的教师发展现象,把握这一现象活动的一般性联系和属性。客观而言,尽管我国教师教育研究起步晚,且发展并不迅速,但不可否认的是,人们也已认识到教师教育具有一定规律性。若要推动教师教学发展,实现教师专业化,就必须遵循其客观规律。换言之,教师教育自诞生之初,其规律性已经存在,但囿于彼时认识的不足、理论水平的低下,人们对这一规律的认识并不全面、整体和具有理性。而当今教师教学发展研究队伍的建设,正是为了解决这一难题。

那么,在研究队伍解决这一难题之后,其真正意义何在呢?如果说从内部揭示规律指向的是教师教育本身,即教师教育应该怎样才是正确的,那么通过理论研究确定教师教学发展的价值观,则关注的是我们的教师教育是否在做正确的事。关于教师的教学发展,首先要确保的是在做“正确的事”,而后才考虑如何“把事情做正确”。教师的教学发展本身就是一项极为复杂的系统工程,因此,无法离开正确的价值观的引导与规约。研究队伍建设的意义恰好在于探明教师教育的内在规律,在规律的指引下厘清教师教学发展的价值型问题,确立正确的教师教学发展价值观,为教师教学发展指明正确的方向。即在教师教育理论的指引下,我们能够清晰地判断出教师教学发展“该做什么”与“怎样做”。

(四)研究队伍的建设策略

在教师专业化发展的形势下,教师教学发展研究队伍的建设迫在眉睫。教师教育亟须在研究队伍的推动下获得跨越式的发展。然而,在教师教学发展中,研究队伍能否发挥其应有的作用不仅取决于是否拥有高水平研究队伍成员,也取决于是否具有多元化的队伍结构,以及良好的科研平台。因此,在教师教学发展研究队伍的建设中,我们必须对此予以考虑。

1.遴选研究队伍成员

由于教师专业化发展的系统性与复杂性,教师教育研究的各个分支研究领

[1]王策三. 教学论稿(第二版)[M].北京:人民教育出版社,2005:54-56.

域和方向各有不同的特点，有关教师教学发展的研究队伍应是一支结构合理的团队，否则教师教学的相关研究难以正常展开。换言之，教师教学发展的研究队伍应是一支年龄层次合理、专业优势互补的专业队伍。这是研究队伍组建的关键所在。

（1）选择优秀专家作为学术带头人

高水平的学术带头人是研究队伍的建设者、组织者和引导者，更是团队建设的核心和“脊梁”。从一定程度上讲，学术带头人的学术水平和组织协调能力将决定整个研究队伍的兴衰。学术带头人主要从总体上把握整个团队的运行方向，教师教学发展的研究队伍可以其为核心进行组建。就研究队伍的建设而言，学术带头人具有相当关键的作用。整个研究队伍能在其引领下步入正确的研究方向，按照制订的研究计划，有条不紊地开展研究工作，取得丰硕的研究成果。

（2）遴选优秀青年教师作为研究队伍骨干成员

中青年教师作为研究队伍的中坚力量，担负着承上启下的作用。虽然中青年教师的学术道路已经大致定型，但是，年富力强是其突出特点，教师教学发展研究队伍在内容和体系上的丰富与完善主要依靠中青年教师的努力。而且，随着国际学术交流的日益繁荣，中青年教师往往可以更容易地与世界范围内的优秀研究团队和学术权威直接进行交流与合作。所以，优秀的中青年教师在教师教学发展研究队伍的建设中理应受到重视，从而给予“应用的学术以新的尊严和新的地位”[1]。

（3）加强研究队伍后备力量的培养与遴选

在目前的各类教师培养机构中，专职研究队伍并未完全成形，而且专职研究人员数量远远低于其他学科。这将难以满足教师教学发展需要，也将严重影响教师教育研究的未来发展。因此，在现有研究队伍基础上，我们还应吸收、选聘非专职研究人员以壮大研究队伍，借助后备研究力量以共同促进教师教学发展研究队伍的建设。在非专职研究人员中，可以包括教育领域内相关专家、具备良好科研能力与较高教育理论素养的其他学科教师，甚至可以吸收相关的研究生参与各项研究活动。虽然我们的研究生教学曾经倡导“以学术为业”，但是，从壮大研究力量、发展后备研究队伍的角度来看，吸纳具有良好科研潜力的研究生参

[1] [美]欧内斯特·L.博耶.关于美国教育改革的演讲[M].涂艳国，方彤，译.北京：教育科学出版社，2002：77.

与到研究队伍中来,这实际上也是一种较好的研究生培养模式。

2.多元化打造研究队伍

在教师教学发展研究队伍的建设中,单一的、一成不变的研究队伍建设模式并不利于研究队伍研究能力的提升。不同形式的研究组合可以发挥出更大的研究潜力。因此,我们应多元化打造研究队伍,集中多种优势研究力量共同推进教师教学发展的理论研究。

(1)打造学科型研究队伍

学科型研究队伍是比较常见的研究队伍结构,也是较为复杂的队伍结构类型。在这种结构的研究队伍中,教师教育相关专业的其他教师、博士后、兼职研究人员、各类研究生以及访学人员等在学科带头人的领导下展开研究工作。作为研究队伍的核心人物与领导者,学科带头人不仅需要从宏观上把握研究和发展方向,还需要对各个时期的研究目标、研究任务、研究内容等方面进行组织规划,使各环节工作保持统筹协调,从而保证研究工作的推进与研究任务的完成;其他成员则分别承担协助者、支持者、组织者等角色,根据各自的专业背景、研究能力、研究经验等承担相应的研究任务。由于学科型研究队伍以学科资源为基础,一方面,团队的人员构成具有一定的稳定性,能够保证科研成果产出的持续性、科研方向的稳定性和学科研究的系统性;另一方面,与相互熟悉的、来自同一学科研究领域的成员合作,更能增强队伍的凝聚力。因此,学科型研究队伍应是教师教学发展研究队伍的一种主要形式。

(2)打造导师—学生型研究队伍

此类研究队伍以"导师—学生"的结构为主,即研究队伍成员的知识背景和专业背景基本来自教育学科,以指导教师为领导者和核心人物,研究生作为一般工作成员协同合作。这种结构的科研团队规模较小,目标明确,有着稳定的科研工作方向;团队角色分工明显,指导教师既是领导者、组织者,又是管理者,研究生作为协助者和一般工作者,是团队中的主要群体。这一类型研究队伍的工作风格和团队文化,更容易受到领导者,即指导教师的引领,加上新的研究力量会不断注入队伍中,因此导师—学生型研究队伍可作为学科型研究队伍很好的补充形式。

(3)打造项目型研究队伍

教师教学发展的研究,不仅需要关注教师教育的发展与教师的发展,也需要注重研究成果的实际应用性,因此,教师教学发展的研究还需要打造项目型研究队伍。项目型研究队伍以教师教育研究的实际应用和教师发展的需求为导向,主要基于特定的、具有重大应用研究意义的研究项目而建立。因此,成员构成相对复杂是项目型研究队伍的主要特征。在此类研究队伍中,成员的来源并非单一的某个学科专业,而且,各成员的专业背景和知识技能构成也存在较大差别。虽然其整体协调管理具有一定难度,但由于成员各具专业知识特点与研究特长,因此在研究合作中会呈现出不同的研究风格和专业技能特征,会在很大程度上满足研究的需要。多样的风格与特征为项目研究形成更灵活的思维观念和研究路径提供了可能,同时也为更高的研究质量提供了可能。因此,在教师教学发展研究队伍的建设中,学科型研究队伍的打造同样值得我们重视。

3.加大研究经费投入

在教师教学发展的研究队伍建设中,高素质的学科带头人与研究队伍成员以及多元化的研究团队固然重要,但研究队伍的建设并不尽于此,建设一支真正的研究队伍离不开经费的支撑。在教师教育研究日益深入和复杂的今天,研究工作所需投入的经费日益庞大,没有足够的研究经费的连续支持,将无法保障研究的有效性。在初步组建了优秀的研究队伍的条件下,研究经费在一定程度上决定着该研究队伍未来研究的发展。因此,在教师教学发展研究队伍的建设中,研究经费的投入理应受到重视。当然,鉴于我国高校体制和各教师培养单位现实财力的制约,要一蹴而就地实现教师教学发展研究队伍经费的增长并不现实。我们应努力提升各教师培养单位所在高校对教师教育研究重要性的认识,将之与各所在高校的可持续发展视为一体,多渠道拓展经费来源并善加利用。

首先,进一步强化对教师教学发展研究队伍的资助力度,稳步提升教师教学发展基础研究经费的投入水平及其在各教师培养机构整体建设经费中所占的比重。各教师培养机构及其所在高校应努力为教师教学发展研究队伍设立专项的基本科研业务费,由各单位财务主管部门负责提出预算并负责管理、使用,以支持教师教学发展研究队伍开展自主研究工作。

其次,多渠道筹措研究经费。在公用研究经费稳步投入的基础上,教师教学发展研究队伍应形成学校投入、学科自筹、个人课题经费相结合的方式，并加强与地方教育机构的结合，获得横向课题经费支持。在服务地方教育机构的同时强化研究队伍并扩大影响，自主引进科研经费。由此，形成高校、教师培养机构、地方教育机构、研究队伍自筹等多方经费来源，实现研究经费的稳固投入。

最后，完善研究经费使用评价体系。为了提高教师教学发展研究队伍经费的使用效率，在加大经费投入的基础上应完善研究经费的评价体系，正确处理好短期利益和长期利益、研究成果的数量和质量的关系，促进研究经费的优化配置，为教师教学的发展提供更多的高质量原创性研究成果，进而为实现我国教师专业化发展做出积极贡献。

三　高校教师教学发展的技术队伍

随着社会的进步以及科技的不断发展,电子信息技术几乎影响到人类生活的所有领域,教育领域亦不例外。在教育领域,电子信息技术打破了时空的界限,它改变着教学的环境、组织、内容、方式和方法。现代化的教学环境、教育技术越来越受到人们的关注。现代科学技术在教师教育领域的应用,给教师教育以整体性的、长久性的影响。可以说,现代科学技术正给传统教师教育以全面的冲击,使传统教师教育发生全面的、深刻的改变。科技的发展对加快教师的专业化发展提供了可能,同时也为促进教师的专业化发展提供了支持。因此,建设一支高素质的技术队伍可以为教师教学提供良好的技术支撑,成为教师教学发展队伍建设中的重要组成部分。

(一)技术队伍的内涵与结构

随着以计算机多媒体技术和网络技术为核心的现代科学技术在当代教师教育发展中的渗透,使得技术队伍成为推动教师教学发展的一支重要力量。而当代教师教育的发展,也决定了教师教学发展的技术队伍不仅要适应教师教学发展的要求,而且要具备更为专业化的素养。

1.技术队伍的内涵

对于教师教学发展技术队伍的定义,目前理论界并未达成广泛的共识。我们探讨教师教学发展技术队伍的内涵,就有必要从以下几个方面展开。

首先,我们应厘清何为教师教学发展中的“技术”。根据《辞海》中对“技术”的通俗定义:“根据生产实践经验和自然科学原理而发展成的各种工艺操作方法与技能。除操作技能外,广义地讲,还包括相应的生产工具和其他物质设备,以及生产的工艺过程或作业程序、方法。”[1]我们从中可以看到,“技术”的核心是指

---

[1]辞海编辑委员会.辞海(缩印本·1989年版)[M].上海:上海辞书出版社,1990:1758.

在人类改造自然的生产活动中的操作方法或者操作技能。更广泛的意义上,“技术”不仅包括通常我们理解的物态设备,而且也指生产中的某种操作方法、程序、过程。简而言之,技术就是指人们利用现有事物形成新事物,或是改变现有事物功能、性能的方法。但无论是何种解释,技术与其明确的使用范围相对应,即每一类技术具有一定的使用范围。因此,我们所讨论的教师教学发展技术队伍中的“技术”,其使用范围是在教师教学发展的过程中。那么,我们应如何理解教师教学发展中所使用的技术呢?广义地讲,教师教学发展中的技术是指在教师教育过程中,为促进教师教学的发展而采用的科学方法或技艺知识,是教师教育中的智慧经验、方法技能和工具手段的有机结合。显然,这是一个非常宽泛的概念,它甚至可以包括印刷技术、通信技术、传播技术、信息技术等诸多方面,这并不适合本书所讨论的范围。因此,我们在这里将教师教学发展中的“技术”予以窄化。本书基于电子信息技术在教学中的广泛应用,将教师教学发展中的“技术”定义为在教师教育过程中,用于促进教师教学发展的现代电子信息技术与多媒体技术。

其次,我们应明晰何为专业技术人员。所谓专业技术人员,从广义上来说,是指拥有特定的专业技术(不论是否得到有关部门的认定),并以其专业技术从事专业工作,并因此获得相应利益的人员;从狭义上来说,是指在特定单位或机构从事专业技术工作的人员。本书基于研究范围,对技术人员采用狭义上的定义。

那么,结合上述对教师教学发展中“技术”与“专业技术人员”的含义的探讨,我们可以认为,教师教学发展中的技术队伍是指在教师教育活动中,具备计算机、电子信息、多媒体等专项技术,从事教师教育技术服务、教师教育现代化与教育信息化建设的多功能专门化人才队伍。他们承担着教师教学发展过程中的技术开发、技术改进、技术支持等重任,是推动教师教学发展的不可或缺的因素,也是教师教学发展的重要支撑。

2.技术队伍的结构

技术队伍在教师教学发展队伍建设中具有特殊的地位。虽然技术队伍并不承担教学、科研等常规性发展任务,但其“技术性”的特性决定了其结构必然围绕“技术”来进行组建。具体而言,技术队伍主要由技术带头人与优秀青年技术人员共同构成。

(1)技术带头人

在教师教学发展技术队伍中,技术带头人是关键人物。技术带头人在整个技术队伍中起着非常重要的作用,因此,技术带头人在各方面应优于普通技术人员。首先,技术带头人应具有较高的学历。技术带头人应具备教师教学发展所需要的技术专业博士学位。高学历意味着其具有扎实的理论基础,具有广博的本专业理论知识,以及掌握了大量其他相关专业的基本理论,能从理论上应对教师教学发展中可能遇到的各类技术难题。其次,技术带头人应具有高级职称。一般而言,技术类人员没有相应的正高级职称,因此,技术带头人应至少具有副高级职称。高级职称实质上也意味着其在本专业领域具有丰富的工作经验,能独自高效处理本专业领域内出现的突发情况。再次,技术带头人应具有极高的专业素质和极强的业务能力。技术带头人应对各类教学设施设备具有相当程度的熟悉,了解绝大部分设施设备的工作原理,熟知操作技能,以及能快速准确地排除各类设施设备的故障。最后,技术带头人还应具有一定的管理知识。技术带头人作为技术队伍的核心,既是一名专家级的技术人员,同时也是一名管理者。技术带头人能带动并组织其他技术人员解决本专业领域内的技术难题,在整个技术队伍中有较高的威信,能够保持队伍的稳定性和凝聚力。

(2)优秀青年技术人员

优秀青年技术人员一般是指年龄在40岁以下,具有较高理论水平与较强实践操作能力的专业技术人员。在教师教学发展技术队伍中,优秀青年技术人员占有较大的比例,他们是教师教学发展技术队伍的中坚力量。一般而言,优秀青年技术人员短期内很难成为全能型人才,但至少应在自身的专业领域内有着较深的理论功底与较强的实践能力。首先,在学历上青年技术人员应具有相关专业本科及以上学历,对教师教学发展所涉及的技术领域有着较深的理解与把握,具有较为丰富的专业理论知识,对国内外相关技术领域的先进理念与模式较为熟悉,能够快速掌握新知识、新技术与新方法。其次,青年技术人员应具有中级及以上职称。中级及以上职称意味着该人员在相关专业领域已具备较深的专业知识基础与较高的专业技能,并已获得一定的认可。在此层面的青年技术人员能更好地胜任教师教学发展相关技术领域的技术工作,也能更好地处理相关技术领域出现的各类问题(包括专业设施、设备故障的处理、日常维护等),从而为教师的教学发展提供高质量的技术支撑。

(二)技术队伍的素养

现代科学技术的持续更新以及在教师教育领域深入的应用,对教师教学发展技术队伍提出了更高要求。一般意义上的技术人员,已难以担负起促进教师教学发展的重任。因此,教师教学发展的技术队伍应具备更为专业化的素养,从而真正在教师教学发展中发挥应有的作用。具体而言,教师教学发展的技术队伍应具有扎实的专业知识、较强的实践应用能力以及良好的创新能力。

1.具有扎实的专业知识

具有现代电子信息技术与多媒体技术的理论知识是教师教学发展技术队伍成员必要的基本素养。现代电子信息技术与多媒体技术是现代高科技的产物,它们在教育教学领域的应用涉及诸多专业性的理论问题,如电子技术、数字技术等等。现代信息传播、控制处理技术都是由数字技术来完成。现代化的电子教学系统将多种媒体有机地结合起来,对各种教育信息进行获取、传播和再现。因此,作为教师教学发展平台的专业技术人员必须具备较扎实的专业知识基础,才能深入细致地了解这种教学系统的工作机理及各种媒体的工作原理,也只能是在充分地了解了其运行机理的情况下,我们才能真正地使用好这种系统。对于教师教学发展的技术队伍成员而言,其专业知识主要分为内容知识、实体知识和实践知识三个部分。

(1)内容知识

内容知识也就是信息技术知识,主要包括信息技术理论基础知识,即包括信息技术教育、教育传播、知识管理、网络传播理论等方面的知识。具体而言,信息技术知识由计算机与通信技术知识(操作系统、程序设计语言、软件工程等)、媒体与艺术基础知识(摄录编技术知识、艺术基础知识、图像制作处理知识等)、课程开发与教学设计知识(教学系统设计、教学实施与评价、信息技术教育理念与应用等)、教育资源开发与管理知识(网络课程开发、信息化学习环境建设、远程教育系统的集成等)等诸多类型的知识构成。

(2)实体知识

实体知识主要包括信息论、控制论、计算机科学、人工智能等学科的原理方法，它是对信息技术的诠释和概念建构。具体而言，实体知识包括信息获取系统、信息传递系统、信息处理系统、人工智能系统、策略执行系统等方面的基本概念和原理，以及与这些系统之间的关系，还包括信息及信息技术的发展历史及趋势、技术伦理知识、信息法律知识、社会信息系统知识等。

(3)实践知识

实践知识是依存于技术实践活动和有效指导技术实践活动的一种知识，主要包括三个层面:技术实践规则、技术实践原理和技术实践图景。技术实践规则是指技术实践方法、操作过程、技术要求和其他注意事项等;技术实践原理包括技术实践一般行为的理论依据、情境判断准则和合理的预期等;技术实践图景则是由技术实践者的实践经验、理论性知识和文化习惯结合而成的高度抽象的技术实践知识。

2.较强的实践应用能力

科学技术已进入信息时代，各类学科之间交叉渗透，计算机广泛运用于各学科领域，各种实验设备和技术的综合应用，要求教师教学发展技术人员不仅应具有扎实的专业知识，而且应具备这些理论知识的实践应用能力与相应设备设施的使用能力，动态地适应教师教学发展的需要。

(1)相关理论知识的实践应用能力

一是媒体理论的实践应用。技术队伍成员应利用信息技术整合教师教学发展中的相关问题，创造新的教师教学发展网络平台的理论和方法，提高技术服务能力。二是媒体传播理论的实践应用。技术队伍成员应从现代科学技术在教师教育领域应用的实际出发，对教师教学发展网络平台中的多媒体传播技术进行积极探索，研究网络环境下的传播理论，创造新的基于网络平台的教师教育方法与模式。

(2)相关设备设施的使用能力

教师教学发展中的技术支持本身是一个实践的领域，而且，由于技术的不断进步，教师教学发展相关平台中的设备设施科技含量愈来愈高，其功能也趋于多样化与复杂化。这些设备设施操作的方法不同，会产生两种截然不同的使用效果;其各项功能使用是否恰到好处，也将对教师教学发展的效果产生一定程度的影响。因此，为了使多媒体教学系统能高效地运行，技术队伍成员应具备电学、机械、计算机、物理学、管理学等综合知识和丰富的实践经验与动手能力。一方面，技术队伍成员对设备设施的使用能力表现为对教师教学发展平台相关仪器设备的娴熟的操作使用技术及教学数据的整理和分析技术。技术队伍成员应熟悉教师教学发展平台所使用的仪器设备的性能原理，掌握使用方法、步骤等。特别是其对多媒体教学系统中每个单独的媒体与软件及综合功能操作自如，甚至“随心所欲”，以便最大限度地发挥相关设备设施的功能，将教师教学发展与多媒体紧密地连接起来，起到一种“桥梁”作用。另一方面，技术队伍成员应具备较强的仪器设备维修能力，包括一般电器电路检修，专用设备维修能力以及维护能力，要深入地了解设备的原理、特点和易产生故障的部位，在实际工作中要了解掌握相关设施设备的运行状况，及时、迅速、准确地判断、处理设施设备的各种状况，从而为教师教学发展提供良好的保障。

3.良好的创新能力

在推动人类社会发展的众多因素中，创新是不可或缺的重要因素。而随着电子信息技术在教育领域的广泛应用，对于教师教学发展所涉及的技术领域而言，如要推动教师的教学发展，更无法离开创新这一实践活动。因此，教师教学发展技术队伍成员应具备技术创新能力。

在现代教师教育的发展中，教师的教学发展与电子信息技术相结合是一个必然的过程。但在这一过程中，信息技术已经不再仅仅具备自身的特征，而且被教育系统不断构建。[1]因此，教师教育领域的电子信息技术创新应基于一种“循环互动观”。一方面，在教师教学发展的要求下，信息技术不断进行调整、革新，以新的形式渗透于教师教育活动中；另一方面，在融合新的技术后，教师教学的发展也由此获得新的支撑。技术队伍成员在实践中不断改造和调整教师教学发展中所涉及的技术，从而从技术上对教师教育发展的需求予以满足。因此，技术创新在当今的教师教学发展中发挥着重要作用。

从另一方面来看，教师的教学发展主要涉及的技术载体多种多样，如现代电教媒体、计算机、计算机网络、智能化的教学实验设备等。教师教育现代电化教育工具的发展趋势必然是将计算机技术、网络技术、多媒体技术、信息技术等现代高度发展的科学技术移植到教师教育中；多元化的电子信息技术也将采用适

[1]颜士刚，李艺.论技术教育化是技术教育价值的创造和累积[J].电化教育研究，2008(3)：5-8，13.

当的表现形式应用于教师教育的全过程，使教师教育中的教学活动更加形象、生动、灵活、多样和高效。由此我们看到，教师教学发展的技术创新是面向教师教育需要，在电子信息技术和教师教学发展之间展开的创新性活动。其性质是电子信息技术与教师教育创造性的动态塑造；其内容是创新性实践、创新性认识的统一；其价值是工具价值与教育价值的融合。在现代科学技术高速发展的今天，创新能力不仅是教师教学发展技术队伍必要的基本素养，也是促进教师教学发展的重要因素。

（三）技术队伍的功能与意义

如今，现代科学技术在教师教育领域中的应用，使得教师教学发展技术队伍的建设成为必然。如果没有专业化的技术队伍作为支撑，那么现代科学技术对教师教育的影响也将是有限的。因此，技术队伍所具备的功能与发挥的作用在教师教学发展中无可替代。

1.技术队伍的功能

在教师的教学发展中，技术队伍的建设既是教师技术能力提升的需要，也是现代教师教育改革的需要。技术队伍不仅辅助教师教学发展所需的技术设备系统的建设，而且为教师提供完善的技术支撑与服务，从而为推动教师专业化发展发挥积极作用。

（1）辅助技术设备系统的建设

目前，已有部分教师教育机构的教学设施设备建设具备相当规模，数量越来越多，设备越来越先进，管理维护也越来越规范。可以说，这些设施设备已成为信息技术环境下教师教学发展相关技术领域的主要基础设施之一。因此，辅助技术设备系统的建设，对整个设备系统的规划，以及如何使用与管理这些设施设备成为教师教学发展技术队伍的主要功能。

具体而言，技术队伍在技术设备系统的建设上发挥着以下功能。第一，引领系统设备建设。建设一个科学、规范、先进的设备系统，需要技术队伍对教师教育改革发展的前沿问题有充分的了解，并在此基础上研究技术设备的建设模式，根据教师教学发展的具体需求引领技术设备系统的建设。第二，合理配置设备。作为教师教学发展的技术队伍，不仅需要从技术的角度去关注教师教学发展相关领域内各组成部分的均衡发展，而且也需要从教师教学发展机构的特色出发，个性化地为教师教学发展机构的发展提供合理的设备配置。第三，管理设施设备。设施设备处于持续的使用和损耗中，其安全性和使用时限对于整个设备系统而言将产生重要影响，技术队伍需要研究和处理影响设施设备安全性和使用时限等的所有因素，并能对设施设备的安全寿命过程实行监控、评估等管理措施。第四，有效使用设施设备。教师教学发展所需设施设备的建设是为了能更好地发挥设施设备的作用，更好地为教师教学发展服务，因此，技术设备的功效建立在其使用的基础上。对设施设备的使用，不仅是技术队伍的角色定位，也是其责任所在。技术队伍应立足教师教学发展的需求，把握设施设备的功能与不同类型教师教育活动之间的关系，促进设备的有效使用，提升设备的使用效益；同时，应对设备进行定期维护，对设备故障予以及时排除，保证设备能经常处于最佳的使用状态。第五，督导设备系统的使用。督导与评估对于发挥技术设备的最大功效具有重要作用。技术队伍要关注设施设备投资的成本效益，提高各类设备、器材的使用率，进行物的督导，同时还要对使用者（可以看作技术队伍自身）的行为进行严格督导，包括日常维护、维修等，保障设施设备的正常使用。

（2）提供技术支持与服务

在教师教学发展中，促进教师的教育技术的提高也是其发展内容之一。无论是教师在技术设备的使用上，还是教育技术的提升方面，技术队伍均发挥着重要的支持与服务作用。

首先，技术队伍对教师提供技术支持。教师在教学发展过程中不可避免地会涉及信息技术、网络技术以及多媒体技术等，但大多数普通教师在这一领域并非“熟手”，因此，技术队伍能结合特定的教学设施设备，有针对性地分别对有关教师的操作、应用进行示范和指导。如，课件的制作、多媒体设备的使用、突发技术情况的处理等。技术队伍通过对普通教师提供完善的技术支持，不仅可以增强普通教师接受、应用、探索新技术的信心，增强技术意识，使他们切身体会到先进技术给自身的教学发展所带来的变化，而且能进一步提升其在教学发展过程中的技术能力，弥补在新技术运用上的局限性。

其次，对普通教师提供技术培训。在教师教学发展的过程中，教育技术能力的提升是一个重要方面。但是，教育技术能力的形成和提高并不能一蹴而就，需要教师进行反复的实践。在这一过程中，无论是对教师的短期强化培训，还是较长期的培养，都有赖于技术队伍的积极参与和服务。技术队伍不仅在理论上对普通教师进行指导，在操作实践中也对其做出示范，从而引领普通教师教育技术能力的发展。因此，技术队伍在为普通教师提供技术服务方面发挥着不可替代的作用。

2.技术队伍的意义

在各类教师教育机构的建设中，以及在教师的教学发展中，“技术”一直是较为薄弱的环节。特别是在现代教师教育面临重大改革的今天，“技术”的匮乏将严重影响未来教师教育的发展。因此，教师教学发展技术队伍的建设尤为重要。在信息化技术高速发展的今天，教师教学发展技术队伍的建设不仅有利于教师教学发展网络资源平台建设，也有利于教师教学发展网络学习平台建设，从而为信息技术下教师的教学发展提供重要支撑。

（1）建设教师教学发展网络资源平台

随着高等教育信息化水平的逐步提升，网络教学资源建设受到越来越广泛的重视。《国家中长期教育改革和发展规划纲要（2010—2020年）》在推进数字化校园建设中强调“充分利用优质资源和先进技术，创新运行机制和管理模式，整合现有资源，构建先进、高效、实用的数字化教育基础设施”。教育部于2012年3月印发的《教育信息化十年发展规划（2011—2020年）》（教技〔2012〕5号）中也明确指出：采用云计算技术，建立国家教育云服务模式，建设教育云资源平台，建立优质数字教育资源和共建共享环境。由此，我们可以看到教师教学发展的网络资源平台建设已成为教师教育改革与发展的重点关注对象。

一段时期以来，我国诸多教师教育机构为促进现有网络信息资源的高效整合，以实现优质资源的共建共享，已运用新技术建立开放灵活的教育资源公共服务平台。但是，当前国内部分教师教育机构普遍采用以自主开发或是商业购买的方式建立各类教学资源库平台。自主开发的资源库平台符合各教师教育机构的特色，但受制于开发能力和经济投入，自主开发的教学资源无论是在数量上还是在质量上都难以切实满足教学所需。因此，建立高质量的开放式教师教学网络资源平台对于当前教师教学的发展尤为重要。教师在开放式的网络教学资源平台中，可以自由地设计教学资源、创建教学环境、实施教学评价、互动交流以及管理教学进程等,并能进行自由化、个性化的移动学习,从而提升自主创新能力以更好地适应现代教师教育的发展与要求。

一座无限开放的自由学习平台得以崭新架构,所有的教师教学发展资源能得到有效沟通,技术支持是关键。我们不仅需要一支掌握现代化信息技术手段的教师教学发展信息队伍,更需要这支技术队伍用先进的技术理念去重新审视和指导信息技术环境下教师教学发展的各个领域和环节。因此,打造一支能够满足现代教师教育需求的知识型和知识应用型技术队伍,充分利用信息技术来推动教师教学网络资源平台的建设,完善和充实现代教师教育手段,对于我国的教师专业化发展具有重大的意义。

(2)建设教师教学发展网络学习平台

目前,我国的教师教育正处于巨大变革之中。"师范教育"这一传统概念正在逐步退出历史舞台而被"教师教育"取而代之,教师教育的新思想、新理念层出不穷。同时,在信息技术的影响下,现代远程教育的崛起为教师教育的变革提供了动力和支撑,新的一体化教师教育体系正在形成。而在这一体系中,教师教学发展网络学习平台是其重要构成。

网络学习平台是现代远程教育优势的体现,它最大限度地实现了电子信息技术与教师教育的有机结合,在充分整合教师教育资源的基础上提升教师队伍的专业化发展。在纵向上,其将职前培养和职后培训进行了贯通;在横向上,又融合了混合式学习理念,使教师将网络学习与传统的学习方式予以有效结合。因此,网络学习平台具有传统学习方式并不具备的优势。它不仅充分满足了教师的个性化学习需求,同时也促进了教师实践知识共享、教师实践智慧的生成以及教师研究意识和批判性思维的养成。在这一平台中,每位教师既是学习者,同时也是培训者,处于不同发展时期的教师能在平台中自由地进行合作、交流,形成互助式的教师教学发展路径。

由上述内容可以看到,教师教学发展的网络学习平台在推进教师专业化发展的过程中具有非常重要的地位。但是,网络学习平台的建设往往因为技术的瓶颈而显得困难重重。在现代教育理念下,网络学习平台的建设不仅需要不断与新技术结合,在功能设计上不断推陈出新,使之能够适应不断发展的教师网络学习需求,而且需要增强网络学习平台的资源整合功能,以避免出现独立系统与信息孤岛等问题。那么,诸如此类问题的解决,以及网络学习平台的完善与发展需要一支与现代教师教育相适应、与教师教学发展相匹配的专业技术队伍。专业化的技术队伍能充分发挥自身在现代电子信息技术、多媒体技术、网络开发技术等方面的专长与优势，不断开发平台新功能，解决各类技术难题，使教师教学发展网络学习平台不断趋于完善，以便于在教师的教学发展中最大限度地发挥其应有的作用。

（四）技术队伍的建设策略

目前，人们已意识到现代科学技术对教师教育所产生的影响，也充分认识到现代科学技术在教师教育中所发挥的巨大作用。但是，人们往往过多关注了“技术”本身，而忽略了“技术”背后“人”的力量，导致现代科学技术在教师教育领域的实际应用存在一定的局限。因此，我们不仅需要对教师教学发展的技术队伍予以充分的肯定，建设一支结构、层次、数量合理并且相对稳定的实验队伍，更需要优化技术队伍成员结构来最大限度地发挥他们的群体优势，并不断加强培养使其保持高水准的专业素养，从而为教师的教学发展提供有力的技术支撑。

1.提升对技术队伍建设的认识

近年来，传统的教师教育正在逐渐与新型的现代技术相融合，为深化教师教育改革，创造全新的教师教育体系提供了一个新舞台。在此形势下，诸多教师培养机构为适应新形势下的教师教育改革，不断加大对教师教育技术系统的投入，如建立教师教育信息资源平台、多媒体教室、教学演播室等。然而，部分教师教育机构的技术投入陷入了一个误区，即在偏重于硬件建设的同时没有组建一支与之相匹配的专业化技术队伍。人们对技术队伍建设认识的不足以及种种偏见，使得技术队伍的建设和先进设备的管理与建设成为一对新的矛盾。这一矛盾导致昂贵的教学设备持续低水平使用甚至闲置、技术人员逐渐流失等等，严重阻碍了现代教师教育的建设与发展，加重了教师教育的成本。因此，在现代教师教育理念不断深化和发展的今天，对技术队伍的重要性予以正确认识，给予技术队伍应有的地位，是教师教学发展技术队伍建设的必由之路。

随着教师教育改革的不断深入，与之相应的仪器设备不断更新，先进技术与方法不断引入，如何使这些优质的教育资源真正在教师培养、科学研究和教学服务中发挥应有作用，技术队伍的建设至关重要。对此，我们应予以充分的认识。

首先,教师教育机构应确立技术服务和教学科研在教师培养中同等重要的观念,明确技术队伍是教师队伍的一个重要组成部分,重视实验技术队伍的建设。各教师教育机构主管部门也应深入了解教师教学发展技术队伍建设状况,根据教师教学发展和技术队伍建设实际,有针对性地提出政策性措施,从政策上对技术队伍的建设予以保障;同时,应敦促教师教育机构在制订发展战略规划时,根据教师培养需要,进行顶层设计与整体规划,着力建设一支在人才规模、层次、结构上与教师教学发展目标相匹配的专业化技术队伍,使技术队伍建设与其他教师队伍同等规划、协调发展。

其次,给予技术队伍应用的地位与权利。技术队伍在教师教学发展过程中,不仅是为教师专业能力的提升提供必要的技术服务,其更是作为教师教学发展的重要支撑而存在。在现代教师教育理念下,教师的专业发展已无法拒绝电子信息技术、多媒体技术等现代技术的"侵入",而教师作为这些领域的非专业人士,很难合理运用现代技术手段以提升自身的专业化水准。技术队伍不仅能承担使用现代化技术与设备的重任,更是教师教学发展过程中信息技术的开发者、先进设备的使用者与维护者。离开技术队伍的支持与服务,我们不能说教师的专业化发展将成为一纸空谈,但至少教师的专业化发展会因此而受到严重阻碍。因此,技术队伍应与其他教师队伍享有同等的地位与权利。如此,才能充分调动技术队伍的积极性和主动性,并发挥每一位技术队伍成员的潜能和创造力,为教师教学发展最大限度地提供技术支撑与保障。

2.优化技术队伍成员结构

教师教学发展技术队伍的建设中,正确认识技术队伍的作用与地位是关键,而组建合理的成员结构则是一项重要任务。建立一支结构合理、相对稳定、业务娴熟的技术队伍是教师教学发展的内在需求。技术队伍的成员结构只有不断趋于合理,才能充分调动起教师教学发展技术队伍的积极性,最大程度地发挥技术队伍的群体优势,从而为教师教学发展提供重要支撑。具体而言,优化技术队伍成员结构可以从以下几方面展开。

(1)优化技术队伍成员年龄结构

技术队伍成员年龄结构指同一时期各个年龄段队伍成员的组合比例,它反映教师队伍教学和科研的活力,同时也预示技术队伍的发展潜力。教师教学发展技术队伍应形成合理的老、中、青梯队，以便实现均衡的年龄结构。现代科学技术的不断更新必然造成教师教学发展所涉及的技术领域日益复杂化，这要求技术队伍成员能迅速地接受新思想、应用新技术。青年技术人员往往因为学历层次较高、专业基础较好以及思想活跃的特点，更容易接触、跟踪和吸收技术领域的前沿思想和新技术。因此，青年技术人员在技术队伍中应占有较大比例。中年及以上的技术人员同样具有自身的优势，如丰富的实际操作经验、良好的专业精神等，可以很好地发挥"传帮带"的作用，促进青年技术人员的持续发展。我们在教师教学发展技术队伍的建设中，应合理把握队伍成员的年龄结构，充分发挥各年龄阶段技术人员的特长与优势，最大限度地保障教师教学发展的技术需求。

(2)优化技术队伍成员学历结构

教师教学发展所涉及的技术领域的不断发展与更新，要求技术人员不仅要具有良好的专业知识，还要具有创新能力和较强的实践应用能力，而这些要求在很大程度上与学历教育的等级相关。虽然"高学历"并不能等同于"高素质"，但这两者之间有高度的正相关，高学历从本质上意味教育素质的全面提升。[1]但是，单纯强调学历结构优化必然会把师资队伍的高学历化引向误区。因此，在技术队伍学历结构优化中，应兼顾高学历与实际专业技术能力。各层次学历的技术人员应按一定比例合理搭配，实现高学历与高素质的技术队伍成员在技术队伍中的综合体现。

(3)优化技术队伍成员学科结构

由于现代科学技术的进步与教师教育的发展，教师教学发展所涉及的技术领域不断更新，这对教师教学发展技术队伍提出了更高要求。教师教学发展技术队伍在具体工作中涉及多个学科的专业知识，包括教育学、教育技术、信息技术、网络技术等，甚至包括软件开发与设计、教学环境设计、现代远程教学等方面的实践能力。而事实上，作为技术队伍中的个体很难全面、精深地掌握如此多方面的知识与技能。因此，我们就有必要对技术队伍成员学科结构进行优化。我们应注意学科的覆盖面，兼容教师教学发展所涉及的领域内的多种学科人才，使他们的知识与能力在实际工作中相互交叉与融通，由此形成优势互补的局面，进而多维度、全方位地发挥技术力量促进教师的教学发展。

---

[1]范中杰. 论优化师资队伍的学历结构[J].教育评论，2000(5)：37-39.

总而言之，教师教学发展技术队伍的年龄结构、学历结构、学科结构的优化是一个相互协调、相互促进的过程。我们应努力把握各种人员结构中的合理比例，使人员结构不断趋于完善，实现技术队伍建设的可持续发展。

3.加强技术队伍的专业培养

教师教学发展所涉及的技术领域随着教育发展环境、教师教育理念、技术文化理念的变革而不断深化和发展，具有很强的时代特征。特别是随着现代社会高速发展，新的科学技术层出不穷，这也意味着在教师教学发展需要的技术领域将会不断更新仪器设备，不断引入先进技术与方法。因此，教师教学发展的技术队伍的建设应与时俱进，不断加大对技术队伍成员的培养力度，提升其专业技术水平。

(1)建立长效培训机制

在教师教学发展技术队伍的建设中，应制订与队伍成员实际情况相适应的培训计划。具体而言，应采取多元化的培训形式，展开普及和提高相结合、集中和分散相结合、短期和长期相结合的培训模式，并结合教师教育发展的新形势新要求，根据实际需要在培训方式、培训内容上不断进行调整，促进技术队伍成员专业技术水平的持续提升。

(2)在建立长效培训机制的基础上，对成员实施分类指导与培训，有针对性地更新技术队伍成员的专业知识

如，根据队伍成员的不同学历、不同职称、不同水平在培训中予以区别对待，进行系统、科学的培养；也可根据实际工作需要，对技术人员采取进修班学习的方式，在短期内解决其知识更新的问题；也可根据特殊需要，如组建重点电化教学中心、新型网络资源平台等，从技术人员中选派出国人员到对口的有关教学科研单位考察学习，不仅可以使这些人员尽快掌握新技术，得到较快的提高，而且可以获悉有关科学技术的新信息、新动向，有利于其在教师教学发展中发挥更大的作用。

(3)开展多种形式的培训活动

在对技术队伍成员的培训中，不能仅仅依靠某一种单一的培训方式，应多渠道、多层次地对成员展开培训。如，新技术的开发使用培训，常规仪器设备的维护、维修培训，新教学软件的制作培训等。同时，也可以定期邀请专家开展专题

讲座和组织研讨,使技术人员能第一时间掌握教师教学发展所涉及的技术领域的发展动态和前沿成果;也可以组织不同教师教育机构的技术队伍进行技术经验交流,从而使技术队伍成员多方获取先进的技术理念与经验,提升专业水平。

四 高校教师教学发展的管理队伍

随着现代教师教育改革的兴起，新时期的教师教育已逐渐步入科学化、系统化、规范化的道路。因此，加强教师教学发展管理队伍的建设，是教师教学发展的重要保障。只有建设一支高素质、规范化的管理队伍，教师专业素养才能实现有序的可持续发展。

（一）管理队伍的内涵与构成

高校之间的竞争日趋激烈，而高校之间的竞争，归根到底是教学质量和人才培养质量的竞争，高质量的人才培养离不开高水平的师资和高素质的教学管理工作者，二者缺一不可。建设一支高素质、高水平的教学管理队伍，已成为各高校提高教学质量，增强核心竞争力，实现可持续发展的重要举措。

1.管理队伍的内涵

探讨管理队伍的内涵，首先应弄清何为管理。马克思曾在《资本论》中指出："一切规模较大的直接社会劳动或共同劳动，都或多或少地需要指挥，以协调个人的活动，并执行生产总体的运动——不同于这一总体的独立器官的运动——所产生的各种职能。"由此可以看出，管理具有丰富的规范属性和导向意蕴。从目前对"管理"这一概念的内涵的探讨来看，其定义较多，主要包括"决策说""责任说""社会活动说""职能说"等，也有研究者认为管理就是"协调和控制的动态过程"。但无论何种定义，都指向了"管理是行为人对特定实践活动的行为活动的禁止、鼓励、制止、引导、规范、协调、强制等等措施"这一属性。

从这些定义中也可以看出，对"管"的解读在"管理"这一概念的阐释中占有更大的比例，但是对于教师教育的管理而言，却是需要我们更加重视"理"的作用。事实上，"管"仅仅是一种方法，而"理"则代表了"管"之"道"。在教育领域内，特别是在教师教学发展的管理中，更需要我们用一定价值取向的"理"从事

“管”的活动，使“管”更为高效也更为艺术。在教师教育的管理中，教师的教学发展是一个动态的过程，而且它在一定程度上也会受到外界的影响，因而它是一个自变量。所以，在教师教学发展管理中，如何通过理解教师的教学，懂得“管”之“道”，将教师的内在潜力在教育资源配置过程中充分发挥出来，从而实现教师自身的发展目标以及学校的发展目标，就是教师教学发展管理的内容。

因此，高校教师教学发展管理队伍就是以理而管教师教学发展活动的各类人员。既要引导教师教学得到发展，促进教师进步；又要通过制度规范教师教学活动的正常开展，有序运转和稳定高效；还应营造开放式的管理氛围，提供服务，让教师参与自身发展，把学校的意志内化为个人的意志，形成一种共同的价值观。当前高校的教师教学发展管理队伍主要包括教师发展部门的专职管理人员和校、院（直属教学单位）二级教学管理人员。

2.管理队伍的构成

管理队伍是教师教学发展的保障力量，也是教学发展队伍建设中不可或缺的一环。如前所述，其既承担着组织和控制功能，又担负着协调、服务职能，所以管理队伍具有领导管理和执行保障双重职能，因而至少由管理决策层和基层管理者两部分共同构成。

（1）管理决策层

所谓决策，是指“人们在行动之前对行动目标与手段的探索、判断和选择”[1]。如果站在教师教学发展的角度来看，决策管理贯穿教师教学发展管理的始终，是其管理运行机制的基本要素与核心。而作为管理决策层，其不仅包括个体（个人），也包括群体，或是由相关群体所组建的管理机构。但在管理过程中，个体决策的效率虽然较高，但往往只适用于简单、次要和不需要体现共同意志的决策，因此，教师教学发展的决策管理更多的是一种群体决策。决策层通常由主管教学的校长、院系（直属教学单位）院长、主任以及教务部门负责人构成。

一般情况下，决策目标是基于决策者的价值判断而产生，而且，一项决策目标的产生往往也会受到教育教学管理的总目标的影响。因此，这对管理决策层做出决策提出了诸多要求。对于教师教学发展的管理决策层而言，不仅需要全方位熟悉教师教育与教师发展的特殊规律，也需要对教师培养的程序与规范有

[1]赵纯均，杨炘，王永县.优化与决策[M].北京：中国科学技术出版社，1988：3.

着较深的理解，能确立正确的教师教育价值观和教学方法论，以便在确定决策目标时能进行正确的选择。

(2)基层管理者

基层管理者是执行、监督、协调和服务者，其以决策方案为前提，通过一定的组织结构和组织运行，对资源进行调度和配合，对工作和成员进行合理安排、协调、组织和服务，有计划、有步骤地执行管理目标，从而保障决策目标的有序进行和最终实现。基层管理者管理工作的完善程度是提高教学发展管理效率的关键因素。教师教学发展管理中的教学发展提升机制和培训机制的动力很大程度上与基层管理者的管理服务相联系。

同时，基层管理者是教学发展项目的实施者与管理人，需要通过对教师教学发展的整个过程与教师教学发展外部环境的变化进行组织和监测，从而使得教师教学发展的实际状况与预先的组织计划保持动态适应。基层管理者对教师教学发展的管理运行起着监督与反馈的作用，在整个管理过程中不断对决策目标的实现进行纠正与调整，因而具备了目的性、整体性、动态性、人性化等基本特点，能反馈及时、可靠、适用的信息，为行之有效的行动措施提供保障。这就要求基层管理者能将创新与原则有效结合在一起，依照一定的法规、政策原则，实现教师在教学学习中与专家、研究者和管理者之间的有效沟通；注重服务，在科学处置好业务和各大院系沟通的情况下，从全局出发协调好在教师教学过程中出现的新情况。

(二)管理队伍的基本素养

高校的管理工作具有管理与服务的双重职能。因此，高校管理队伍应具备管理者和服务者的双重身份，相应拥有管理能力和服务意识的基本素质；与此同时，丰富的教学经历作为管理决策者制订决策的源泉动力和基层管理者处理问题的重要依据，对于教育教学发展工作同样具有重大意义。管理能力、服务意识、教学经历，这三者共同构成了高校教师教学发展管理队伍的基本素养。

1.管理能力

教师教学发展管理队伍的管理能力，是指其在教师教学发展管理工作中所表现出来的工作技能及相关工作素养。它是管理队伍顺利完成管理任务的根本条件。具体而言,管理能力主要包括计划能力和组织协调能力、学习能力和表达能力、科研能力和创新能力三个方面。

(1)计划能力和组织协调能力

计划能力是指为了完成或实现某一时期的任务或目标预先拟订办法、措施或步骤的能力。教师教学发展的管理工作较为复杂,如果缺乏预先的周密计划,则很难实现相应的工作目标。因此,管理队伍只有做出科学、系统的工作规划,在具体管理工作中才能有条不紊地完成每一步管理目标。

组织能力即组织管理能力,主要包括进行管理事务处理和方案最优化选择的决策能力,以及对管理工作进行有效的指挥、监督的能力。协调能力则是管理队伍在管理工作中解决矛盾、调节和改善各相关部门与各因素之间相互关系的能力。协调工作是减少管理工作中的摩擦,降低内耗,提高工作效率与工作质量的关键因素,是管理队伍必备的重要能力。

(2)学习能力和表达能力

学习能力包括自学能力,以及掌握扎实的教学管理理论知识及相关学科知识两个方面。教师教学发展的管理工作涉及多个方面,因此,教师教学发展的管理队伍成员不仅需要系统地学习教育教学相关理论、教育管理理论等,还应着重研究教师教育的规律以及教师发展的规律,不断获取相应管理知识与积累管理经验,确保管理工作的顺利开展。

表达能力是管理队伍成员在组织协调、计划实施、宣传交流等工作中的语言表达、文字表达、情感表达等方面的能力,是管理队伍成员在管理过程中必不可少的工作技能。在教师教学发展管理工作中,日常的上情下达、下情上报等工作,以及规章制度、相关文件的起草撰写工作,都无法离开表达能力的支撑。管理队伍成员只有具备了良好的表达能力,才能及时、准确地传递信息,推动管理工作的顺利进行。

(3)科研能力和创新能力

一般认为,科研能力与管理队伍并无多大关系,而这只是一种误解。管理队伍成员同样需要一定科研能力才能保证管理工作的可持续发展。对于教师教学发展管理队伍而言,科研能力是针对教师教学发展管理过程中的制度、机制、方式等方面的理论与实践问题进行探索,从中找到准确的规律与正确的方法,并能产生新观点和提出新措施的能力。同时,这也是管理队伍对教师教学发展管理工作进行调查研究与评估的重要支撑。

创新能力则是指管理队伍在教师教学发展管理过程中,能接受新知识、总结提炼新观点、创造新方法新措施,并产生新成果的能力。现代教师教育快速发展,各种新理论、新观点层出不穷,因此,管理队伍人员只有快速接受这些新理论、新观点,并积极开拓教师教育的新模式、新内容和新方法,不断汲取先进经验来改进自己的管理水平,才能开创教师教学发展管理的新局面。

2.服务意识

在现代教育管理中,以人为本是关键所在,管理被视为是一种沟通、一种服务。[1]作为教师教学发展的管理队伍,较强的服务意识是其必须具备的专业素养。管理队伍成员应树立新的管理理念,完成从“事本管理”向“人本管理”的转型。

“事本管理”重结果而不重过程,重物质而轻精神,忽视管理者在管理过程中的主动性和创造性。而“人本管理”则是以人为基本出发点,充分调动人的积极性、主动性和创造性,以促进人的自由、全面发展为根本目的。教师教学发展管理队伍由“事本管理”转型为“人本管理”,既是现代教师教育发展理念的客观要求,也是实现教师专业化发展目标的必然选择。在实际管理工作中,“见物不见人”的传统模式应彻底得到改观,将管理工作的重心放在教师身上,实施尊重教师、关心教师、激励教师、开发教师潜力的人本管理。进一步讲,首先要把教师教学发展管理工作提升至提高教师教育质量和促进教师专业化发展的高度,不断改善工作方式,以教师为核心展开管理工作。其次,突出教师的主体地位,始终把完善教师、发展教师作为管理工作的出发点,在实际工作中根据不同的情况,制订人性化的管理措施和激励手段,最大限度地发挥管理工作的效能,提高工作绩效。再次,注重教师的整体利益。坚持人的全面发展无疑是坚持科学发展观的具体体现,但是,如果过分强调教师个人的发展而忽视教师整体的利益,管理目标的实现也将困难重重。因此,管理工作者只有将教师个人的利益与教师整体专业化发展的目标进行有效结合,实现教师个人发展与整体专业化发展的目标的和谐统一,才能真正形成教师教育可持续发展的局面。

[1]覃业飞,陈先华.谈高校教学管理人员的专业化要求[J].高教论坛,2005(2):102-105.

3.教学经历

教学一直被视为学校教育的生命。从教学的概念看,教学是一种具有特殊性的专业行为,也是一种具有反思性的实践行为。管理者的教学经历作为其在教学过程中的经验和体会,是开展教师教学发展管理工作和改进教师教学发展管理工作的重要条件,是有效促进教师专业化发展的重要因素。

教学经历的含义包括两个方面,一是教师的教育教学实践过程,以及在教育教学实践中获得的经验和体会;二是在教师教育教学实践中获得的知识、技能以及对教育教学活动中所呈现的规律性认识。对于教师教学发展管理队伍而言,具备丰富的教学经历是开展教师教育管理工作的基础,也是促进教师教育工作创新的动力。

首先,教师教育管理人员,特别是管理决策者,拥有丰富的教学经历,并在此基础上进行反思和研究,可以探究出教师教育工作的一般性规律,根据总结所得规律,有利于其在教师教学发展管理工作中更好地进行决策,有利于基层管理者面对突发事件灵活处理,做出正确回应。

其次,教学经历对于发现教师教学发展过程中存在的问题、监督相关教师教育活动的进行具有重要意义。管理决策者和基层管理者根据已有的教学经历,可以在日常的教育教学工作中做到"未雨绸缪",提前发现问题,并提出有效的解决方案,有利于日常监督工作的开展。

最后,教学经历有利于管理人员在实践经验的基础上进行创新。教学经历可以帮助管理者在实践中不断提升自身对于教师教学发展管理工作的认识,进而通过实践活动指导理论知识的不断创新。同时,教学经历还可以直接指导教师教学发展管理实践中的创新,针对新情况、新要求不断提出新思路、新方法,用已得经验指导未知实践,推进教师教育工作思路、方法的不断创新。

(三)管理队伍的功能与意义

质量是高等教育的生命线,教学质量的高低决定着人才培养质量的高低,关系到学校的生存与发展。提高教学质量是高等教育永恒的主题。所以队伍建设的根本目的都共享一个主导目标,即提升高校教师的教学能力,促进其教学能力的发展,使其教学更为有效。教师的教学作为学校教学工作的重要组成部分,是保障教学质量的重要环节，而管理队伍的建设正是提高教师教学工作效率，维护正常教学秩序的保障。

1.管理队伍的功能

与其他领域一样，教师教育以及教师教学的发展不能离开科学、规范的管理。管理队伍作为教师教学发展的保障，发挥着非常重要的功能。具体而言，主要包括促进教师专业发展及实现教师教育有序发展等。

(1)促进教师专业发展

在教师教学发展过程中，专业道德、专业情感、专业知识、专业技能的外在表现是教师发展的组成要素。根据心理学的认知联结理论，外部环境的刺激经过思维和认知的加工使主体产生相应的反应，这种反应即是主体的行为和实践活动。[1]因此，对于教师的教学发展而言，外部环境对教师不断予以刺激，经过其思维和认知结构的加工之后得到内化，最终在其教学中以外在的形式得以体现。不仅如此，这种行为活动的结果在内化于教师的专业品质中之后，新的思维、新的认知也将会得以形成。整体来看，这个过程就是教师专业道德、专业情感、专业知识、专业技能等的一个持续发展过程。在这一过程中，管理队伍通过发挥其监管、评估、引导等方面的作用，对教师的外部环境、教师自身的思维方式等不断进行完善，从而促进教师教学的发展。

首先，引导教师产生专业化发展需求。引导教师产生专业化发展需求需要其产生动机与热情，而这种动机与热情并非外烁而致，需要在教师的专业生活中以思想的渗透和文化的熏陶两种方式使其逐步形成。管理队伍在明确组织价值观和文化氛围的前提下，通过行使管理职能，不断引导教师形成在专业化发展过程中超越自我的主观意愿，产生专业化发展的动机与热情，从而激发其自觉性和自主性。

其次，改善教师专业化发展的外部环境。管理队伍通过对教师发展所需专业基础设施的建设与完善，以及对相关制度的建设，一方面使外部环境与教师教学发展更加适应；另一方面也使相关规章制度为教师的利益提供更有力的保障，从而在外部环境与教师内在需求两个方面对教师教学发展予以最大程度的支撑。

[1]Woolfolk A.E.*Educational Psychology*(*9th ed*)[M].Iowa City:Pearson Education,Inc.2004:202-203.

(2)实现教师教育有序发展

教师教育相关管理工作是保证教师教育顺利展开,推动教师教学发展的重要保障,其内容涉及教师教学发展过程中的诸多环节。从一定程度讲,管理队伍的存在正是实现教师教育工作有序化的重要保证。

管理队伍的存在很大程度上是将领导层面、专家队伍和研究队伍的意识形态与教师阶层的价值追求紧密相连,是教师群体内部形成强大的心理自觉和发展意识的促进者。更重要的是管理队伍对于资源调配的高效性就保证了高校教师能够更大程度地参与学校教学建设和融入学术氛围,从而更有效、有序地建立起教师教学效能发展机制。管理队伍科学的管理可以使教师变被动为主动,吸引教师广泛参与到教学发展的项目或活动中,乐意于进行自身教学研究,也就最大可能地保障了教师教学发展的有序性。

具体而言,管理队伍具备两大优势,一是强而有力的行政管理手段,二是主动细致的服务协调技能,在这两大优势的保障之下,使得教师在教学项目参与、教学能力提高和教学实践研究等方面获得了坚实的组织管理和体制保障。管理队伍利用管理手段和资源调配,可以使专家队伍、技术队伍对高校教师进行更好的指导,使教师更好地利用教学发展中心等相关机构提供的各种教学资源,通过组织各种专业活动、学术研讨、经验交流、技能培训等,营造浓厚的专业文化氛围,不断提高教师专业文化的关注度和影响力,从根本上促进教师的专业化发展。

2.管理队伍的意义

管理队伍的全面建设和高质量、高效率的运转,是教师全面提升教学水平和能力的有力保障,是教师教学组织、技能培养、教育理解过程获得的有效支撑。因此,管理队伍建设具有重要的意义,其建设水平的优劣直接体现出学校办学水平的高低。高素质、高效率的管理队伍必然能进一步释放教师队伍的活力和创造力,深入确保教师教学的发展,在教师教学发展的进程中起到推动教师教学最优化、提高教师教育机构竞争力的关键性作用。

(1)推动教师教学最优化

管理队伍建设在许多发达国家已经发展得非常成熟,逐步形成了特点鲜明的管理队伍建设与管理理论,也成为其推动教师教学发展的重要因素。通过高效率的管理体系加强教师队伍的建设与发展,形成理论教学与实践教学相结合、教学水平高、科研及实践创新能力强、具有向上精神的教师队伍。

教学发展队伍管理的出发点和落脚点均是为了提高教师教学质量、帮助教师提高教学效果。利用管理团队调配的有效资源，教师们可以在教学活动的研究、探讨、分析、论证过程中，相互学习，共同进步，从而提升教师教学能力，实现教师教学最优化。严格教师队伍管理制度，严把关、重协调、保服务，从而保证教师的教学最优化。

抓好教学管理，提高质量效益。管理队伍建设就是要提升管理队伍素质，使其得到科学高效的管理。权责合理、执行高效的管理队伍可以最大限度地调动教师的工作积极性，有效发挥教师所具备的智力优势和工作经验丰富的优势。由管理团队发挥他们的咨询和智囊作用，更有效地参与各种提高教学的项目，从而更好地提升教学能力，使其教学最优化，采取多种形式为主体给予事业发展、培训教学、队伍建设等方面的意见和建议。同时，管理队伍对实行的综合管理，及时反馈信息，交换协调意见，以制度和机制为基础可以保障教师教学的最优化。

(2)提升教师教育机构竞争力

教师教学能力发展是教学质量建设的重要途径，也是教育教学改革的基本保障。依托教师教学发展管理队伍，促进教师教学能力发展，符合当前教育质量建设与教学改革的现实需要，有助于促进教师个人专业发展，实现教育教学质量的整体提升。

管理队伍建设的核心问题就在于教师的目标管理，这就需要管理团队落实顶层设计的理论指导和基层组织的执行保障。管理队伍的建设就是要更好地将高校内部的一切有效资源运用起来，在教学发展目标制订、组织、执行、协调、监督、反馈等六大机制的各个环节中起到催化剂的作用，从而使教师能够更好地利用教学发展机构或组织所提供的各种教学资源，更有效地参与各种提高教学的项目，并在实际实施过程中探索出以提升高等学校教师业务水平和教学能力为重点，适合国情、区情、校情、教情的教师教学发展管理机制，切实提高教师教学能力和水平，建设高素质高标准的教师队伍。而一支师德高尚、业务精湛、团结和谐的教师队伍即是一流的教师队伍，能够全面提升教师教育机构的竞争力。

(四)管理队伍的建设策略

管理队伍的建设对教师教学发展意义重大。但是，教师教学发展的推进需要由一支高素质、规范化的管理队伍来进行管理。因此,我们应不断优化管理队伍结构,并持续提高管理队伍成员的专业素质,从而最大限度地为教师的教学发展提供有力保障。

1.优化管理队伍结构

管理队伍的优化是一个复杂的动态过程,涉及多方面的因素,离不开一定的条件,并受其制约。如何创建和谐发展环境,充分调动教学管理人员积极性,对管理队伍的结构优化,是使其发展实现最大化的关键问题。

(1)突出规划,宏观优化队伍结构

管理队伍决策层要形成对工作领域内教师教学发展现状的全面分析,从教师教学发展管理工作的实际需要出发,提出对教学管理队伍建设的目标要求。而且,还需要对现有管理队伍的结构进行综合评价,找出其需要改进和完善的地方进行改进和完善。改进和完善涉及教学管理人员的制度和措施。根据整体发展规划,紧跟教学改革和教学管理改革的发展趋势,结合发展定位,从当前工作的实际状态中制订管理队伍近期和远期的建设规划,指导管理队伍的建设。

(2)科学设岗,合理配置人员结构

科学设岗是建设管理队伍的关键环节和首要问题。要优化管理队伍结构,就必须合理配置人员结构。在教师教学发展管理队伍建设的过程中,应从现实需要和长远规划出发,科学地规划管理队伍人员岗位,合理配置管理队伍人员的资源;进一步深化聘任改革,由过去的身份管理向岗位管理转变,坚持因事设岗的方针,明确管理队伍的岗位职责与任务,制订相应的评价标准,加强考核,促使管理队伍结构的不断优化。

(3)结构升级,保持人员动态优化

结构升级工程就是要通过个体结构的升级来达到群体结构的升级优化,其核心是通过有组织、有计划的措施使管理人员的学历、职称逐步得到升级。同时,在管理队伍的选拔上采取多来源、多渠道形式,不断改善人员结构,从而提高管理队伍的整体素质和管理水平。此外,还可采取聘任兼职管理人员的方式充实管理队伍。兼职管理人员的聘用不仅是对教师教学发展管理力量的补充,也能促进人才的合理流动,提高管理效益。

2.提高管理队伍素质

我国高校教师教学发展的管理队伍中有不少人都是凭自身积累的经验来进行高校管理的,没有从更高层次掌握好高校管理工作的规律。但是,如前所述,专业的教师教学发展管理队伍有其必不可少的素养要求。同时,高校教师教学发展管理的内容日益丰富和细化,对高校教师教学发展管理队伍提出了更高的要求。所以管理队伍的建设要通过实行准入制度,创建学习型管理团队,加强教育与培训等措施以提高其专业素质。

(1)实行严格的准入制度

对于高校教师教学发展管理队伍的建设而言,要提高其整体素质,优化队伍结构,也应建立和推行管理队伍人员准入制度。对此,一要有明确的要求。如应该具备怎样的职业道德素质和思想政治素质、业务素质、能力素质以及心理素质等,在学历、学科专业等方面做出明确要求。重点要结合教师教学发展的实际情况,制订科学规范的考核指标和标准。对于从事不同性质和学科的管理人员有不同的要求,实行不同的分类管理。二是要建立合理的选人机制,严把入口关。教务部门牵头成立选聘工作组,举行准入资格考试,具备任职基本条件的人员只有参加考试,获得岗位准入资格证书后方可任职。

(2)创建学习型管理团队

步入21世纪,科技迅猛发展,知识更新速度越来越快,一个人如果不及时更新知识,完善自我,很难适应社会发展的需要。终身学习是人类生存发展的必然选择,“终身学习”作为21世纪生存的钥匙,[1]为人们追求和提升人生价值提供了一个思考和发展的平台,已成为人类生存发展的必然选择。具体到教师教学管理工作也是如此,管理的对象、内容、方法等面临的形势都是在不断变化的,作为管理人员只有树立终身学习的理念,用新思想和新思维不断学习新知识,掌握新知识,优化自己的知识结构,提高自身素质,才能更好地适应工作,获得更大的发展空间。彼得·圣吉(Peter M. Senge)认为组织学习是管理者寻求提高组织成员理解和管理组织及其环境的能力和动机水平,从而使其能够决策如何不断提高组织效率的过程。[2]加强学习型团队的建设,有助于在教学管理队伍中营造良好的学习氛围,不断提高自身素质,改善群体结构。

---

[1]李旭初.终身教育——21世纪的生存概念[J].华中师范大学学报(人文社会科学版),1998(6):56-61.

[2][美]彼得·圣吉.第五项修炼——学习型组织的艺术与实务[M].郭进隆,译.上海:上海三联书店,1998:44.

(3)加强教育与培训

教育和培训是加强管理队伍成员学习的重要举措和保障措施。要建立培训保障机制,落实经费,落实管理机制,落实培训计划。在培训的过程中还要突出培训重点,要使管理队伍成员熟悉教师教学发展管理工作的基本内容和规范;定期召开教师教学发展管理研讨会,使管理队伍成员的观念和方法及时得到更新;要举办专项能力素质培训班,提高其现代化管理能力,并且根据经济社会的发展变化,特别是教师教育改革发展的趋势要求,紧紧围绕管理人员的实际需要,坚持校内培训和校外培训相结合、在职培训和脱产培训相结合、自学和进修培训相结合的原则,使教学管理人员的综合素质得到多途径、全方位拓展。

CHAPTER 6

第六章

高校教师教学发展的绩效评价

评价指的是检查、评定和分析，高校教师教学发展评价就是对高校教师教学业务发展水平的检查、评定和分析。高校教师教学发展的绩效评价属于发展性评价，是一种通过诊断问题，提供教师优缺点信息，帮助教师不断提高教学业务素质与教学水平的评价方式。通过实施高校教师教学发展评价，可以及时对高等院校教师教学过程的科学性、专业性程度做出估量，同时也可以对教学发展成果，即对培养目标的实际达成的程度做出准确判断。教师的教学发展是一个系统性、互通性的活动过程，评价则处于整个教学发展过程的终点，是学校教学过程的一个重要环节，更是教师成长和发展的重要组成部分。科学正确地运用高校教师教学发展评价，可以改变过去以奖惩为目的的教师评价可能产生的负面作用，同时消除不科学、不合理的高校教师教学发展评价可能带来的不良影响，从而促进高校教师的教学发展，实现高校教师素质的全面提高，推动高等教育人才培养质量的提升。

一 高校教师教学发展的评价原则

广义的高校教师教学发展评价主要是对教师专业教学发展的背景条件和保障机制进行评价，以确保教师个体的专业教学发展得以实现。狭义的高校教师教学发展评价是对高校教师个体教学专业发展状况的评价。本部分内容侧重阐述和介绍狭义的高校教师教学发展评价。高校教师教学发展评价是在现代教育发展观（主体性、可持续性、多元化、整体性等发展理念）指导下，以帮助教师改进教学和专业发展为根本目的，强调通过评价找出差距、改进工作质量，实现最终的教师专业教学发展。评价中注重评价双方的理解和交流，在双方互相信任和尊重的基础上，制订可行的发展目标并实施评价。高校教师教学发展评价属于发展性评价，它关注评价的过程，使评价标准多元化，并重视个体目标，让评价对象最大限度地接受评价结果。高校教师教学发展评价的一切活动都是以促进教师专业教学发展为中心开展的，核心思想是以评价促进发展。高校教师教学发展评价的原则来源于教师教学实践，且随着社会生活变迁和教育改革的深化而发生变化。许多著名的教育家提出了不少教学评价的要求和原则，这些宝贵的历史经验仍值得我们继承。不过，今天的高校教师教学发展评价工作出现了许多新情况，面临着许多新问题，需要我们对评价原则进行积极调整以适应新的需要。现阶段，我国高校教师教学发展的评价原则主要有：发展性原则、导向性原则、反馈性原则、多样性原则、均衡性原则、客观性原则等。

（一）发展性原则

高校教师教学发展评价是一种发展性评价，是基于促进高校教师教学专业化发展为根本目的的一种评价制度，其评价目的、内容、方法和评价结果的处理等都应以评价对象为主，坚持形成性评价与终结性评价相结合，注重评价对象个人价值、重视提高评价对象的参与意识和主体意识，发挥其积极性，用发展的眼光全面评价高校教师教学的专业化发展。坚持评价的发展性原则是高等教育逐步走向民主化、人性化发展的体现,同时也是高校教师不断认识自我、发展自我、突破自我和完善自我的过程。高校教师教学发展评价内容的建构、评价方法的选取与设计要与教育发展的潮流相一致,与学校发展的战略目标相一致。高校教师教学发展评价的发展性原则的主要内容包括:学校注重教师的未来发展;强调教师评价的真实性和准确性;重视教师的个人价值、伦理价值和专业价值;实施同事之间的评价;提高全体教师的参与积极性,扩大交流渠道;制订评价者和评价对象认可的评价计划,由评价双方共同承担实现发展目标的职责;注重长期的发展目标。

高校教师的全面发展必然涉及对教师整个职业生涯周期的综合素质评价,需要用动态的、发展的眼光对高校教师工作的各个环节进行系统的、全面的、循环往复的评价。只有用发展性的原则统摄高校教师教学发展评价才能够做到对高校教师教学发展水平进行真实而客观的评价。高校教师从事的教育教学活动是一个长期复杂的过程,工作中的任何成绩都是日积月累的结晶,绝非一朝一夕的产物,仅仅依靠一两次的单项评价容易导致片面的评价结论,不可能真实反映教师工作的整个发展过程。高校教师教学发展评价的发展性原则要能够随着评价目的、评价实践的变化,科学合理地建构评价内容体系和选择评价方法。在建构高校教师教学发展评价内容体系时,要充分考虑到高等教育发展趋势、学校发展取向和专业发展状况。在评价内容体系实施一段时间后,评价者要根据高校战略目标和评价实践经验对已有指标体系的结构进行修改、补充、完善,通过这一过程使得高校教师教学发展评价指标体系不断得到调整,从不完善到完善,进而推动评价工作的进一步展开和高校教师教学的专业化发展进程。

要坚持发展性原则,需要特别摒弃那种以奖惩为目的的教师评价。以奖惩为目的的高校教师评价制度兴师动众,往往得不偿失。经验表明,那种以奖惩为目的的终结性高校教师评价制度非但不能改善高校全体教师的工作表现,往往还会增加不少高校教师的怨气和牢骚。以奖惩为目的的高校教师教学评价制度通过对教师工作表现的评价结果,对高校教师个人做出解聘、降级、晋级、加薪或者增加奖金等决定。参加奖惩性高校教师评价制度的高校教师特别关心高校教师评价的最终结果,担心和惧怕高校教师评价的结果与奖惩直接挂钩。绝大多数教师对之感到怀疑、惧怕、憎恨乃至公开进行抵制。其结果不仅背离了高校教师评价的初衷,而且影响了高校管理服务部门与高校教师之间、高校教师与教师之间的团结,甚至影响高校教师与在校学生之间的关系。高校教师教学发展评价制度应将立足点放在高校教师的未来专业发展方面,而不是放在解聘、降级、晋级、加薪或者增加奖金等方面。高校教师教学发展评价制度不再成为为奖励和惩罚广大高校教师而设立的机制,而是作为提高高校教师专业技能和专业知识的一种手段,成为促进学校未来发展的一种措施。

(二)导向性原则

教师教学评价的最终指向是教师的教学发展,是面对教师教学发展的未来,其最终目的是通过评价为教师指明发展的方向,促进教师发展的自我驱动,实现教师内在的发展需求。因此,教学评价应当坚持导向性原则。对教师教学发展的评价需要依据一定的标准和所要完成的目标进行价值判断,教师要获得理想的评价,就必然要了解评价的标准和方式,并依据标准来调整自身的发展状态,以期获得好的效果。而在教学实施过程中也要根据此目标进行教育教学的渗透,从而影响学生的发展。高校教师教学发展评价内容体系各项指标的确定与权重大小要具有导向性,因此,要把高等教育的发展目标和学校战略发展目标细化为各学科专业教师个体发展目标,并以此激发教师的积极性和工作潜能,把教师的教学发展引导到提高高等教育质量和促进学校发展上来。

要建立有效、合理、科学的高校教师教学发展评价体系,首先是要把唤醒高校教师内在的发展需求作为评价实施的前提条件。高校教师参与评价不应是源于行政压力,而应是源于内在的发展需求,希望得到外界的支持与帮助,而高校教师教学发展性评价确实是对教师专业发展提供的有效服务和指导。高校教师教学发展性评价除了拥有一般教学评价的导向型功能外,更具有特殊的意义和价值,其中包括应该正确认识和理解实施高校教师教学发展性评价的实质。把高校教师评价从单纯的传统的管理监督手段转变为促进教师个人专业发展的手段,从简单的鉴定、选拔手段提升为集激励、引导和教育为一体的教师教学发展评价体系,以创设的导向性评价环境调动高校教师内在发展需求,以此为基点,改变以往教学评价只注重教学成果,忽视发现和发展教师多方面潜能等问题。通过教师导向性评价体系的建构与使用,具体化教学实践的理想,体现高校教师专业化教学发展的精神,引导高校教师自我规划、自我反思、主动从多种渠道获取评价信息，不断调控和完善自己的教学教育行为，从而实现真正意义上的各个高校教育的培养目标和教师的发展追求。

（三）反馈性原则

高校教师教学专业发展评价需要向评价对象提供反馈信息，使评价对象充分了解和认知评价信息。不向评价对象提供反馈信息的高校教师教学发展评价是不完全的评价制度，也失去了高校教师教学发展评价的意义。高校教师教学专业发展评价认为，这种反馈必须是及时和全面的，否则评价信息便无法及时有效地发挥促进教师教学发展的功能。如果没有反馈信息，教师评价失去了价值和意义，可能使教师陷入盲目性，或满足于现有的优势和教学成果，不思考教学水平的提升和进步；或只看到出现的问题而丧失深入研究教学发展的动力和信心。再比如，自上而下的奖惩性评价制度是以惩罚为根本目的，而非以教师的未来发展为本，在评价者与评价对象之间缺乏相互交流，评价者不向评价对象或者只向少数评价对象提供反馈信息，都是不正常的现象。因此，反馈信息至少有两个指向。

第一，向评价对象提供反馈信息，帮助评价对象总结经验和教训，明确日后的努力方向，并从中了解学校组织对他们的期望。如果高校教师教学发展评价的目的是达到改进教学的效果，那么，在评价结束后一般都应该向高校教师提出改善教学的建议。针对高校教师教学发展评价中诊断出的不同问题，高校教师教学发展评价不仅要引导高校教师自己去思考问题，寻找符合实际情况的解决办法，而且还应该请同事和专家来共同解决问题，亦即需要在学校内部建立一个学习共同体。这种方法就如同杜威提出的“知性方法”。所谓“知性方法”，就是对心智成长的根本条件即内在兴趣进行心理学洞察。例如，高校内教师听课，不能像一个“学徒”一样，在观摩资深高校教师的实践时把观摩到的方法作为固定的技能机械地加以习得，而是要洞察资深高校教师如何处理学生内在的对于教材的兴趣、思考、表象和情绪。或者说，高校教师不能够盲目地学习研究者和教育杂志提供的教学模式，无批判地接受其实践与理论，而应该在教育实践中展开观察、洞察、反思，运用教育学、心理学的原理和方法，来解决学生的学习问题。高校教学是艺术，而不是科学，高校教师教学水平的提升需要高校教师在教学过程中通过反思以及与其他高校教师相互的交流来实现，而不能用讲授的方式习得。我们现在采用的解决问题的方式，基本就是划一的集中培训，这显然与“知性方法”所提倡的方式有较大的差距，所以也就难以满足教师的实际工作需要。

第二，向学校相关管理和服务部门提供反馈信息，帮助他们提高管理水平、服务水平和决策水平。高校教师教学发展评价结果的反馈应该包括被评价者的工作业绩状况、取得工作成果的原因、可能有的奖惩情况、评价者的要求、建议和期望等。高校教学业务管理和服务部门发挥着重要的指导、服务和管理的作用，评价信息应当及时反馈到这些业务部门。这些部门可以根据评价信息及时调整和更新指导、服务和管理策略，有针对性地制订学校层面的教学发展政策，为教师教学发展提供良好的宏观环境。如果不能及时反馈到这些管理和服务部门，这些部门在制订政策、实施管理和服务的时候便缺少目的性和针对性，导致工作的无序和无效。

（四）多样性原则

每个教师都是一个完整、独立的生命体，其发展是各方面素质的综合体现。高校教师的教学发展具有很强的综合性，涉及教学发展和教师发展的各个方面。因此，任何一个评价方法都有其适用的条件和范围，当它面对一个人时，如果只用一种单一的方法进行评估，显然容易出现偏颇，不能全面地反映一个人的发展状态。因此，对高校教师教学发展的评价必须坚持多样性原则。不同层次的高校发展目标不同，同一高校不同学科、不同岗位的教师的教学工作内容也各有差异，如基础研究与应用研究学科的差异；专业学科与基础学科的差异；人文学科与理科工科的差异；强势学科与弱势学科的差异；学科带头人、资深教授与青年骨干教师、新进教师之间的差异；等等。在构建高校教师教学发展评价体系的过程中，对于不同学科、不同层次、不同职位的高校教师的评价考核宜采取不同侧重的评价标准，应根据各个指标对整个高校教师教学发展评价系统的作用与贡献进行合理的权重分配，从而保证教师发展评价体系的多样性原则。

与此同时，教师教学专业发展评价涉及人的发展的各种复杂状况，难以从单一的视角、用某一种方法实现其准确的观测和评价，必须采用多样化的评价方式，如教学档案袋法、微格教学评价法、课堂听课评价法及自我评价法等方式。应当把自评与他评结合起来，多方面、多渠道地收集反映教师教学专业化发展的有效信息，形成相对客观的综合判断，保证教师教学专业化发展评价的准确性。

高校教师教学发展评价的多样性最终要体现在评价参与者的多样性、评价过程的全过程性和评价内容的全面性上。评价参与者的多样性是指面向全体教师，不是面向少数优秀教师或少数不称职教师，也就是说，包括领导和职工在内的全体教职工都要接受评价；全程评价是指用动态的、发展的眼光，对教师工作的全过程的各个环节进行系统的、长期的、反复的评价；全面评价是指要对教师的素质、职责和绩效，在全面掌握信息的基础上进行全方位的评价。

（五）均衡性原则

高校教师教学工作是一项复杂劳动，具体内容包括传承文明、生产知识、创新文化、培养人才，这些活动共同构成了一个彼此相互关联、长期、动态的过程，从而使得高校教师的教学劳动具有复杂性和重复程度低等特点，决定了高校教师教学发展评价应是一个均衡评价的过程。高校教师教学发展评价的平衡性原则主要包括两个方面。

1.定性评价与定量评价均衡

对高校教师教学工作的评价，既要看教师工作量，如教学课时、课外活动等，又要看教师完成工作的质量。只有定性分析与定量分析均衡，才能体现教师教学工作的特点，使教师评价更具科学性。具体来讲，定量评价原则要求高校教师教学发展评价体系的各项指标要尽可能量化，高校教师教学工作量、教学效果等指标也需尽可能细化，通过细化高校教师教学发展考核标准使得考核统计与教师间的横向比较更为方便，从而为评优、薪酬设计、职称晋升以及教师聘任提供客观依据。

在高校教师教学发展教师评价过程中可以对评价数据、信息、评价结果等进行量化处理并以数据的形式反映评价结论。这样做有助于认识的精确和深化，便于对评价结论进行数量比较。当然，量化不是评价过程中绝对的和唯一的途径，可以结合定性评价同时进行，把定性评价与定量评价有机地结合起来。定量指标主要反映高校教师完成量化工作的具体情况；定性指标主要体现高校教师工作的状态和发展趋势，因此，需将定量指标和定向指标有机结合，才能全面、系统地进行高校教师教学发展评价。

2.单项评价与综合评价均衡

为了提高评价结果的可信性和有效性,降低主观性和随意性,现代教师评价制度要求在评价中实现单项评价与综合评价相均衡。单项评价是指对教师在某一工作方面的评价,如课堂实践、师生关系等,或指对教师在某一时间范围内的工作的评价,如一堂公开课等。单项评价是教师综合评价的一个重要组成部分。没有单向评价,就会导致综合评价结论的表面化和简单化。综合评价是指用全面的、动态的和发展的眼光对教师工作的各个环节进行系统的、全程的、较长时期的、循环反复的评价。

单项评价与综合评价各有优势、各具特色,可以在评价活动中相互补充、相互借鉴。单项评价更加具体而微,专业性较强,能够对教师教学发展的某一方面做出深刻细致的分析,综合评价更加全面和均衡,能够刻画教师教学发展的全貌。综合评价与单项评价呈一般与特殊的关系,综合评价寓于单项评价之中,是以单项评价为基础的。没有综合评价,就无法全面了解评价对象的工作表现,无法把握教师的发展倾向和发展需求,也无法修正评价过程中由晕轮效应、趋同效应等引起的各种偏差。

(六)客观性原则

高校教师教学专业发展评价要客观公正、科学合理,不能主观臆断、掺杂个人感情,防止评价不符合实际情况。只有这样,才能如实地反映出教师的教学质量和学生的培养成果,使教师真正接受教学评价的结果,才能作为指导改进教学工作的依据。因此,客观性是评价能否发挥其功能的基础。

客观性是高校教师教学发展评价的重要取向,这种取向凸显在评价资料的收集和处理阶段。现阶段教学发展评价资料信息的收集主要来自评价者的主体性收集,与评价者的价值判断、专业背景和业务能力甚至是性格喜好等有着密切联系。如果处理不当,资料信息的收集则可能会带有鲜明的主观色彩。这对于此后评价信息的处理是极为不利的。因此,评价资料信息对客观性的要求极强。高校教师教学发展评价的资料来源不应当局限于评价者观察获得,例如同伴观察、录像记录、教师作品的回顾、学生作品、学生学习资料、家长意见、学生意见、教师讲义、教师专业成长档案以及同伴意见等也可以成为核心的信息资料,当然这些评价资料的来源方式均要保持客观。

客观性原则要求充分考虑评价对象的实际情况。因为每个高校教师都是人才，关键在于如何发挥他们的潜能与才智。在以教师发展为本的理念指导下，客观运用高校教师教学发展评价内容体系为每一位教师的专业发展提供符合个性特征的指导与帮助，才是当下高校秉承教师教学专业发展理念的实施路径。此外，客观性的评价原则还要求在评价中注意可行性。由于教师教学专业发展评价涉及对一个人整体教学水平的判断，然而在评价实施中，很难做到“面面俱到”，而且，有的项目可以量化，有的项目则带有很强的主观色彩，容易受评估者情绪和偏好的影响，或者受技术条件的限制，不能马上做出准确的判断。因此，为保证评价的公平性，要合理地制订客观可行和可操作的评价指标体系，应倾向于选择具有较强的可评行为作为其观测点，尽量使用客观的描述性语言，评价的内容要符合各个高校和教师的实际情况，与学校的固有教学条件、施教环境相联系，不能过多增加教师负担，使教师教学专业发展评价做到简便、直观，具有可操作性，力求评价结果的科学和公正。

二　高校教师教学发展的评价内容

高校教师教学发展评价能否实现促进教师教学发展的目标，核心在于评价内容的构建与评价过程的实施。这种构建与实施是对评价者和被评价者之间交互行为进行构建的过程，它受高等教育价值观和发展观的支配，必须旗帜鲜明地突出高校教师被评价的价值取向。高校教师教学发展评价内容的构建离不开教师评价价值取向的引导和规约，高校教师教学发展评价价值取向是否科学合理，将直接影响教师评价质量以及教师评价目的的实现。高校教师教学发展评价的价值取向应在不同的主体维度（如社会取向、教师取向），以及不同的内容维度（如认知取向、发展取向）之间保持必要的张力，避免顾此失彼。从价值取向的主体维度来看，高校教师教学发展评价活动是“以教师为本”的价值活动；就价值取向的内容维度而言，高校教师教学发展评价活动则以发展为根本取向或终极取向。我们可以把精神、道德、意识、形象等领域归纳为高校教师教学发展评价体系的三种价值取向，即：教育理念的价值取向、职业形象的价值取向、专业道德的价值取向。

高校教师教学发展评价体系的价值取向不仅引导评价者与被评价者在评价构建过程中形成健康、科学、专业性的“交互”关系，同时，也为评价过程营造出价值民主、尊重交往、差异包容的评价特点，并在接下来介绍的评价指标体系构成中有所体现。社会对于高等教育发展始终抱有较高期望，加之高等教育自身领域的不断改革，国家政策与政治因素的实施引导等因素，使得高校教师教学发展评价体系的指标评量也随之变化。在过去三十年我国高校教育发展史中，高校教师教学发展评价指标内容经历了几次比较重要的转换，总体变化的趋势从重视以教学规范的要求与教学把握的内容变迁为以专业教学领域深刻全面的理解为基础进行自主开放的教育设计，从单纯促进学生发展的教育目的转变为师生的专业性共同发展需求。以当今高校教师教育发展的评价内容体系变化为例，可以说它为当今高校教师的专业发展提供了广大的空间，不拘泥于现有的职称结构，而是谋求不断成长的高校教师专业发展。

（一）高校教师教学发展评价的内容体系

我们利用评价指标体系来呈现高校教师教学发展的主要内容。高校教师职业的特殊性决定了其评价体系的指标构成应该根据高校教师教学专业发展评价的目标进行设置。本书通过现阶段国内外对于高校教师评价体系研究成果的梳理，大体将高校教师教学发展评价内容范围分为四大模块：知识、技能、情意、观念，同时在对现有高校教师专业发展评价内容体系进行研究的基础上，构建了高校教师教学发展评价内容体系。高校教师教学发展评价内容体系一般划分为三级，其中一级指标5个，二级指标28个，三级指标56个。

1.一级指标

首先，从一级指标的内容来看，可以划分为五部分，分别从教师的职业道德、职业能力、教学实践、教学反思与专业发展五个方面进行评价。

（1）职业道德

高校教师教学发展评价首要关注的要素即是职业道德。高校作为学者云集的公共机构，拥有各自特色的文化学术氛围，学校的良好运行主要依赖于各大高校文化所倡导的职业精神和职业操守，即高校教师的职业道德。高校教师教学发展评价考核的宗旨就在于促进高校教师自觉依照职业规范行为、恪守职业道德。高校教师是全面推进高校教育教学改革和进行素质教育的具体承担者，高校教师的思想政治素质和职业道德水平直接关系到高校教育工作的成效与受教育者的良好发展。“德高为师，身正为范”的品质是职业道德的高级体现，是高校教师应该探索、坚持和守望的人格目标，同时也凸显着高校教师勇于承担社会责任的社会品格。因此，现行高校教师教学专业发展评价指标体系均把职业道德作为重要指标，在考核中重点关注高校教师的职业道德、学术道德、教学态度、专业发展积极性等因素，在综合性的教师发展评价中甚至引入了师德问题的一票否决制度。

（2）职业能力

职业能力是人们从事某种职业的多种能力的综合。任何一个职业岗位都有相应的岗位职责要求，一定的职业能力是胜任某种职业岗位的必要条件。高校教师教学发展评价中的职业能力是指教师为胜任教育职业而必须具备的能力，表现为一种任职资格，同时它也是指教师在承担教学任务时所表现出来的职业素质。国外教育心理学研究认为，作为一名高校教师首先必须具备必要的职业知识和能力，高校教师的职业能力将对教学效果产生重要影响。对高校教师各种职业能力指标的合理评价是高校教育教学任务得以完成的保证。高校教师教学专业发展评价是一个持续社会化和个性化的过程，它建立在多方面的能力指标之上，大体包含教学知识和能力素养两方面内容。

（3）教学实践

教学实践作为高校的基础性工作，其教学成果是高校发展的生命线，教学质量的优劣直接影响到人才培养的质量。教学实践是高校教师实现培养目标、完成教育任务的基本途径，同时也是高校教师工作的根本评价内容。一般而言，教学成果的评价需要相当长的时间周期，且不易量化，于是高校教师的科研成果、学生学业水平成为更具显示性的量化标准。加之现行高校的职称制度、绩效考评政策的影响，更多高校和高校教师都存在着重教学实践、轻科研的教学倾向，这必将影响到人才培养的质量。因此，在高校教师教学发展评价内容体系中，应当着重体现高校教学实践过程内容，包含课堂教学、实践教学、指导毕业生设计（论文）、教学工作量（如授课节数）、教学方法、教学成果奖励、教学效果、教学改革（承担项目与课题）等；对于教学质量指标除考核学生考试成绩外，目前大多数高校采用学生评教、高校教师自评、同行评价相结合的方式进行。

（4）教学反思

由于知识经济和信息社会对人才需求的变化，高等教育的变革引发了教师角色的变化，之前高校教师的培养只集中在狭隘的教学行为智商转变为提高教师教学的专业地位上，使高校教师视自己为教学实践的反思者，通过应用教学研究的成果与课程知识体系的建构，对实践中不同的研究成果进行反思并做出判断，从而选择适宜的教学方法和技能，促进教学表现符合外部的评价标准，进而促进高校教师向专业化的学者型方向转变。通常，教学反思的内容包含教学行为、师生关系、学科内容、学校组织、文化等，反思的质量取决于高校教师所具有的通过权衡各种对立性主张而做出理性决策的能力。

(5)专业发展

为培养高素质的高校教师,世界各国对于高校教师教学专业发展评价都非常重视。高校教师作为终身学习者,要寻求各种实践与教学研究机会从而帮助自身教学专业成长。现阶段各高校实施教师发展评价以科学研究成果作为普遍的评价标准,教学科研工作是提高教学质量、促进理论联系实际的重要手段,教学科研成果的数量与质量是考核高校教师教学研究能力、理论素养和专业领域发展的一个重要指标,也是一个高校整体实力和水平的体现。近年来,各高校越来越重视教学研究工作,对高校教师教学研究工作的评价也成为高校教师教学专业评价的重要组成部分。

2.二级指标

职业道德、职业能力、教学实践、教学反思与专业发展这五个要素构成了高校教师教学发展评价内容体系的一级指标,考虑到该指标体系的可操作性,需要对这五个要素指标进行进一步分解,分解的结果即为高校教师专业发展评价指标体系的二级指标内容。对一级指标的分解构成了二级指标项(表6-1)。因为本书针对的是通用的高校教师教学专业发展评价指标体系,所以在进行分解时,统筹考虑了高校的教育层次、教师水平、资源占有、政策偏向、行政管理等不同情况。

表6-1　高校教师教学发展评价体系的指标构成(一、二级指标)

一级指标	职业道德	职业能力	教学实践	教学反思	专业发展
二级指标	个人素质 志向 价值观 道德规范 对学生学习、个人成长、公民责任感的培养	理论教法知识 专业领域知识 宏观教学知识 场景知识 教学设计、组织、管理能力 建构知识的能力 沟通能力 评价能力 研究能力	教学工作量 教学改革 教学方法 学术交流 学科发展 教学效果 学生获奖 教学成果奖励	教学行为 师生关系 学科内容 学校组织文化	定量考核项目 科研投入

(1)个人素质、志向、价值观、道德规范、责任感

高校教师是全面推进高校教育教学改革的具体承担者,高校教师的职业道德水平直接关系到高校教育工作的顺利开展与大学生的健康成长,其个人所展示出的理智风格、所持道德标准、对不同观点的忍耐性、价值观等方面对于教学的影响力不是无关紧要的,这些特性有时比内容教学更具渗透力,特别是在高水平大学,与一位真正优秀的高校教师一起学习,能帮助学生获得比揭示特定教学内容的体系更重要的东西。因此,对评级体系的一级指标"职业道德"的衡量,将进一步分解为包括高校教师个人素质、志向、价值观、道德规范以及对学生学习、个人成长、公民责任感等方面培养在内的五项二级指标。

(2)教学知识与能力素养

高校教师教学专业发展评价是一个持续社会化和个性化的过程,建立在多方面的知识和能力指标之上。这些知识和能力包含两方面内容,即教学知识和能力素养。其中,丰厚的理论教法知识、合理的专业领域知识、宏观教学知识、场景知识是教学知识指标的主要构成内容。高校教师专业能力作为教师综合素质最明显的外在评价表现,也是评价教师和专业性的核心因素,其评价内容包含教学设计、组织、管理能力,建构知识的能力,沟通能力,评价能力,研究能力五个方面。因此,将一级指标"职业能力"进一步分解为这九个二级指标。

(3)课堂实践与教学质量

在高校教师教学专业化发展评价体系中,高校教学实践指标着重体现在课堂实践和教学质量两个方面。高校课堂实践主要分为教学工作量、教学改革、教学方法、学术交流四个指标;高校教学质量的衡量标准则分为学科发展、教学效果、学生获奖、教学成果奖励四个指标。因此,以上八个指标作为一级指标"教学实践"的二级指标,用以进行高校教师专业化发展评价的教学实践指标衡量标准。

(4)行为、关系、内容、组织

高校教学反思的质量取决于高校教师所具有的通过权衡各种对立性主张而做出理性决策的能力。反思内容包含教学行为、师生关系、学科内容、学校组织文化四项,因此将这四项反思内容作为一级指标"教学反思"的二级指标,通过衡量教学反思包含的四项内容指标,进而得出高校教师教学专业发展的评价结果。

(5)项目、科研投入

高校科研工作作为各高校教师专业化发展的评价指标组成部分,在评价体系中占据着重要的位置,而现行的高校教师科研工作评价指标体系主要包含定量考核项目和科研投入两方面的评价指标内容,因此,将一级指标“专业发展”分解为这两项二级指标,用以评价教师的专业发展程度。

3.三级指标

为了实施评价,我们还需对高校教师教学发展评价指标的内涵与外延进行分析,即分析从哪些角度进行教师教学专业发展评价,对评价角度的分解即构成了三级指标。对于每个指标项,还需要设置评价点,说明各指标需要采集的信息。三级指标与评价点共同构成了完整的高校教师教学发展评价指标体系(表6-2)。

表6-2　高校教师教学发展评价指标体系

一级指标	二级指标	三级指标
1.职业道德	1.1个人素质 1.2志向 1.3价值观 1.4道德规范 1.5对学生学习、个人成长、公民责任感的培养	1.1.1为人师表,教书育人 1.2.1严谨笃学,与时俱进 1.3.1热爱教育事业,积极向上,乐于奉献 1.4.1公正、诚恳、具有积极心态和团队合作精神 1.5.1对学生及其学习尽职尽责,关注学生的自我意识、学习效果,培养学生良好个性的发展

续表

一级指标	二级指标	三级指标
2. 职业能力	2.1理论教法知识 2.2专业领域知识 2.3宏观教学知识 2.4场景知识 2.5教学设计、组织、管理能力 2.6建构知识的能力 2.7沟通能力 2.8评价能力 2.9研究能力	2.1.1学习者的知识和信念 2.1.2关于教学的一般原则,教育目的、目标的知识与信念 2.2.1本体性知识 2.2.2条件性知识 2.2.3实践性知识 2.3.1关于学科教学目的的知识与信念 2.3.2教学策略 2.4.1学校文化氛围 2.4.2职业期望 2.4.3学生情况 2.5.1处理教学内容的能力 2.5.2分析研究学生的能力 2.5.3设计教育教学活动的能力 2.5.4教学组织管理能力 2.6.1创设积极的学习环境,建构学生知识体系 2.7.1拥有流畅地与学生、家长、校方行政部门交流的能力 2.8.1对学生的情感与学业合理归因评价 2.9.1问题意识 2.9.2科研项目与论文

续表

一级指标	二级指标	三级指标
3. 教学实践	3.1教学工作量 3.2教学改革 3.3教学方法 3.4学术交流 3.5学科发展 3.6教学效果 3.7学生获奖 3.8教学成果奖励	3.1.1本科课程数量 3.1.2研究生课程数量 3.1.3公共课程数量 3.1.4讲座数量 3.2.1现代化教学 3.3.1教学方法种类 3.3.2教学方法组合使用 3.4.1参加国内外会议 3.4.2指导访问学者 3.4.3承办学术会议 3.5.1学科点申报 3.5.2学科规划 3.5.3品牌专业建设 3.6.1成绩表现 3.6.2认知与行为能力表现 3.7.1学生获奖数量 3.7.2学生获奖级别 3.8.1教学奖励级别
4. 教学反思	4.1教学行为 4.2师生关系 4.3学科内容 4.4学校组织文化	4.1.1教学态度端正,方法与时俱进 4.2.1师生关系融洽,术业共同进步 4.3.1学科内容体系不陈旧、有连贯性 4.4.1积极融入学校组织文化,形成学习型团队

续表

一级指标	二级指标	三级指标
5.专业发展	5.1定量考核项目 5.2科研投入	5.1.1科研项目级别 5.1.2发表论文论著 5.1.3科研经费成本 5.1.4科研成果奖励 5.1.5发明专利 5.1.6科研成果转化时效性 5.2.1投入人力成本 5.2.2科研经费成本 5.2.3固定资产折旧费及维修费等 5.2.4科研所消耗时间

为更好地理解指标体系的应用范围与形式,使作为评价指标体系的一级、二级与三级指标同现实高校教学情况有效结合,可以通过截取一级指标"职业能力"作为指标体系内容的示例,深入分析逐项指标。职业能力的二级指标共有九项,分别对应以教学知识为内容的理论教法知识、专业领域知识、宏观教学知识以及场景知识;以能力素养为指标内容的教学设计、组织、管理能力,建构知识的能力、沟通能力、评价能力和研究能力。

(1)理论教法知识

画家、文学家的职责是用形象的笔触描述逝去的岁月或者展示美好的未来,历史学家的职责是阐述社会发展的真实历程,哲学家的职责是揭示客观世界的规律性,那么,教师的职责有一点应该是清楚的,就是善于发现和掌握学习规律。或者说,教师应该有丰厚的学习方面的知识作为自己教学及评价学生的理论基础。毋庸置疑,学生的学习是有规律可循的,遵循正确、科学的学习规律,其学习效果和学习能力的提高必将是显著的。教师有必要熟读和钻研有关学习理论的书籍,更新知识,优化自身知识结构,适应专业性教学工作的需求。

(2)专业领域知识

教师的专业知识是教师职业区别于其他职业的理论体系与经验系统,教师的专业知识评价包括三方面:首先是量的评价,即教师不断地更新知识,补充知识,扩大自己知识范围的标准。其次是知识的质的深化,即从知识的理解、掌握到知识的批判,再到知识的创新的能力。教师知识的质的评价标准体现在教师职业的学术性上,教师能不能说“自己的话”,能不能在自己教育教学领域有发言权,是衡量其专业化发展程度的标准之一。再次是知识结构的优化,以广泛的文化基础知识为背景,以精深的学科知识为主干,以相关学科知识为必要补充,以丰富的教育科学知识和心理科学知识为基本知识边界的复合性的主体知识结果,是专业性教师评价的最高标准。

具体说来,高校教师合理的专业知识结构包括:①本体性知识,即特定学科及相关知识,是教学活动的基础;②条件性知识,即认识教育对象、开展教育活动和研究所需的教育学科知识和技能,如教育学原理、心理学、教学论、学习论、班级管理、现代教育技术等;③实践性知识,即课堂情境知识,体现教师个人的教学技巧、教育智慧和教学风格,如导入、强化、课堂管理、沟通与表达、结课等技巧。

(3)宏观教学知识

学生学习能力的培养需要一个较长的过程,绝不是一蹴而就。例如,学生阅读能力的培养,存在精读与泛读,整体感悟与重点语句的分析,从字面的初步理解到艺术角度的欣赏等不同环节,教师不可能在几节课或几天内促成学生能力的形成,需要有一个长期的教学计划。也就是说,对学生实施能力培养的前提是教师首先要具备宏观教学的素质。

宏观教学的含义:第一,宏观教学是指教学的各个部分经过计划、设计的整合,形成教学的整体性。各部分的整合绝不是简单的相加,而是有机的组合,是教学过程的优化。第二,整体计划中的单项计划,不是各自毫无联系,而是教学过程的“学习链”,一环套一环,各个教学环节发挥其应有的作用。第三,传授不同知识点给学生,使之掌握,并达到新旧知识的融合,最终到学习能力的形成,其过程由简单到复杂,由低级到高级。第四,设置阶段性和单元性的教学目标,同时也是对教学成果的评价。

(4)场景知识

包括教师工作的高校,如高校带来的文化氛围、职业期望与规范约束,教研组的指导意见以及其他影响教学的场景因素;关于学生、学生民族、背景、家庭、特殊情况、弱势和兴趣等内容。

(5)教学设计、组织、管理能力

教学活动是一种集体活动,要全面实现教学的整体功能,就必须精心设计、周密组织和科学管理。首先,教师是教学活动的设计者,好的教学设计可以使教学有序进行,给教学提供良好的环境,使学生养成循序渐进的习惯,全面地完成教学任务。要精心地设计教学,就要求教师全面把握教学的任务、教材的特点、学生特点等要素。其次,教师是教学活动的组织者,即教师在教学资源分配(包括时间分配、内容安排、学生分组)和教学活动展开等方面是具体的实施者。通过科学地分配活动时间,采取合理的或滚动方式,可以启发学生的思维,协调学生的关系,激发学生集体学习的动力。再次,教师是教学活动的管理者。教学管理是对教学要素及其关系进行系统的调控。教学行政人员通过调整教员、教学计划、教学评价等来实现其管理职能。作为教师则通过对教学活动的调控来实现其管理功能,如对教学环节的调控,对学习态度、学习活动、学习习惯、学习质量的调节,对教学偶发事件的处理等。因此,对教师教学专业能力评价的指标主要包括:①处理教学内容的能力;②分析研究学生的能力;③设计教育教学活动的能力;④教学组织管理能力;⑥教学自我调控能力。

(6)帮助学生建构知识的能力

学生知识的建构、学习能力的提高,需要教师创设环境与氛围,使教学及其评价与周围的社会有密切的联系,与学生的生活密切联系。在真实的情境中进行评价将会获得更好的效果。

(7)沟通能力

对于教师的评价不只局限在教师责任方面,它还来自学生、家长,甚至校方的行政部门的评价,同时也包括教师自我评价。教师无疑要具备与各方交流协商,共同制订对学生的学习评价方案的能力。教师的沟通、交流能力主要体现在以下几个方面。

①善于观察和辨析

教师要善于观察学生的言谈举止、兴趣爱好,进而做出正确的判断与分析,为学生提供恰当而及时的帮助。医生对病人的诊断需要高超的技艺,教师对学生的观察和判断也要有科学性、准确性。如果说病人的肌体是复杂的,那么人的精神世界更难以预测和把握,但是大多数优秀教师能洞察学生微妙的心理。观察和分析如同一把钥匙能帮助教师很快地解开学生的难题。

②平等的对话

教师能够坐下来与学生平等交谈,交换思想,这是新课程对教师的要求,也是评价教师教学效果的一种好方式。平等的机会,可以促使学生向教师敞开心扉,袒露内心的秘密,倾诉费解的疑难问题。与学生交朋友,教师可以有更多的机会来体察学生真实的内心世界,可获得最直接的评价效果。

③合作的能力

教师解决学生的情感问题,离不开与学生合作的方式。在与学生共同协商、分析、确定情感健康发展的方向后,必然在明确目标的基础上付诸行动。师生共同合作的力度是情感培养的有力保证。教师还要善于同学生家长合作,保持对学生评价的一致性,不至于教师提倡的,家长反对,家长要求的,教师不同意,使学生无所适从,学习效果适得其反。

(8)评价能力

在众多的评价者中,没有哪一方面的评价比教师的评价更具有权威性。教师对学生的评价不但具有权威性,在某种意义上讲,还具有高利害关系。教师公正、科学的评价将对学生的一生产生重大而积极的影响;相反,不适当的评价及举措也会对学生的学习及生活造成显著的负面影响,所以,教师对学生的评价应该具有高超的水平。除却学业评价内容,情感评价同样作为一种培养人、塑造人的精神活动,是教师应具备的最基本的能力之一。教师工作的特殊性决定了其所面对的既不是无生命的自然界的各种物体,也不是一般的有生命的动植物,他们的工作对象是人,是具有一定思想、情感、意志、能力、性格的活生生的人,是处于人生重要发展历程的青年。教师责无旁贷的义务是帮助他们度过人生美好而有意义的一段时光,帮助他们形成美好思想品质和性格特征,使他们具备适应现实社会需求的能力。这也正是情感评价的最终目的。同时,情感评价的工作是复杂和缜密的,又是科学和深邃的。教师应在日常工作和学习中,主动加强情感评价能力的自我培养和训练,以适应新课程教学工作的需求。

(9)研究能力

教师的研究能力主要指教师运用一定的观点方法,探索教育领域的规律和解决问题的能力。无论是用教育理论指导教育实践,还是在教育工作中不断创新和改革，作为一名高校教师，都有资格也有条件进行教育科学研究，尤其是他们从事的教育或教学研究。教师应富于问题意识，“反思”能力，善于总结工作中的经验教训，创造性地、灵活地解决和改进各种教育问题。

社会处在变化之中，信息技术的飞速发展，大众传媒的普及，使现代社会越来越成为一个“学习化的社会”，面对“信息洪流”，教师不仅仅要传授基本知识和基本技能，更重要的是通过发展自身专业性教学能力来达到对学生的教导。因此，教师的能力素质直接关系到教育工作的成败，而教师课堂专业化发展评价体系又是教师能力素质最直接的成果展示，可见教师专业发展的核心与最终体现就在于教师教学专业化发展评价体系的构建与完善。

（二）高校教师教学发展评价的实施过程

1.评价准备

（1）定性

在高校教师教学评价开展之前，首先需要确定所要评价的教学学科性质、特点和内涵。每一门独立的学科都有属于它自己的教学内容，如文学课属于文学学科，金融课属于经济学科，人力资源属于管理学科。不同的学科课程有其自身具备的教学内容、教学目的和教学原则，如文化课的主要教学目的是教授文化知识，给予学生必要的文化知识储备，使学生具备必要的知识结构，以便适应专业学习和工作的需要。金融课的教学目的在于指导学生运用科学的经济学原理与方法解决实际问题。人力资源的教学目的则是将管理学的知识结构传递给学生，是指了解人在市场组织中的运作方式与人才招聘、培训、薪酬、绩效等方面的实际学科经验。

（2）定位

教学评价的开展还需要对评价对象的层次有明确的认识，高校教师大体可以分为初任教师、资深教师两个层次。作为对不同层次教师的评价，其准备工作的方向和重心也各有重点。事前对评价对象进行准确定位，是形成客观、准确评价结果的前提所在。

①初任教师的评价

初任教师，有时也称为新教师、新手教师、新手型教师，一般指的是刚参加工作1到3年的教师,有时甚至延伸到从教后的第5年。在有的地方,可能还包括刚调入学校的资深教师,在本书中,我们主要指的是前者。教师刚入职1到3年的时间里,是迅速建构实践性知识和能力的关键时期。在这一段时间内,评价制度要根据每位初任教师的特点,让其迅速掌握基本的教学技能,这样不仅能迅速提高教学质量,而且能对初任教师今后的职业发展产生极大的影响。这一阶段,可以实行终结性和形成性相结合的评价方式:终结性评价能给教师的发展提供外部动力,形成性评价能满足这一阶段教师特别强烈的发展需求。针对初任教师的评价和支持,与其说对教师本人有很大的帮助,还不如说关键是为了对学生的学习和发展负责。我们不能因为初任教师的经验不足,从而影响学生学习机会的公平性。所以针对初任教师的评价和支持,首要目的,就是要让他们迅速地达到教学的基本要求。

以下是对初任教师进行评价的具体准备过程。

首先,刚参加工作的教师有两年的试用期,在第一年和第二年的评价项目设计时要特别注意评价内容的选择,以使这些初任教师成功地被引导到教学这一职业。第一年项目包括一个根本的前提,即资深教师在培训初任教师进入职业方面,扮演着一个合理的和重要的角色。评价者至少每周与所有入职第一年的教师联系一次。他们在初任教师的课堂中指导他们的评价对象进行个体的专业发展活动,他们支持初任教师掌握全面的教学策略,例如有效的上课计划、教学展开、评价和课堂管理。评价者也要帮助初任教师理解教师这一角色的职业道德。

评价者通常采取一切可以采用的办法来帮助初任教师努力成为成功的教师。第一年评价同样还是一个同事评价项目。评价者需要在每一个评价周期最少花20个小时与每一个评价对象保持接触(一年有两个评价周期)。评价者在监督和评价过程中也承担着一个现场评价者的责任。在每一个评价周期中,评价者会给每一位初任教师准备3份正式的书面报告,评价报告也将呈交给学校的评价委员会,由评价委员会来评估报告的质量,以及对初任教师未来培训、评价甚至是是否聘用做出决定。

跟第一年评价不同,第二年主要是一个同事评价或支持项目。评价者和教师一起工作,支持教师实施个人入门计划。个人入门计划的成功实施是第二年评价的首要目标。对教师的个别评价主要是帮助他们更好地消化他们在第一年学习到的教学技能，更有效地使用教学资源和材料，并且最终成为独立的、反思型的教师。

第二年评价从根本上说，主要是形成性的评价。第二年项目强调个人反思以及教师、同事和行政管理人员之间的相互合作。在每年秋季的一次会议期间，行政管理人员、专家和教师会聚在一起，来设定评价目标和建立评价标准。一年中还要在教师和专家、行政管理人员之间安排两次额外的会议，来讨论教师的进步以及任何其他可能出现的问题。评价者通过共同设定作为每年评价基础的个人目标，来鼓励教师持续他们的专业发展和个人成长。

②资深教师的评价

随着教育经验的逐渐丰富，教师的成就需要会更加强烈起来，内在的探究动机自然就成为这部分教师发展的主要动力。针对这一部分教师，评价应该减少强制性，重点是为他们提供一个定期的、支持性的和合作性的环境，以使他们的专业能力达到一个更高的水平，并通过自我导向式的发展和评价活动来发展自己的教学特色，从而逐步成长为专家型教师。

需要特别指出的是，我们这里讲的资深教师包含一般教师和有较长时间的教学经验并有突出教学成绩的教师这两类教师。一般教师是指有4年或更长时间教龄的、教学成绩不是相当突出的教师。这一类教师已经在工作岗位上工作了相当一段时间，具有了一定的专业素养；在教学水平上已经达到了一定的高峰，又在学校具有一定的资历；流动率低，军心稳定；有长期积累的关系网（指与同事、学生、家长等的关系）。一般来说，这部分教师在学校中占绝大多数。

传统上，针对资深教师的评价一般都流于形式，促进专业发展的机会更是很少。为了学校的发展，对资深教师进行评价和有针对性的支持，将产生显著的效果，对学校的发展有着重要的作用。一旦教师获得正式的教职，尤其是教学经验较为丰富，已逐步形成了自己的风格以后，他们就可以在评价中扮演一种更为积极的、专业的角色。他们会积极利用评价来反思自己的教学，拓展专业对话和合作的机会。他们可以通过下面这些活动，来从事自我导向式的专业发展活动：与同事进行合作研讨；实施行动研究项目；根据所教学生的学习指导需要和自己的能力、兴趣和现实条件，修习个性化的课程；等等。这样做的主要目的就是期望教师在教学中不断进行有针对性的学习、反思和研究，以增强自己的教学艺术性，最终成长为专家型教师。教师的这些发展活动，有时仅仅依靠教师的自觉是很难达到预期目标的，这时，学校有意识地营造发展的环境就显得非常重要，其中教师评价就可以发挥这样的作用。同样，为了最大限度地促进教师的专业发展，教师评价的程序应该更加灵活，反馈的渠道和支持性的专业发展活动可以更加广泛，而评价结果一般则不应该再对教师的聘用产生影响。针对这部分教师的评价通常具有较少强制性、较多选择性的特点，需要处理的主要是形成性评价和终结性评价之间的关系，以及针对不同个体教师所应投入的时间、精力和资源的分配问题。在这一阶段，评价准备具有三个特点。

首先，是否进行评价，教师具有选择权。教师可以全部参加发展性的评价活动；有时由于精力和资金问题，也可以选择不参加评价活动；有时教师仅仅参加正式的终结性评价，其他时间的评价活动可以自主决定。具体如何安排，要根据教师的意愿和学校的现实状况、历史背景来决定。但可以肯定的是，在一般情况下，让教师参与评价，如通过评价机制促进教师对每天的教学进行有意识的反思，或引入外部考评、反馈和帮助，将对教师的专业发展大有裨益，所以校方应动员全体教师以不同的方式参与评价活动。

其次，教师参与评价要保证时间的持续性和周期性。要使教师得到持续的发展，评价在教师的职业生涯中就不应该有终止的时间，有的只是某一评价周期的截止日期。在教师的整个职业生涯中，应该是一个评价周期连着一个评价周期，螺旋上升，逐步推进。一个评价周期（或者是教师的个人专业发展计划实施的周期）中的评价活动一般由形成性评价和终结性评价两部分组成。至于终结性评价的形式，可以是正式评价，也可以是非正式评价。当一个评价周期结束以后，教师和他们的评价团队就要制订一个新的计划和时间表。

最后，评价者或由同事和行政管理人员等组成的评价团队减少权力干预。在初任教师的评价中，评价者虽然也要大力开展专业支持活动，但是，他们还有将确实无法胜任教学工作的教师剔除出学校或延长试用期的权限。在对资深教师进行评价时，这些权限基本没有了。他们要做的工作是：作为学习共同体中的一员，与教师共同分享知识，帮助教师拓展视野、确定专业发展计划的重点，实现计划的目标，并在评估后建议学校给予相关的资金和物质支持等。明确计划的重点，要充分考虑到学校的目标、学生的发展需要、教师的不足和愿望、可能得到的资源和时间支持等。在针对资深教师的评价中，评价者一般由一个评价团队组成，人数虽然增多了，但是权力减少了，这样做的目的，主要是加强学校内部教师之间的平等合作。

2.评价实施

高校教师教学专业化发展评价的实施的基本过程包括：明确评价的内涵和标准；确定评价的指标体系；设计评价方案和选择评价工具；收集和分析处理信息资料；反思和改进评价过程等五部分。

(1)明确评价的内涵和标准

根据评价的使用目的及结果来看，高校教师教学评价一般由学校相关业务部门自主进行。评价工作的第一步是使被评价对象理解评价的内涵和功能，明确评价的内容和标准。如何使高校教师更加清晰地认识教学发展评价的意义，使评价的水平由完全的下意识或潜意识水平以及情感水平逐步上升到理知水平，应该成为评价过程中的一项重要内容。

(2)确定评价的指标体系

如何根据评价总目标制订评价指标体系是影响评价有效与否的关键因素。不同的评价目标决定不同的评价指标体系、方式、方法和组织实施。因此，建立客观、合理的评价指标体系，是教师教学专业化发展评价实施的重点。本书认为，要评价者掌握建立评价体系的过程方法，需要根据评价对象特点，确定切实可行且行之有效的指标，在实践过程中反复修改，不断提高评价体系的信度和效度。

(3)设计评价方案和选择评价工具

评价者应该根据被评价对象的实际情况，针对具体的评价目标设计有针对性的评价方案。同时，根据评价方案的设计选择合适的评价工具。在设计方案和选择工具方面时应当注意考虑：第一，方案和工具是否有效，即这个方案是为了解决什么问题，是否最合理地解决了问题，在多大程度上达到了我们的目标？第二，方案和工具是否可行。方案的要求是否超出了现有的条件和能力?是否具备可操作性？评价工具收集的信息是否准确？

(4)收集和分析处理信息资料

通过评价方案的实施，运用各种评价工具可以收集到相关评价信息。这些评价信息的收集应当覆盖整个评价过程，做到全面无缺，同时收集资料要有效和有针对性。对收集到的评价信息要及时进行分析和处理，把原始资料转化为反映教师教学发展状况的信息，并整合这些信息形成综合性的分析报告。

(5)反思和改进评价过程

整个评价方案实施结束以后，还需要对评价方案进行再评价。这个过程注重检讨评价方案、实施过程与结果，借以总结成功的经验和改进评价工作之不足，而对正在进行或已完成的评价进行价值判断。

3.结果陈述

高校教师教学发展评价的目的并不是对教师的教学发展下一个终结性的结论，而是促进教师教学发展；评价的内容主要不是教师最后达到的教学水平，而是教师的发展水平。应该通过对评价资料的收集分析，让教师了解自己的进步和不足，在此基础上提出建议，使教师明确将来提升教学发展水平的方向。高校教师教学发展评价目的以促进教师专业发展为主，因此非常关注评价对象对评价结果的认同，要求评价对象最大程度地接受评价结果，并通过积极的反思，把评价结果视为教师未来专业发展的新起点。为了提高评价对象对评价结果的认同，发展性教师评价制度努力创造评价双方共同参与的机会，强调评价双方的沟通、协商、理解与合作，欢迎评价对象介入评价过程，和谐的气氛贯穿评价过程始终，从而极大提高评价对象对评价结果的认可程度和接受程度。

既然我们能通过现场的教学评估，发现学生学习的现实问题、教师的教学需求，那么这时就应该针对这些不同的问题和需求，采取不同的支持性方式。这些方式种类很多，列举如下。

(1)案例反思

搜集选择典型案例，深入剖析各种策略的基本要求，通过教学组成员对自身教学行为的记录，比较其与基本要求的差异，以提高对各种教学策略把握的自觉性。

(2)行动研究

行动研究是一种针对教师教学实践的系统研究过程。一般来说，它包括提出假设、开发一个行动计划、搜集资料、分析评估和阐述结论这 5 个步骤。通过提升行动研究水平，教师的教学行为能朝着他们自己设定的专业发展方向发生积极的变化。

(3)教学科研论文的撰写

有种观点认为,高校教师应该精于备课,长于传授,善于创新,做教学上的“妙手”,这样就可以了,根本没有必要写论文。其实上好课与写好文章并不矛盾,而且两者是相辅相成的。教师单有勤勉忠实的工作态度,把精力全部用于日常教育教学的事务,这还不够。如果不注意教育理论的学习,不善于总结经验,最终只能成为一个“教书匠”,成为一个“知识的机械传递者”。一个好教师必须处理好教学与教研的关系,既要善于教学,工于教学,又要勤于教研,敢于探索。教师参与教研活动,撰写论文,既是对其各方面能力、素质的检验,也是不断提高自身素质的一个重要途径。

第一,高校教师撰写教学论文,很大程度上能起到锻炼和提高科学分析、概括能力的作用,有助于形成严谨的科学态度,并扩大眼界,使自己原本肤浅、零散的教学经验和认识提高到深刻、系统的理论高度,进而提高自己的理论水平与业务能力。

第二,高校教师撰写论文是更新知识、发展能力、提高水平的最佳途径和方法。因为要完成一篇论文,要想做到理论与实践相结合,必须系统地学习有关理论、教学理念和一些具有时代感、整体观和创新性的知识,并有意识地进行分析加工,这些都在一程度上提高了教师的理论水平。

第三,高校教师撰写论文,不仅有助于解决一些实际问题,还能弥补知识、能力乃至性格上的某些缺陷,从而转变观念,提高素质,增强从事教学工作的信心与成就感。虽然有些教师在教育教学实践中不停地进行方法等方面的改革实验,但是,由于他们不善于发现问题,缺乏总结,使一些改革、创新只是停留在初级行为阶段,未能上升到理论性认识并反过来指导实践。

三 高校教师教学发展的评价方法

(一)教学档案袋评价法

教学档案袋评价法作为质性评价的典范,是在20世纪80年代美国教师评价改革运动中涌现出来的评定方法。它与传统的评价最大的不同在于评价对象是评价的直接参与者,是选择档案袋内容的决策者甚至是主要决策者。从而,档案袋评价为评价对象提供了自我学习的机会,使其能够自行判断自身教学行为的优势与劣势,进而拥有了判断教师教学质量和进步的机会。特别是在使用某些档案袋类型,如精选性档案袋或过程性档案袋时,高校教师成为决定教学质量和教学成果的最终仲裁者。而考虑档案袋体系开发时,其中允许评价对象自我反省和自我评定的可能性是最为重要的。档案袋的类型是多种多样的,主要有过程性教学档案袋、结果性教学档案袋和展示性教学档案袋三种。

1.三种教学档案袋的比较

(1)过程性教学档案袋

该档案袋旨在反映高校教师在某一时期的表现,目的是评价该教师在某一时期、某一方面或某几个方面的进步过程。作为教学档案袋的建立者,高校教师应选择相关的资料,并提出相关的书面反思意见。

过程性教学档案袋的目的在于表明高校教师在一学年内实施教学计划的个人成长过程,其阅读者为高校高层管理者和高校教师本人,袋内资料包含教学教案、作业布置、试卷以及学生成绩等阶段性成果。

(2)结果性教学档案袋

该档案袋旨在表明某一时期实现预期目标的结果,高校教师针对某一目标建立结果性教学档案袋,并为实现目标而努力工作。最后,高校教师和高校评价者可以依据目标的实现程度,对教师的工作做出评价。

结果性教学档案袋的资料收集通常依据统一的规定,按照高层管理者的要求提供教学资料,如备课教案、教学计划等,目的是证明高校教师教学计划的成果,阅读者为高层管理者。

(3)展示性教学档案袋

该档案袋又称“成功教学档案袋”。它能充分展示高校教师在某个领域或若干研究领域的最佳成就,可用于评比等目的。

与过程性教学档案袋和结果性教学档案袋相比,展示性教学档案袋是最易操作的。其袋内收集的资料包含备课教案、学生阶段性研究成果及成绩变化情况表等,目的是展示高校教师在实施教学计划过程中取得的最佳成果。

2.教学档案袋评价法的特点

教学档案袋以2~3年为一个周期,一个周期的结束意味着另一个新周期的开始,周而复始,与时俱进。在第一个周期开始时,由高校教师为该周期确立2~3项总目标以及各阶段的阶段目标。在每个阶段结束时,对阶段目标的达成情况进行评估;在整个周期结束时,对该周期总目标的达成情况进行评估。

教学档案袋的主要特点如下。

(1)具有特殊的目的

教学档案袋反映了教师的知识、技能和能力。

(2)面向专门的阅读者

教学档案袋的阅读者是教师本人或外部评价者。

(3)包含典型的资料

教学档案袋包含一系列有针对性的、有组织有系统的资料,如备课计划、作业、成绩、研究成果等,它们记录了教师的专业发展过程。

(4)提出书面反思意见

高校教师针对教学档案袋内的资料提出书面意见。值得注意的是,档案袋的使用要伴随着一系列课程的教学观念、评定观念乃至学生观念的变革,否则仅仅是把教学计划、备课教案收集起来放在一起,其结果未必符合档案袋评定的精神实质。基于此,我们可以将高校教师教学档案袋界定为在某一时期的不同情境中产生的有关师生工作信息的系统搜集,它通过反思而构建,通过合作得以丰富,最终目的是促进教师专业发展和学生学习进步。它是表现性评价的一种类型。

表6-3　高校教师教学档案袋中可能装入的资料

与教学有关的资料	与学生有关的资料	与高校教师专业发展有关的资料
课程计划	学生作业	教学观念陈述
单元计划	学生表现的照片	案例研究
教学活动图像	与家长的交流沟通	行动研究计划
上课录像	班级通讯	高校教师的教学技术证明
对不同学生施教的方法	班会计划	同事访谈
课堂组织策略	学生参观、游览的证明	高校教师自我评价
动机激发策略	学生的获奖证书	专业发展计划
划分学生考试等级的方式	成绩单	专业发展鉴定
课堂规则		与高校教学相关的工作经历

3.基于高校教师教学档案袋评价的教学科研方式

(1)合作研究团队

研究团队根据自己拟定的主题,开展正式的、结构化的和合作的交流互动,可以为个别教师之间讨论教学策略、交换教学资源等提供机会。

(2)行动研究

高校教师教学档案袋中的证据来自高校教学,高校教师教学档案袋的开发是一个连续的过程,需要高校教师思考教学的情境、实施和结果等,这也激励高校教师在行动中研究教学,自主发展专业素养。行动研究是一种实践中的系统研究过程。一般来说,它包括提出假设、开发一个行动计划、收集资料、分析评估和阐述结论五个步骤。通过提升行动研究水平,使高校教师的教学行为能力朝着他们的专业发展方向发生积极的变化。

(3)校际交流

学校可以邀请兄弟学校的优秀任课教师,让教师们分享他们的思想和实践经验。教学档案袋可以作为一种重要的交流工具。

(4)专业网络

在一个有组织的专业人员社区网络中,专业人员能分享他们自己的知识和经验。在教师教育中,这些有组织的网络能用来提升教学实践。通过专业网络,一般教师能够汇聚最大可能的智力资源解决问题,提出新观点,或者反思教育和学科领域中的具体问题。电子教学档案袋可以作为教师教学经验交流的重要手段。

(二)微格教学评价法

微格教学,又称微型教学、微观教学、小型教学等。微格教学评价法是就通过微格教学评价教师教学专业水平的方法。微格教学是由美国斯坦福大学艾伦(D.Allen)及其同行提出,后受到广泛运用和发展起来的一种新的师资培训的方法和课程。作为一种培训和评价教学技能的方法,它将复杂的教学过程分解成许多微小的容易掌握的单一技能,分别开展教学活动,分别进行评价。实践证明,微格教学评价法能够通过分解的教学活动评价帮助教师提高教学技能,从而达到提高课堂教学质量的目的。微格教学兴起后,很快被推广到世界各地,成为师资培训的一种重要手段,微格教学评价法也随之被广泛使用。我国的微格教学评价法起步较晚,发展水平还无法超越美国、英国、澳大利亚等西方国家,但是随着国家的重视及广大教育工作者逐步加深对它的了解和认识,微格教学评价法必将在高校教师教学发展中发挥越来越重要的作用。

微格教学评价法由微格教学演变而来,又称"微型教学评价法""小型教学评价法",是指借鉴和采用微格教学的操作程序和方法,要求评价对象轮流上课5~10分钟,展示各自的教学行为和教学技能,通过拍摄视频和重新播放视频,开展自我评价、同事互评和专家点评。与课堂听课评价法、教学档案袋评价法、自我评价法等教师评价方法相比,微格教学评价法具有自身独特优势:规模小、省时、集中、直观、宽松、反馈及时等。

1.微格教学评价法的意义

(1)评价指标相对集中

常规教学评价要求评价者进入课堂听课,对评价对象的教学工作进行全方位评价。美国斯坦福大学教育家指出,教学研究的全盘宏观方法已遭到失败,教育家应采用科学家剖析微分子的方法来作为理解复杂现象的手段。微格教学评价法的评价指标比较集中,它把完整、复杂的教学过程分解为若干单项技能,如导入技能、讲解技能、提问技能、强化技能、演示技能、组织活动技能、结束技能等,有针对性地确定一项或若干项评价指标,进行深入、细致的评价。

(2)评价反馈准确、及时、全面

常规的课堂教学评价主要采用大脑记忆、书面记录等手段,要求评价者在课堂听课后,一边回忆一边向评价对象提供反馈意见。由于每节课在40~50分钟,时间长,评价者很难自始至终认真听讲、观察和记录。课堂听课后,评价者无法准确地回忆和描述某些具体的细节,只能凭经验和印象进行评价,给出的反馈意见比较笼统,缺乏针对性,具有较大的主观性。而评价对象又不可能直接重复自己的教学过程,因此,有时无法理解评价者的反馈意见,并纠正自己的缺点。微格教学评价法利用现场摄像等技术,完整、准确地记录了评价对象的教学全过程,通过录像回放等技术,把评价对象的教学过程分解成一系列具体、清晰的教学片段,使评价双方可以反复观看教学录像,从而减少评价者的主观因素,提高反馈意见的可信度以及对象对反馈意见的认可度。

(3)评价效果显著

微格教学评价法的最终目的不是简单地给评价对象打分,也不是单纯为了评出评价对象的高低优劣,而是为了充分发挥高校教师群体的智慧,相互取长补短,提高高校课堂教学质量,促进高校教师的专业发展。

微格教学评价法有助于提高高校教师的理论素养。口头讲解和书面阅读可以提高教师的理论素养,但教师面对书本上抽象的理论知识,难免不能准确领会要点。而微格教学评价法加强了理论与实践的联系,使理论呈现更加生动具体,从而使高校教师获得将理论知识转向实践的教学机会,进而加深自身对理论的理解,扭转了“重实践,轻理论”“理论可有可无” “理论无用论”的倾向,营造了钻研理论的氛围。

微格教学评价法规范了高校教师的教学技能。任何一个教学过程都是多种教学技能的穿插组合和灵活运用。微格教学评价法不仅提高了高校教师的观察、鉴赏和分辨能力,使之深入了解和掌握各项教学技能的规范和要领,而且促进了高校教师个人教学风格的形成和发展。

2.微格教学评价法的组织形式

微格教学评价法的作用有二:一是能使高校教师正确估量自己的教学效果,即通过自身教学实践获得的感官判断以及同行、专家们的点评。二是使参与微格教学评价的教师、专家通过点评他人或被他人点评的经验,学会微格教学的评价方法。其中自评、互评与专家评价是微格教学评价的三种形式，而专家恰当准确的指导点评是保障评价质量的先决条件。

评价的组织形式包括以下三种。

(1)组内评价

在微型班(一个教师组)内通过直接参与实验和重放试教视频进行评议。在专家指导下，组内教师一边观看视频，一边逐个进行自评、互评，并请专家小结评价。这种方式对教师帮助极大，缺点是专家工作量巨大。

(2)组间评价

在组内评价之后，可将各组的视频交换观看，这时即进入组间评价。对其他组一致认为是优点或缺点的教学突出点，进行争论评议，达到统一认识、借鉴提高的效果。这种方式可使教师利用较少的时间，了解尽可能多的教学成功点或缺点，为自己之后的教学实践提供借鉴、启示和帮助。

(3)专家评价

专家评价有两种方式。一种方式是在一组教师进行教学时，专家与其他教师一起在另一间安装有大屏幕电视的教室里，通过闭路系统传出的现场微格教学实况，一边观看，一边评点其长短。这种方式的优点是微格系统内试教的一组高校教师进行教学，传出教学实况，另一教室的高校教师即可在专家的指导下，任意评说讨论，互不影响，且评价真实、客观。另一种方式是专家选择通过微格实验后获得的正反两方面的典型视频纪录片对全校教师进行集中播放讲评，这种形式省时省力，有针对性，且全校教师均可得到指导。

3.微格教学评价指标、标准的制订策略

(1)微格教学评价指标的制订必须考虑参与评价的对象

因为参与评价的对象是高校教师，他们具备评价的理论知识和评价的实践经验，所以评价指标要详略得当，不可过泛，但又要注意不要过于粗略，要具有可操作性。

(2)微格教学评价指标的制订必须考虑专业特点

同一教学技能，由于专业特点不同、教学内容不同可有一定的差异，但不可要求同一形式和条款。

(3)微格教学评价标准的制订必须考虑评价对象

由于用微格教学法大面积培训教师教学技能达到同等目标,在实际操作中受到一定的限制,学校要对不同层次的评价对象采用不同的评价标准。

(4)建立综合评价指标

一般情况下用微格教学法提升教师专业性的教学技能发展,没有考虑进行综合训练。但是,据实践经验而言,综合训练是对教师整个教学过程完整的培训,是不可忽视的一个环节。综合评价是对评价对象进行完整的、系统的评价。综合训练评价指标主要考虑各个教学技能在整个教学过程中的运用情况。

(5)科学地确定评价指标的权重

权重就是某一分项指标在指标体系中的重要程度。权重值的确定不是只看教师的个人行为,应通过教学法、专家咨询,统计平均权重并采用四舍五入方法确定各项目条款内容所占的权重。

(三)课堂听课评价法

课堂听课评价法又称"课堂观察评价法",是指评价者直接进入课堂,现场观察评价对象的教学实践,从中发现优点、缺点、经验和教训,并做出相应评价。听课评价法是最为原始和传统的评价方式,却是对每个高校教师最为直观、最为有效的评价方式。通过课堂听课评价法可以有针对性地对教师的教学内容、手段和驾驭课堂能力进行直接判断,帮助教师进行积极的自我反思从而实现自身专业化发展。对于大多数高校而言,课堂听课评价制度由教务处等相关业务部门制订,即从制度层面明确不同职称教师的听课类别及数量标准。然而,由于课堂听课评价法与学校听课检查制度重叠,大多数教师将其视为行政性要求或硬性要求,敷衍听课、完成任务式听课成为评价的不可靠前提,如此便严重偏离了听课评价制度良好的初衷,从而使得听课评价法流于形式且收效甚微。因此,在课堂听课评价法的运用过程中,评价者和被评价者都需要充分考虑专业、课程、风格等的差异。在听课过程中,评价者不仅能够结合自身基础和需求,关注特定的听课内容,有针对性地倾听、观察和思考,从而得出具有针对性的评价结果,对评价对象的专业性发展提供建设性意见,同时,对于评价者自身的教学问题也能提供策略依据。

1.课堂听课评价法的实施重点

(1)结合评价者自身特点,调整听课评价方法

课堂听课评价法的初衷不仅是对评价对象的教学方式、方法、教学成果的检验,对于评价者而言,也是其职业成长需求的实现手段。听课评价的方法应基于评价对象现状分析具体情况,是教学专业知识基础不牢还是拓展性知识储备有限?是教学方法不对还是教学经验不足?是教师信心缺乏还是教学技能不扎实?是教师职业倦怠还是职业认同感不强?只有明确了问题根源,课堂听课的评价才能具有针对性。其次,评价者应根据自身关注点进行选择性、技巧性的听课评价,在听课教师、时间、内容上有针对性地进行选择。对于评价对象专业基础不牢的问题,应持续选择该教师的课程进行听课,从而对评价对象的知识体系进行系统性评价;如果评价对象的教授方法出现问题,则应建议评价对象与在教学上相对成熟且受学生欢迎的教师共同进行听课评价,从而直观展示评价对象的听课评价结果。总之,听课评价方法的确定应坚持灵活、多样、有选择性的原则,且根据评价者的自身定位与评价对象的课堂教学特点确定听课评价方法。

(2)针对听课评价目的,灵活选择评价内容

课堂评价者应将听课视为一种能动、自觉的行为,且带着问题和目的进行听课。在听课过程中,努力让自己成为优秀的倾听者、观察者和评价者,切忌面面俱到、毫无重点地听课,最好带着明确的评价目的去关注课堂教学的某一方面,评价关注的要点可从以下几个方面着手。

①教学设计

即主要关注高校教师如何处理知识之间的内在逻辑,如何化解教学难点,如何强化教学重点。

②教学技能

即主要关注高校教师的仪态、表达、板书、课件、课堂调控与组织等表现。

③教学方法

即主要关注高校教师如何针对不同的授课内容和学生特点使用不同的方法,将深奥的知识讲解通俗,将枯燥的知识讲解生动,充分调动学生的学习热情。

④教学经验

即主要关注高校教师课堂教学中所呈现的缄默性教学智慧。

⑤教学魅力

即主要关注高校教师所展现的学识、思维品质及人格等。

⑥师生交流

即主要关注高校教师与学生如何实现知识的互动与情感的交流。

总而言之,不同的高校教师拥有不同的授课风格及教学优势,评价者应在听课的过程中,本着取长补短的原则,结合评价对象的基础及需求,关注特定的听课内容,有针对性地倾听、观察和评价。

(3)做好评价记录,积极给予反馈

评价者应将评价视为学习和启发评价对象教学专业性发展的过程,评价记录则为记录发展方向和重点不可或缺的载体。评价记录还应与教师课后反思相结合,当记录与反思积累到一定程度,教师便能将课堂听课评价收获内化为改变自我教学的思考力,这种思考力会逐渐转变为教学执行力,如此,评价对象便会在反思与行动中成长起来。如,在听课过程中感受到教师将教材处理得娴熟而巧妙,作为评价者就会思考:要拥有如此成熟的教材处理技能,应具备哪些知识储备和思维素养?在听课过程中聆听教师说话是一种享受,作为评价者就会思考:要达到如此或优雅,或知性,或洒脱,或幽默,或严谨的语言表达,应如何进行训练?在听课过程中教师的人格魅力让人钦佩,作为评价者自然会受到感染,从而提升到师德高度,对评价对象做出更高评价。在听课过程中发现高校教师信手拈来一个个鲜活案例,极好地拓展了书本的理论知识,作为评价者就会深刻感受到评价对象依据教学需要从实践中吸收素材的努力与实力。将评价记录分门别类地进行整理(如分为教学内容、教学方法、教学特色、教学智慧、教学技能等),当一个个亮点素材有层次、较清晰地呈现在评价记录中时,也就展现出了评价对象的自身高校教师形象。除此之外,评价者还可将评价记录与授课教师、授课学生或其他教师进行交流,如此,一方面可以通过思维的碰撞进一步加深评价对象对自己优势与不足的认识;另一方面,也可以增进评价对象与其他教师的情感,增强自身归属感与职业成就感。

2.课堂听课评价法的实施流程

(1)课前准备

在课堂听课前,评价双方需对该堂课的教学进度、教学目标、授课计划、困难和问题、听课方式、听课重点以及课后评价的时间和地点进行确定。

①确定课程内容

教师要讲授哪一节内容，这一节的教学目标是什么，重点、难点是什么，这一节在全书或本章中的地位……关于这些细节，必须预先做好准备。不但评价对象要明白，听课评价者也必须清楚，否则临场一坐，跟着教的人思路走，讲什么听什么，没把自己的评价标准放进去，很难做出客观实际的评价，整个一节课听下来，只知道讲什么，不知道评课时该评什么，于是难免囫囵吞枣，附和应差了事，也就很难对评价对象进行实事求是的评价或给出好的建议。

②确定授课计划

授课计划俗称"教案"，它是教师授课的方案和蓝图。一般包括年级、班级、学科名称、授课时间、教学目的、教学进程、教学活动、教具、作业等内容。授课计划的详略程度取决于高校教师个人的教学经验、教学内容、教学活动等。无论是口头形式或是书面形式的授课计划在实施课堂听课评价法时都是必要的，都能让评价者和评价对象在课堂听课前有所准备。

③确定听课方式

在课堂听课时，评价者是充当旁观者还是充当参与者，这是两种不同的方式，应视课堂教学实际情况而定。在高校教师进行课堂教学过程中，评价者应悄无声息地坐于教室一角，融入课堂中，像其他学生一样聆听教师讲解、观察课堂实践演示或录像。在开展小组活动时，学生通常三五成堆地讨论问题、观察实物或解答题目，评价者应该在教室里走动，观察学生小组活动或直接进行参与，必要时，可以给予学生一定的指导和帮助。

(2)课堂听课

评价者在课堂听课环节应关注两方面。

①听评价对象

对于评价对象是否完成了教学任务，高校教师上课的方法和手段是否突出重点处理好难点，是否从实际出发因材施教，教学设计是否科学合理，教态是否自然大方，高校教师的语言是否精炼准确，教学是否能激发学生学习的热情，教学是否体现了师生互动和生生互动，是否有效促进学生进行思考，是否是进行有效的作业等方面都要记录完整，做好标记。另一方面，要听评价对象的教学思路与评价者预设的教学思路的异同之处、得失之处，判断哪一个更好更科学，更实用。总结高校执教者的教学艺术和风范，在评价记录上及时加上批注，在评课时有的放矢，褒贬得当。

②听学生

评价者应该密切关注课堂上学生的投入程度、学生的巧思妙答、学生参与和热情、课堂气氛、师生互动的默契程度。同时，评价者应了解附近的学生的练习效果，收到科学评价的第一手资料。一节课的好坏关键是看学生是否按大纲要求掌握了应该掌握的所有知识，通过这节课获得多少能力。只要学生掌握得好，那就应该是一节好课。有些老师的课堂表面上气氛热烈但一测试就会发现效果不如人意。所以评价一节课不能光看花架子，而应该看实际效果。

(3)课后评价

课后评价主要包括宣读听课记录、开展自我评价、核查教学目标、发现优缺点和制订改善措施等五项内容。

①宣读听课记录

宣读听课记录是评价双方重新回顾上课情景的过程。宣读听课记录时，评价者应该将听课记录的事实、评语、建议毫无保留地呈现给评价对象。宣读时可以穿插一些例子。由于评价者按照双方事先认可的原则进行听课记录，因此听课记录比较容易得到评价对象的认可。尽管如此，评价双方还是可以进一步斟酌和协商课堂记录中的某些内容，补充回忆一些教学情节，探讨某些教学行为的合理性，从而做出更加准确的剖析和评价。如果课堂记录得到双方的认可，就不必进一步斟酌和协商。通常，评价对象可以从评价者的听课记录中，得到许多意想不到的收获，如自己从未感悟到的真知灼见和重要信息。

②开展自我评价

在课后评价过程中，应该保证足够的时间，让评价对象对自己的上课表现进行自我评价。课堂听课评价法的一个重要目的就是提高评价对象的自我意识。有人担心，评价对象可能一味地强调自己的优点，不愿意袒露自己的缺点。事实表明，这种评价对象是少数，绝大多数评价对象都会乐意开展自我评价，能够正确地对待自己，甚至一味地、过多地进行自我批评。在这种情况下，评价者应该不失时机地对其予以阻止。据说，有人做过一种性别试验，发现男性不太愿意在女性同事面前袒露自己的专业缺点，这应该引起我们的注意。为了提高自我评价的效果，可以事先拟定一份自我评价表。这将有助于评价对象系统地开展自我评价。自我评价表分为上课开始、上课期间、上课结束和下节课打算四个部分，每个部分列出若干思考题目。如果评价对象能够在课后评价前拿到自我评价表，并有所思考，那么，将大大提高自我评价的效果。

③核查教学目标

在课后评价中，没有必要逐条核查预备会议期间确定的每个议项，但是必须核查教学目标的达成程度。这是课后评价的重要环节。有时候，从表面上看，课堂气氛活跃，教学手段新颖，授课质量似乎不错，可是对照预期的教学目标后，就会发现某些教学活动偏离了教学目标。高校课堂教学是一种目的性很强的活动，能否达到预期的教学目标是衡量课堂教学质量的重要标准。当然，高校教学目标不是课堂教学的“紧箍咒”，不能苛求评价对象的一言一行与教学目标“丝丝入扣”。在没有偏离高校教学目标的情况下，应该允许评价对象灵活机动地穿插教学活动，转换高校教学节奏，调整高校教学内容。灵活性也是高校教师的基本素质。

④发现优缺点

通过自我评价，评价对象指出了自己的优点和缺点。作为高校课堂听课者，评价者也可以站在自己的角度，进一步指出评价对象的优点和缺点。无论采取何种表达方法，评价者都应该积极地肯定评价对象的优点。在指出缺点时，不可以采取嘲讽、挖苦的态度，而应该诚恳地分析原因，提出合理的纠正措施。语气应该委婉，措辞应该到位。

⑤制订改善措施

有时候，评价对象课堂教学认真，但由于教学方法不当、课堂纪律太差等原因，教学效果不够理想。评价双方不仅应该分析低效教学的症结，而且应该制订相应的改善措施。一般而言，低效教学原因有三：第一，高校内部的因素；第二，高校外部的因素；第三，高校教师个人的因素。

3.课堂听课评价法的评价标准

听课的评价标准似乎包罗万象，但是仔细地归纳和分类，不外乎学习氛围、课堂环境、课堂管理、教学资源、教学活动、师生关系、教师表现、学生表现等八个方面。概括地说，有两种类型的课堂听课评价标准：第一，宽泛的评价标准，用于每门学科的课堂教学；第二，具体的评价标准，用于某一学科的课堂教学。

目前，许多高校为了“省事”或“省心”，习惯采用宽泛的评价标准。由于各级各类学校的性质、任务和要求有所不同，各门学科的性质、任务和要求也有所不同，因此，这些“一刀切”的评价标准是难以操作的。譬如，“语音语调正确流畅”是英语教学的一项非常重要的评价标准，但是它并不适用于美术教学和体育教学。

无论采用何种类型的高校教师教学发展评价标准，该评价标准必须依据实际需要，做出适当的调整，并得到双方的同意。在确定高校教师教学发展评价标准时，务必通过高校教师的集体讨论。这样，不仅可以集思广益，而且可以达成共识。长此以往，这种做法有利于学校内部形成群策群力、民主集中的氛围。在集体讨论过程中，鼓励全体高校教师（不管是资深教师，还是青年教师；不管是主科教师，还是副科教师）积极发表意见，共同参与评价标准的制订。集体讨论应注意下列几点：(1)安排记录人；(2)鼓励每一位与会者发表意见，包括鼓励记录人发表意见；(3)对每一位与会者发表的意见一视同仁；(4)对所有的意见进行归纳、分类和整理。

（四）教师自我评价法

自我评价法又称“自我反思评价法”，是建立在发展性高校教师教学评价特征基础上的，其实质同样是以促进高校教师的专业发展为根本目的。

1.自我评价法的意义

(1)倡导多元评价主体

传统的高校教师教学发展评价中，学校领导通常是评价者，高校教师通常是被动的、被评价的对象。自我评价法突出了高校教师的主体性，他们既是评价对象，又是评价者。在自我评价过程中，高校教师拥有知情权、参与权和决策权，这大大提高了高校教师的主体意识、责任意识和主人翁意识。

(2)促进高校教师自我发展

在自我评价开始时，高校教师必然会主动地学习和熟悉评价标准，发现自己的优点和缺陷，这个过程就是高校教师自我教育、自我激励的过程。在自我评价开始后，高校教师会无数次重温评价标准，提醒和要求自己逐步达到各项指标的要求，这个过程是高校教师角色内化、自我提高、自我激励、自我完善的过程。在自我评价结束时，高校教师又会对照评价标准，不断反思自己的工作表现，发现自己的进步、成绩、经验、教训、优点和仍然存在的缺点，这个过程本身就是高校教师自我反思、自我认识、自我发展的过程。

(3)提高评价结果的认可程度

高校教师教学发展评价结果的客观性和准确性取决于信息收集的完整性和全面性。仅仅依靠个别领导收集的信息来判断一位教师的工作表现难免太过主观；仅仅根据学生或同事提供的信息来判断高校教师的工作难免有些片面。自我评价法为高校教师提供了“自我画像”的机会，有助于提高信息的完善性和全面性，克服评价结果的主观性和片面性，提高高校教师教学专业发展评价结果的认可程度。

2.自我评价法的特点

(1)以促进高校教师专业发展为目的

高校教师教学自我发展评价强调，高校教师内部动机比外部压力具有更大的激励作用。因为受过较高层次教育的人主要的激励作用来自自我激励，外部压力可以迫使他们达到最低的标准，但很难使他们达到优良的水平。高校教师同时又是具有学习能力的专业人员，他们能够主动改进自己的工作表现，寻求专业的发展。作为专业工作者，教师对自身的职业具有较高的热情，如果工作所需的条件能得到满足的话，他们就会爆发出极大的创造力，以改进他们的教学、科研活动。研究表明，高校教师中大多数都有很强的事业心，希望自己的工作做得更好，因而在大多数情况下帮助他们发展比评判他们工作的等级更有意义。

(2)以展示教师成就与改进激励的过程为功能

高校教师教学自我评价重视人的因素，把人看作有进取心的人，激发人的内在动力，自觉发挥潜能达到教学的目标。因此，自我评价首先要肯定教师的成绩和进步，发现和发展高校教师的特长，激发高校教师的成就欲望。其次，要为自我发展设置明确的目标，将评价的标准具体化和可操作化。最后，提供高校教师改进工作的反馈信息，帮助高校教师反思和总结教学中的优势和不足，分析产生问题的原因，探讨解决问题的途径和方法。

(3)以突出高校教师综合素质及个体差异为评价内容

高校教师的全面发展必然涉及对教师整体综合素质的评价,即用动态的、发展的眼光,对高校教师工作的各个环节进行系统的、全面的、循环往复的评价。这是对高校教师真实而客观的评价。高校教师从事的教育活动是一个长期复杂的过程,工作中的任何成绩都是日积月累的结晶,绝非一朝一夕的产物,仅仅依靠一两次的单项评价,不可能真实反映教师工作的整个发展过程,也必然导致评价结论的偏差。同时,自我评价要注重高校教师的个体差异。每个高校教师在个性心理、职业素养、教学风格等方面都存在较大差异。评价应根据这种差异,确立个性化的评价标准,选择不同的评价重点以及相应的评价方法,针对每位高校教师进行个性化评价。只有这样,才能充分挖掘高校教师的潜能,发挥教师的特长,更好地促进高校教师的专业发展和主动创新。

3.自我评价法的实施途径

自我评价通常是教师对照《教师自我评价标准》,对自己的工作分别进行诊断性评价、形成性评价和终结性评价,是一个循环往复的过程,实施途径大致有三种。

(1)反思性自我评价

反思性评价是一种自我教育、自我实践的活动,是一种对自己行为、行动的研究,而且是一个漫长的贯穿高校教师整个教育生涯的过程。其是通过自我检查、思考、判断,使自己的教学实践活动不断地合理有效,从而使自己的高校教学工作不断地从感性到理性,逐渐成为学者型的高校教师。反思性教学评价以教学目的、教学要求等为参照标准,观照自己的教学活动,找出自己教学中的成功与失败,不断纠偏返正,使自己“学会教学”“学会学习”。反思性教学评价活动主要集中在三个阶段:课前反思评价、课中反思评价和课后反思评价。

①课前反思评价

其要点是对过去的经验进行反思,使未来的教学设计建立在过去经验教训的基础上。这种反思主要是评价好以往的课堂教学,总结出成功的经验和失败的教训,或者借鉴别人上课的情况,结合新的内容,设计教学过程。

②课中反思评价

主要是对教学过程本身进行反思，具体包括教学内容呈现的顺序、难易的程度、学生的接受状况、课堂组织、教学技能的应用、师生互动等内容。课中反思十分重要，高校教师要随时观察学生的反应，随时通过各种手段检查学生掌握得怎么样，反馈后迅速做出判断，做出调整。

③课后反思评价

主要对已完成的教学结果进行反思，包括对学生的表现和发展进行评估，对教学的成功与失败进行分析。课后反思有两种情况：一种是上完一堂课后立即进行总结反思，随时记下自己的心得体会，补充自己的备课设计；第二种则是宏观的反思，即随时随地进行，反思的不仅仅是一堂课，而是自己整个教育教学活动。课后反思有利于高校教师的成长发展。

(2)研究型自我评价

高校教师自身素质要在实践中不断提升。高校教师要改变教书匠的形象，成为科研型的教师，在丰富的理论支撑下进行教学实践，使自己变成研究者。改变过去教师只是别人成果的消费者的观念，这是高校教师作为学生促进者的前提条件，同时，也是高校教师提升自我评价能力的前提条件。高校教师不进行教育教学的研究，就不能从理论上真正认识到教育的重要性，就不能真正理解课程改革的重要性和必要性，就无法弄清新课程的深刻内涵；不做深入细致的研究，就难以在教学实践中为自己准确定位，在工作中就会失去目标和方向，就难以对自己的行为做出正确的判断，自我评价的能力也就无从谈起。所以，加强科研活动，提高科研能力，也是高校教师教学自我评价能力不断提升的过程。

(3)学习型自我评价

一是理论学习。理论学习的内容非常广泛，高校教学教育理论，古今中外的有关高校教学评价的书籍，教育学、心理学、思维理论书籍等，都可在学习之列。理论是基础，是高校教师知识结构中重要的一个层面。理论学习能够提高认识、分析判断的能力，丰富人的思维，当然也会提高人的辨别能力、评价能力。

二是在高校教学实践中学习。在高校教学实践中经常参加教学观摩课、研讨课，向周围的同事学习，交流和切磋好课的经验、评判的标准，从中可以获得更直接的效果。向高校名师学习。向名师名家学习是一条走向成功的便捷之路，通过优秀教学实践的直接感觉，可以更好地为自己确立行为标准、可参照的教学内容和评价体系，这也是向成功的经验学习。在实践中体验。实践是检验真理的唯一标准，任何先进的理念、优秀的理论，都要在实践中去检验、去发展、去完善。高校教师教学自我评价的能力，无疑是最基本的教学实践能力。唯有通过实践的途径，才能验证评价的有效性、合理性、科学性。

参考文献

中文文献

1.[美]A.班杜拉.思想和行动的社会基础——社会认识论[M].林颖，等译.上海：华东师范大学出版社，2001.

2.别敦荣，王根顺.高等学校教学论[M].北京：高等教育出版社，2008.

3.曹孚.外国教育史[M].北京：人民教育出版社，1979.

4.陈恩伦，杨挺.高等教育政策法规[M].重庆：重庆出版社，2006.

5.陈永明，等.教师教育研究[M].上海：华东师范大学出版社，2003.

6.陈云生.权利相对论[M].北京：人民出版社，1994.

7.陈时见，刘义兵，李英.高校教师教学发展机构研究——基于七国21所大学的个案[M].重庆：重庆出版社，2012.

8.[英]德·朗特里.西方教育词典[M].陈建平，等译.上海：上海译文出版社，1988.

9.付八军.大学教师的培养与成长[M].北京：中国社会科学出版社，2010.

10.[德]斐迪南·滕尼斯.共同体与社会——纯粹社会学的基本概念[M].林荣远，译.北京：商务印书馆，1999.

11.教育大辞典编纂委员会.教育大辞典(第3卷)[M].上海：上海教育出版社，1991.

12.华东师范大学教育科学资料中心.当代国外教育研究[M].上海：华东师范大学出版社，1986.

13.何齐宗.教育的新时代——终身教育的理论与实践[M].北京：人民出版社，2008.

14.[英]怀特海.教育的目的[M].徐汝舟，译.北京：生活·读书·新知三联书店，2002.

15.[美]加里·D.芬斯特马赫，乔纳斯·F.索尔蒂斯.教学的方法（第四版）[M].胡咏梅，等译.北京：教育科学出版社，2008.

16.教育部师范司.教师专业化的理论与实践[M].北京：人民教育出版社，2001.

17.[美]康斯坦斯·库克，等.提升大学教学能力——教学中心的作用[M].陈劲，郑尧丽，译.杭州：浙江大学出版社，2011.

18.李秉德.教学论[M].北京：人民教育出版社，1991.

19.[美]罗伯特·G.欧文斯.教育组织行为学——适应型领导与学校改革（第八版）[M].窦卫霖，温建平，译.北京：中国人民大学出版社，2007.

20.[美]林格伦.课堂教育心理学[M].章志光，等译.昆明:云南人民出版社，1983.

21.吕达，周满生.当代外国教育改革著名文献（美国卷·第三册）[M].北京：人民教育出版社，2004.

22.联合国教科文组织国际教育发展委员会.学会生存——教育世界的今天和明天[M].华东师范大学比较教育研究所，译.北京：教育科学出版社，1996.

23.刘捷.专业化：挑战21世纪的教师[M].北京：教育科学出版社，2002.

24.[德]马克斯·韦伯.学术与政治：韦伯的两篇演说[M].冯克利，译.北京：生活·读书·新知三联书店，1998.

25.[美]A.H.马斯洛.动机与人格[M].许金声，程朝翔，译.北京：华夏出版社，1987.

26.倪传荣，周家荣.骨干教师队伍建设研究[M].沈阳：沈阳出版社，2000.

27.[美]欧内斯特·L.博耶.关于美国教育改革的演讲[M].涂艳国，方彤，译.北京：教育科学出版社，2002.

28.潘懋元.新编高等教育学[M].北京：北京师范大学出版社，1996.

29.彭聃龄.普通心理学（修订版）[M].北京：北京师范大学出版社，2004.

30.[苏]瓦·阿·苏霍姆林斯基.给教师的建议(修订本 全一册)[M].杜殿坤，编译.北京：教育科学出版社，1984.

31.王策三.教学论稿（第二版）[M].北京：人民教育出版社，2005.

32.吴遵民.新版现代国际终身教育论[M].北京：中国人民大学出版社，2007.

33.吴遵民，黄欣.实践终身教育论——上海市推进终身教育的路径与机制研究[M].上海：上海教育出版社，2008.

34.谢作栩.中国高等教育大众化发展道路的研究[M].福州：福建教育出版社，2001.

35.徐延宇.高校教师发展——基于美国高等教育的经验[M].北京：教育科学出版社，2009.

36.[美]约翰·麦金太尔，玛丽·约翰·奥黑尔.教师角色[M].丁怡，等译.北京：中国轻工业出版社，2002.

37.叶澜，等.教师角色与教师发展新探[M].北京：教育科学出版社，2001.

38.[德]雅斯贝尔斯.什么是教育[M].邹进，译.北京：生活·读书·新知三联书店，1991.

39.赵纯均，杨炘，王永县.优化与决策[M].北京：中国科学技术出版社，1988.

40.张大均，江琦.教师心理素质与专业性发展[M].北京：人民教育出版社，2005.

41.中国社会科学院语言研究所词典编辑室.现代汉语词典(第7版)[M].北京：商务印书馆，2016.

42.张华.课程与教学论[M].上海：上海教育出版社，2000.

43.张焕庭.西方资产阶级教育论著选[M].北京：人民教育出版社，1964.

44.[日]佐藤学.课程与教师[M].钟启泉，译.北京：教育科学出版社，2003.

45.别敦荣，韦莉娜，李家新.高校教师教学发展中心运行状况调查研究[J].中国高教研究，2015(3)：41-47.

46.包正委."学习—实践—发表"三阶循环：本土化的大学教师教学发展模式[J].中国大学教学,2014(5):58-61.

47.包正委，董玉琦.发达国家高校教师发展的模式演进探析[J].外国教育研究，2014(5):73-81.

48.蔡继红.马斯洛需要层次学说述评[J].理论界，2011(5)：86-88.

49.曹如军.高校教师评价制度存在的问题及其改进[J].国家教育行政学院学报，2012(3)：73-77.

50.丛立新.教学概念的形成及意义[J].北京师范大学学报(社会科学版)，

2007(5):5-12.

51.陈时见,李英.高校教师发展的机构建设与实施途径[J].教育研究,2013(6):72-77,100.

52.陈向明.实践性知识:教师专业发展的知识基础[J].北京大学教育评论,2003(1):104-112.

53.董泽芳.台湾高等教育改革发展的特点及启示[J].高校教育管理,2011(2):46-52,58.

54.范中杰.论优化师资队伍的学历结构[J].教育评论,2000(5):37-39.

55.郭书法,夏娟,张海燕.高校教师专业发展的有效路径:专业学习共同体[J].宁夏社会科学,2014(1):157-160.

56.霍秉坤,徐慧璇,黄显华.大学教师教学学术的成长阶段及发展策略[J].清华大学教育研究,2013(4):56-63.

57.何茜,孙美花.教师专业化视野下的教师教育改革[J].西南大学学报(社会科学版),2008(4):159-162.

58.胡庆芳.教师专业发展背景下的学习与学习文化的重建[J].上海教育科研,2005(3):19-22.

59.胡田庚,罗燕.研究型教师的角色定位与成长路径[J].教师教育论坛,2014(3):17-20.

60.焦燕灵.高校教师教学发展的内涵、意义与路径指要[J].教育探索,2013(4):89-91.

61.吕林海.大学教学学术的机制及其教师发展意蕴[J].高等教育研究,2009(8):83-88.

62.李红惠.教师教学发展中心组织的建设趋势研究——以30个国家级教师教学发展示范中心的陈述稿为分析样本[J].复旦教育论坛,2013(1): 29-33.

63.李化树,任丽平,徐廷福.论教育实践中教师的情感投入[J].中国教育学刊,2004(5):48-51.

64.李静.教学模式"推广"与教学信念"形成"——关注年轻教师专业发展个案研究[J].教育理论与实践,2013(2):36-38.

65.李晓燕.中国教师权利和义务及其实现保障论纲[J].国家教育行政学院学

报,2006(6):26-31.

66.黎琼锋,李辉,邓玉荣.高校教师评价:实践与构想[J].现代教育科学,2007(9):106-109.

67.刘冬梅.高校教师教学权利的形态、根源及发展路径[J].教师教育研究,2013(2):8-11,17.

68.刘东敏,田小杭.教师实践性知识获取路径的思考与探究[J].教师教育研究, 2008(4):16-20.

69.刘慧珍,洪成文.高校教师发展:教师需求与政策支持——基于实证调查的政策适切性分析[J].教育学术月刊,2013(1):63-67.

70.刘洁.试析影响教师专业发展的基本因素[J].东北师大学报(哲学社科版),2004(6):15-22.

71.刘美凤.教育技术学的知识构成研究(上)[J].电化教育研究,2003(11):23-28.

72.刘尧.大学青年教师职业发展规划研究纵观[J]. 大学·研究与评价,2009(Z1):54-56.

73.刘小强,何齐宗.重建教研室:教学组织变革视野下的高校教学质量建设策略[J].高等教育研究,2010(10):57-61.

74.柳海民,史宁中.专业化教师教育课程的理论样态与基本结构[J].课程·教材·教法,2004(10):72-77.

75.林杰.美国大学教师发展的组织化历程及机构[J].清华大学教育研究,2010(2): 49-56.

76.龙献忠.教学和科研关系的历史考察及现实启迪[J].江苏高教,2003(4):78-81.

77.骆四铭.洪堡理念与德国高等教育发展[J].高等工程教育研究,2010(5):107-112.

78.[美]李·S.舒尔曼.理论、实践与教育的专业化[J].王幼真,刘捷,编译.比较教育研究,1999(3):36-40.

79.毛亚庆,蔡宗模.建国以来高校教师专业发展的制度审视[J].清华大学教育研究,2010(6):27-34.

80.潘懋元，罗丹.高校教师发展简论[J].中国大学教学，2007(1)：5-8.

81.乔连全，吴薇.大学教师发展与高等教育质量——第四次高等教育质量国际学术研讨会综述[J].高等教育研究，2006(11)：106-109.

82.[美]R.J.斯腾伯格，J.A.霍瓦斯.专家型教师教学的原型观[J].高民，张春莉，译.华东师范大学学报，1997(1)：27-37.

83.沈文淮，谢幼如，柯清超，尹睿.高校教师教学发展中心促进教师教学能力发展的机制与模式[J].中国电化教育，2012(12)：66-70.

84.施晓光，夏目達也.日本“大学教师发展”的经验及对中国的启示：基于名古屋大学的个案[J].清华大学教育研究，2011(4)：79-85，112.

85.史静寰，许甜，李一飞.我国高校教师教学学术现状研究——基于44所高校的调查分析[J].高等教育研究，2011(12)：52-66.

86.史晓燕.高校教师教学质量评价的师生态度调查[J].河北师范大学学报(教育科学版)，2013(12)：21-24.

87.宋文红，任祺.变革中的高校教师发展——2013 高校教师发展国际研讨会会议综述[J].中国大学教学，2014(7):93-96，51.

88.孙惠敏.新建本科院校教师发展机构的建设思路——基于比较的视角[J].高等教育研究，2012(7)：74-78.

89.孙美静.高校教师发展:对教学促进机构的调查报告[J].北京城市学院学报，2012(2)：63-68.

90.唐旭琳，夏云颖，甘怡群.中学教师希望自我与其工作投入和工作倦怠[J].北京大学学报(自然科学版)，2013(2)：329-335.

91.田慧生.教学环境论[J].1995(6)：47-51.

92.万健，卢忠菊，赵烨烨.文化结构视角下的大学制度文化建设[J].中国高等教育，2012(19)：60-61.

93.万伟.三十年来教学模式研究的现状、问题与发展趋势[J].中国教育学刊，2015(1)：60-67.

94.王春.制度文化：大学文化的核心环节[J].教育发展研究，2004(Z1)：124-126.

95.王少非.教师教育课程的实践取向：何为与为何[J].教师教育研究，2013(5)：72-75.

96.温勇,宋广文.研究型教师及其发展研究[J].中国教育学刊,2006(9):69-73.

97.邬大光.高等教育大众化的理论内涵和概念解析[J].教育研究,2004(9):20-24.

98.吴洪富.高校教师教学发展中心的实践课题[J].高等教育研究,2014(3):45-53.

99.吴振利,饶从满.论非正式松散合作性高校教师教学发展[J].教育研究,2011(1):73-77.

100.吴遵民,黄健.国外终身教育立法启示——基于美、日、韩法规文本的分析[J]. 现代远程教育研究,2014(1):27-32.

101.徐斌艳.改变教师认知与教学行为模式的咨询式指导——来自德国的一种教师教育方案[J].教育发展研究,2005(7):42-45.

102.荀渊.教师教育者及其自我研究:提升教师教育质量的新途径[J].教师教育研究,2012(5):12-17.

103.颜士刚,李艺.论技术教育化是技术教育价值的创造和累积[J].电化教育研究,2008(3):5-8,13.

104.姚顺良.论马克思关于人的需要的理论——兼论马克思同弗洛伊德和马斯洛的关系[J].东南学术,2008(2):105-113.

105.俞国良,辛涛,申继亮.教师教学效能感:结构与影响因素的研究[J].心理学报,1995(2):159-166.

106.俞婷婕,肖甦.澳大利亚高校本科教学绩效评估之管窥[J].比较教育研究,2008(3):31-35.

107.袁东华.如何科学评价一个大学教师的工作[J].当代教育论坛,2004(6):33-34.

108.原霞.教师学习共同体:高校教师教学学术发展的一种新范式[J].福建师范大学学报(哲学社会科学版),2012(1):156-161.

109.詹泽慧,李晓华.美国高校教师学习共同体的构建——对话美国迈阿密大学教学促进中心主任米尔顿·克斯教授[J]. 中国电化教育,2009(10):1-6.

110.张安富,靳敏.崇尚教学学术:提高高校教学质量的现实选择[J]. 中国大学教学,2010(11):20-23.

111. 张昌凡.高校教学团队工作模式的组织行为学分析[J].中国高教研究,2012(12):78-81.

112. 张亮.关于完善高校教师评聘制度的思考[J].天津电大学报,2010(2):64-66,73.

113. 张勤.高校教学督导联盟组织的实践与发展趋向[J].教育研究,2014(1):154-158.

114. 张应强,蒋华林.关于中国特色现代大学制度的理论认识[J].教育研究,2013(11):35-43.

115. 赵蒙成.评发达国家大学科研与教学的分离趋势[J].研究与发展管理,1999(4):51-53.

116. 周钧,朱旭东.美国教师教育大学化形成的路径研究[J].高等教育研究,2005(12):57-63,68.

117. 周文霞,郭桂萍.自我效能感:概念、理论和应用[J].中国人民大学学报,2006(1):91-97.

118. 朱敏,高志敏.终身教育、终身学习与学习型社会的全球发展回溯与未来思考[J].开放教育研究,2014(1):50-66.

119. 朱炎军.大学教学学术研究:缘起、进展及趋势[J].开放教育研究,2014(2):64-71.

英文文献

1. Smith A.B. *Faculty Development and Evaluation in Higher Education*[M]. Washington D C: The American Association for Higher Education,1976.

2. Tom, A. R. *Teaching as a moral craft*[M]. New York: Longman,1984.

3. Centra J.A. Faculty Development Practices in U.S. Colleges and Universities [R]. [EB/OL].https://files.eric.ed.gov/fulltext/ED141382.pdf.

4. Resource.To Promote Academic Justice and Excellence Series[R]. Washington D C: National Education Association, 1991:11-12.

5. A.E.Woolfolk, B.Rosoff , W.K.Hoy. Teachers´ sense of efficacy and their beliefs about managing students[J]. Teaching & Teacher Education , 1990 , 6 (2) :137-148.

6. Bergouist W.H, PHILIPS S.R. Components of an Effective Faculty Development Program[J].The Journal of Higher Education,1975, 46(2):177–211.

7. Bledsoe G.B. Faculty Development in Higher Education. Enhancing a National Astin A.W. Student Involvement: A Developmental Theory for Higher Education[J]. Journal of College Student Development,1999,40(5):518–529.

8. Francis J.B. How Do We Get There From Here? Program Design for Faculty Development[J].The Journal of Higher Education,1975,46(6):719–732.

9. M.Tschannen-Moran, A.W.Hoy, W.K.Hoy. Teacher Efficacy: Its Meaning and Measure[J]. Review of Educational Research, 1998, 68 (2) :202–248.

10. Ralph N. Stages of Faculty Development[J]. New Directions for Higher Education, 1973, (1):61–68.

11. Riegle R.P. Conceptions of Faculty Development[J].Educational Theory, 1987,(1):53–59.

12. Robert B. Reexamination of Traditional Emphases in Faculty Development [J]. Research in Higher Education,1984,21(2):195–209.

13. W.J.Mckeachie. Effective Teaching in Higher Education[J].Journal of Higher Education, 1999, 61 (61) :452.

14. Watson G,Grossman L.H. Pursuing a Comprehensive Faculty Development Program: Making Fragmentation Work[J]. Journal of Counseling &Development,1994,(72):465–473.